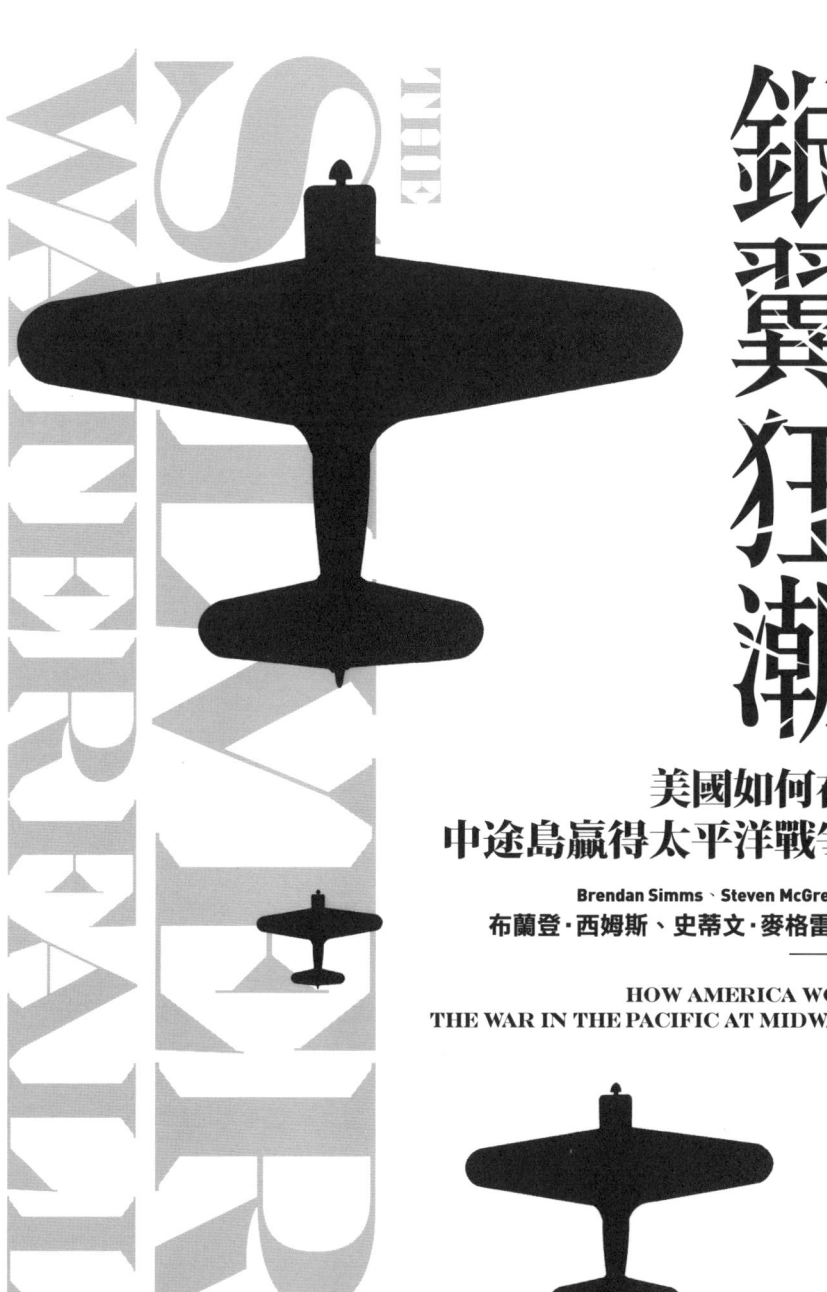

THE SILVER WATERFALL

# 銀翼狂潮

## 美國如何在
## 中途島贏得太平洋戰爭

Brendan Simms、Steven McGregor
布蘭登·西姆斯、史蒂文·麥格雷戈——著

HOW AMERICA WON
THE WAR IN THE PACIFIC AT MIDWAY

葉家銘——譯

「五分鐘！有誰曾想像過，戰役的潮流會在如此短暫的時間裡完全逆轉？」

——淵田美津雄，前日本海軍大佐，目擊者

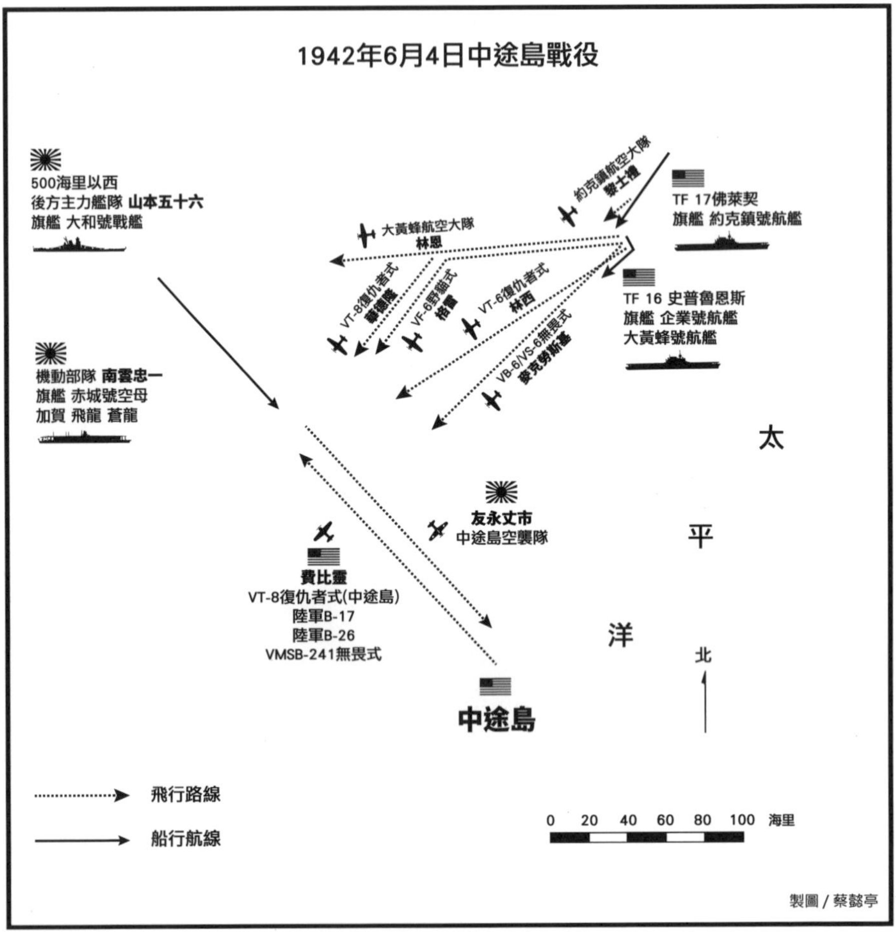
1942年6月4日中途島戰役
500海里以西
後方主力艦隊 山本五十六
旗艦 大和號戰艦
機動部隊 南雲忠一
旗艦 赤城號空母
加賀 飛龍 蒼龍
約克鎮航空大隊
黎士禮
大黃蜂航空大隊
林恩
VT-8復仇者式
華德隆
VF-6野貓式
格雷
VT-6復仇者式
林西
VB-6/VS-6無畏式
麥克勞斯基
TF 17佛萊契
旗艦 約克鎮號航艦
TF 16 史普魯恩斯
旗艦 企業號航艦
大黃蜂號航艦
太
平
洋
友永丈市
中途島空襲隊
費比靈
VT-8復仇者式(中途島)
陸軍B-17
陸軍B-26
VMSB-241無畏式
中途島
北
飛行路線
船行航線
0 20 40 60 80 100 海里
製圖 / 蔡懿亭

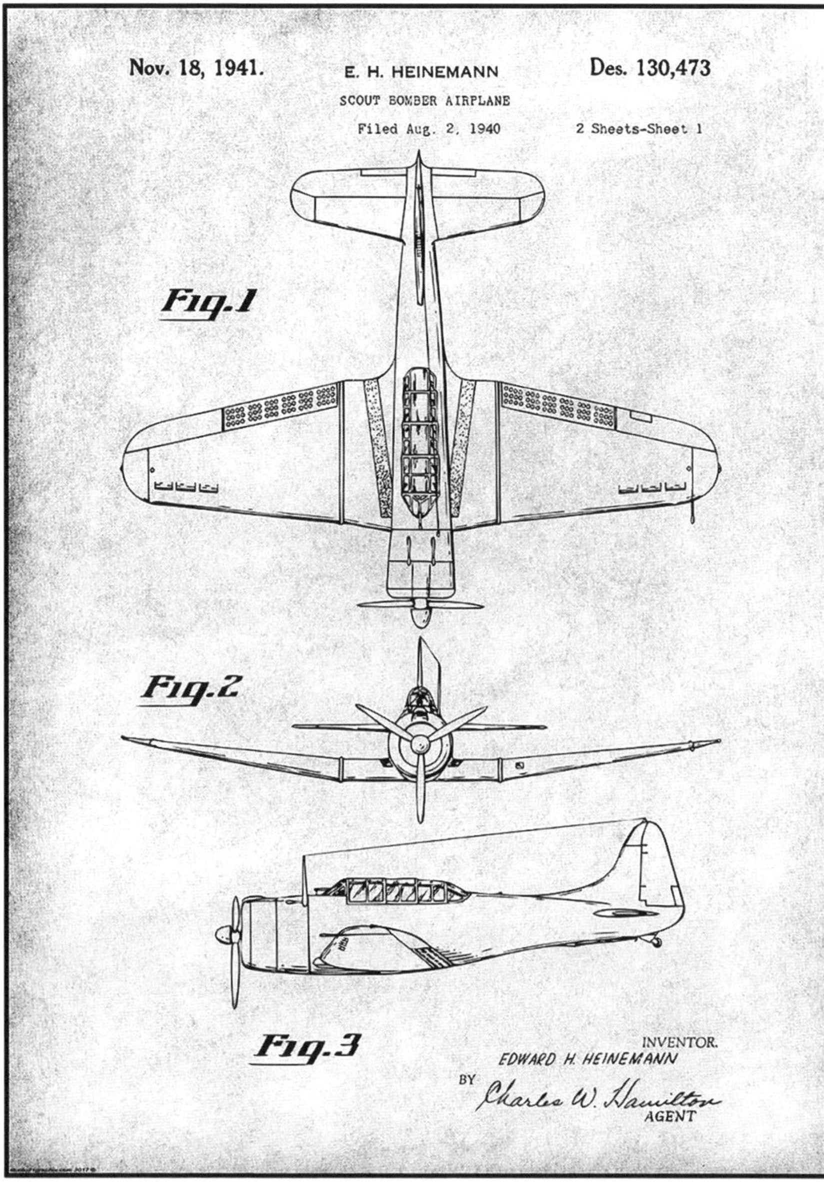


海尼曼設計的 SBD 無畏式偵察 / 俯衝轟炸機

# 目錄

## 為中途島戰役做出貢獻的德裔美國人

工程師——1953 年代，海尼曼（右）從同樣具有德裔血統的艾森豪總統手中接過柯里爾獎，表揚他研發出 F4D 天光式戰鬥機。（NARA）

飛行員——在人生的最後階段才開始著書說明自己在中途島戰役的見聞，「灰塵佬」．克萊斯受贈「傑出飛行十字勳章」後留影紀念。（US NAVY）

戰略家——引領美國海軍太平洋艦隊在處於劣勢的情況下，與絕對優勢的日本海軍聯合艦隊對戰而大獲全勝的尼米茲。（US NAVY）

# 機動部隊的關鍵人物

司令官——帶領日本海軍機動部隊實施中途島作戰的南雲忠一，戰役開打之前他認為，日本「已經確立了一個不敗的戰略位置」。

參謀——成功策畫珍珠港攻擊的源田實證實，當回報發現了美軍艦隊之後，「讓大家滿腦子都是要盡一切手段與敵方艦隊進行決戰的念頭。」

飛行隊長——淵田美津雄著大佐制服，他在中途島戰役因美軍攻擊後棄艦時雙腳骨折，他將戰役失利歸咎日本全國上下屈服連戰連勝所產生的「勝利病」。

當他的飛機承受驚人壓力，機翼還好端端沒有脫落後，克萊斯的感受：「所有榮耀都歸於道格拉斯公司的人們，他們的無畏式實在造得太出色了。」圖為 1943 年 SBD 於瑟袞多的裝備廠。（US NAVY）

實施俯衝轟炸的 SBD 無畏式俯衝轟炸機，可見 SBD 那通風、裝有望遠鏡式瞄準鏡的座艙，能讓空氣流過表面的孔洞式襟翼，都是這款在中途島戰役大放異彩的戰機的特色。（US NAVY）

SBD俯衝轟炸機後座由射手操作、可向後開火且可轉動的兩挺三〇機槍，每座二聯挺機槍大概重80公斤，得三個人才能搬上位置槍座。（US NAVY）

以下階隊形編隊的SBD，編隊後方的飛機會根據領隊機的帶領而實施各種動作。（US NAVY）

1942 年 4 月企業號航空大隊在飛行甲板上比翼擺放，這個時期的美軍使用的還是舊式白星中心畫有紅圈的軍徽。圖中是 F4F 野貓式戰鬥機，以及 TBD 毀滅者式魚雷轟炸機。（US NAVY）

一架企業號航空大隊的第 6 魚雷轟炸機中隊的 TBD 毀滅者式，在 1941 年 10 月的一次演習當中投擲機載魚雷，至於這些魚雷在命中目標時會不會引爆，又是一個未知的問題，因為官方以費用昂貴為由，禁止基層實施實彈射擊演練。（US NAVY）

克萊斯結訓後第一個派遣的單位，就是第 6 偵察機中隊，他就是在這個單位操作 SBD 無畏式投入戰爭，他是二戰初期大部分與日軍對抗的飛行員那樣，都是在開戰前就加入海軍的飛官。（US NAVY）

這一次他們做到了！中途島環礁沙島的油庫，在日軍轟擊後冒出濃煙。前方可見三隻信天翁的雛鳥，牠們是中途島少數非軍事相關的「住民」。（US NAVY）

遭受攻擊後，約克鎮號飛行甲板的慘況。眼前一位打綁腿的士官長正跨過用來滅火的水管，他腳下是艦島後方的升降機，背景是 1.1 吋的 75 防空砲 4 號砲座，中間背景人群後依稀可見很可能是陣亡官兵的遺體。（US NAVY）

一架來自飛龍號的九七式艦上攻擊機，飛越約克鎮號航艦（右）投放魚雷，從彭薩科拉號輕巡洋艦可見空中漫佈防空火砲黑色煙霧，遠處是辛姆斯級驅逐艦莫里斯號。（US NAVY）

赤城號艦島被一綑綑的褥墊的包覆，日軍認為此舉可以彌補船艦鋼板抗彈性不足的問題。類似的做法在對馬海峽的三笠艦也可以看見。然而，被褥墊圍繞的艦橋卻成為助燃的物質，使得指揮幹部被火所困的幫兇。

飛龍號輪機艙 35 名生還者，在戰役結束兩週後被美軍水上飛機支援艦巴拉德號（USS *Ballard*）救起，他們在母艦宣布棄艦後及時登上救生艇逃過一劫。（US NAVY）

滿臉微笑的尼米茲在中途島戰役取勝後，登上中途島視察，這是尼米茲在戰時少數以卡其色常服出現的時刻，可見他對這次視察的關注與重視。（US NAVY）

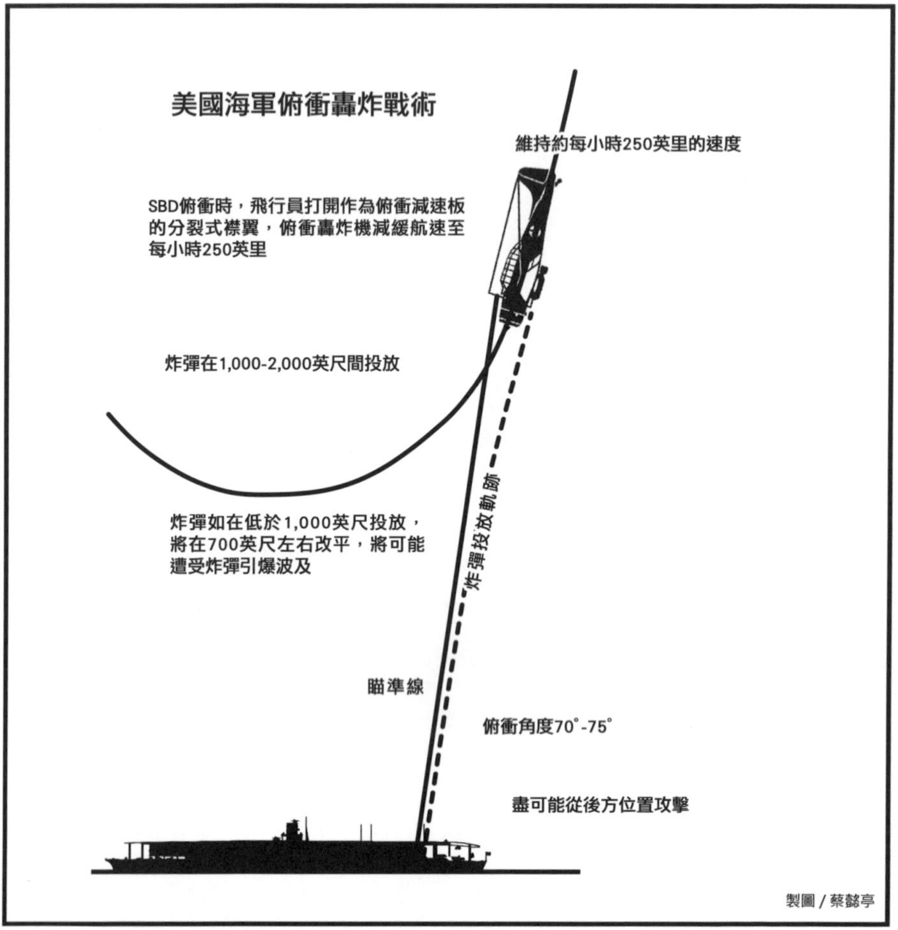
美國海軍俯衝轟炸戰術
維持約每小時250英里的速度
SBD俯衝時，飛行員打開作為俯衝減速板的分裂式襟翼，俯衝轟炸機減緩航速至每小時250英里
炸彈在1,000-2,000英尺間投放
炸彈如在低於1,000英尺投放，將在700英尺左右改平，將可能遭受炸彈引爆波及
炸彈投放軌跡
瞄準線
俯衝角度70°-75°
盡可能從後方位置攻擊
製圖／蔡懿亭

# 作者序

## 布蘭登・西姆斯

我第一次知道中途島戰役，是在一九七六年一位同學的生日派對當中。我們去電影院觀看由亨利方達（Henry Fonda）、卻爾登希斯頓（Charlton Heston）以及格倫福特（Glenn Ford）主演的賣座電影。我很喜歡這部電影的前半部，包括戰略背景以及個人故事的鋪陳在內，而一開始的戰鬥畫面更讓我全神貫注。不過，年少的八歲小孩隨即就被一名受傷的野貓式戰鬥機飛行員的鮮血與燒傷，還有一位身體滿佈彈孔的魚雷轟炸機領航員的畫面而嚇得不知所措。我走出戲院，並在出口處倚靠在一名引座員的肩膀上，斷斷續續把大約最後一小時的電影看完。我看不下去了，但我還是注意到那極其壯觀，讓那些注定沉沒的日本航空母艦猛烈搖動的爆炸，即使是從走廊的視角，也能清楚地看到它們發出的紫色光芒。

我在當天帶走了四樣東西。一，對戰爭造成的物質損失（死亡、痛苦和燒傷）的持續不安。而第一點與第二點同時出現，也就是一個對所有與軍事相關題材全新、強烈的興趣。而第三點就是（無法抵抗的）對於所有「動作」電影（只要不是太暴力的）永不消滅的興趣。十年過去了，在我放膽在電視上再看一遍那部電影之前，我已經在DVD上看過它好多遍了。帶走的第四點，是持久著迷於這場戰役，這個入迷一直跟隨著我到今天，而這本書就是證明。

## 史蒂文・麥格雷戈

我是在二〇一九年開始研究中途島戰役。我曾經是一〇一空降師的步科軍官，在伊拉克的軍事行動末期被派到當地。我原本在美國空軍官校畢業任官，並取得飛行員的受訓機會，但我要求轉到步兵單位，陸軍需要軍官。我是在《紐約客》雜誌上的一篇文章中得知這個消息的。在步兵軍官學校、遊騎兵學校及空中突擊學校畢業後，我在一〇一師第三旅三營C連帶領了我第一個步兵排。

從伊拉克回國後數年，我成為了一位歷史學家。我遇到了布蘭登，並開始討論中途島戰役。我無意中發現了「灰塵佬」克萊斯的回憶錄，他是最重要的無畏式俯衝轟炸機飛行員之一。他回憶起自己在這場知名戰役前夜的捫心自問：「我明天會死嗎？」他的恐懼，對我而言是如此令人震驚地熟悉：「我可能因為無法活著回家與珍結婚而懊惱，」他寫道。「我稍早時的不情不願，不斷愧疚地侵蝕著我。」又一次，這全部都是我的經驗。就像克萊斯，我在求婚前就前往戰場了，並覺得延後提婚才是比較負責任想法。而且，與克萊斯相似的是，我也發現自己孤身獨處，開始質疑自己之前的想法，並覺得自己做錯了選擇。就像克萊斯，我也活了下來。就像克萊斯，我日夜思念的女孩也成為了我的妻子。但我對戰爭作為一種能彰顯男人、女人和國家本質力量定義的意識，卻在不斷在加強。

# 序

那是在整場戰爭的中期，在太平洋的中央，而對於率領著自美國海軍企業號航空母艦（USS *Enterprise*, CV-6）艦載航空大隊的無畏式俯衝轟炸機（SBD Dauntless）的克勞倫斯・「韋德」・麥克勞斯基海軍少校（Clarence "Wade" McClusky）而言，他們貌似身處在荒無人煙的地方，且燃料嚴重不足。隨後，雲層出現空隙，日本海軍的主力艦隊就出現在他的眼前。麥克勞斯基的俯衝轟炸機隨即進入攻擊隊形，他帶領部下進入已經多次演練的俯衝編隊。對一個旁觀者來說，那些急衝而下的俯衝轟炸機，陽光從它們的翼端反射，使它們看來儼然是一道道「銀色瀑布。」

# 前言

中途島戰役，也就是美國辛辛苦苦、狠狠擊敗了日本海軍的那一場戰役，長久以來都被視為第二次世界大戰的轉捩點之一。它擄獲了美國大眾的想像力，被視為一場令人震驚的勝利，而且還成為了兩部向其致敬的電影當中的主要劇情，一部在一九七六年上映，另一部則在二〇一九年面世。跟據它們的說法，日本人在是次戰役，不論是船艦還是飛機都擁有明顯的數量優勢。很多人還認為，他們的戰技比美國對手更為精良。歷史學家華特勞德（Walter Lord）將他有關中途島戰役的著作命名為《中途島之戰：難以置信的勝利》（*Incredible Victory*）。「他們完全沒有理由取勝」，他在書中如此形容美國人，並把他們的勝利歸因於「幸運女神」。同樣地，戈登·普朗奇（Gordon Prange）將他那本講述中途島戰役的經典著作命名為《中途島奇蹟》（*The Miracle of Midway*）。美國海軍的勝利，就變成了上天干預的結果。

一九七六年的那部電影裡，運氣與機遇扮演了很大部分的成份，那部電影就直接了當名為《中途島》（*Midway*）。一位不惜一切代價都想要找出美軍艦隊的日本海軍指揮官，命令他麾下的偵察機飛往最後報告發現美軍艦隊的位置，隨後便「確信天佑」。一位美軍軍官也作了同樣的事情。「我們比日本人更優秀」，尼米茲上將（Chester Nimitz）在電影即將結束之際問道，「還是只是更幸運呢？」

我們的書提出了一個很不同的論點。與盟軍在二戰大多數其他戰區投入的戰力不同——廣義來說，在那些戰區初期使不上力的職業軍人，慢慢地讓位予業餘公民軍隊的巨大火力；但太平洋戰區的形勢，卻很快便由承平時期的海軍給扭轉了。中途島海戰的結果，是由俯衝轟炸機飛行員的技術，以及他們所使用裝備的效率所決定的。如果美國人贏得中途島戰役是因為運氣使然的話，那麼這些運氣也是他們創造的成果。

再者，美國海軍如同其他美國其他軍種一樣，都能將各種各樣的移民或移民後代的技能納為己用——特別是來自德國，二戰最主要的敵對勢力的移民。設計出奠定中途島戰役勝利的俯衝轟炸機的工程師，是艾德・海尼曼（Ed Heinemann）；決定美國要防衛中途島的戰略家，是海軍上將尼米茲；成為了美國飛行員在中途島戰役當日表現的代表人物，是諾曼・傑克・「灰塵佬」・克萊斯（Norman Jack "Dusty" Kleiss）。上述三者都是德裔美國人。如果沒有這些人的話，美國大概不可能設計、規劃出它的戰略，還有完成致勝所必須達成的行動。

正如任何歷史研究一樣，中途島戰役長久以來，已經有了詳盡的著述，有關戰役的討論，更成為沒有盡頭的論戰。我們並不打算定調最權威性的解釋，僅旨在提出一個與眾不同的獨特看法。本書前三章採取了一個宏觀的視角，指出這場戰役的背景，並不僅僅與美日關係的惡化，以及航空母艦作戰方式的發展，而是與美國歷史的宏觀視野相關。我們的著作始於一個科技創新的故事：海尼曼是如何創造出贏得戰役的道格拉斯無畏式俯衝轟炸機。緊隨其後的章節與尼米茲有關，也就是將這些無畏式在適當時間，部署在適當地點的軍事戰略家。本書的第一部分的最後一章，與一位海軍飛官有關——克萊斯，也就是那位透過密集訓練，使自己在名留青史的那一天來臨時得以做好準備的人。沒有他與他的同袍在當天所展現出來的戰技，世上所有精妙的科技與戰略敏銳度也將無用武之地了。

本書的第二部分，我們穩步向前收縮視角。一個章節解釋了山本五十六大將如何出謀畫策，試圖把美軍引入在中途島附近的太平洋海域上的陷阱。同一時間，還有尼米茲怎樣利用佔據優勢的軍事情報，得以在海上設下他的誘餌。這一章描述了在兩軍對抗的時刻越來越近之際，雙方之間的戲劇性發展，以及對戰局的預判。這一章之後，書中提供了有關戰役初期的詳盡敘述，也就是美軍岸基轟炸機與魚雷攻擊機如何設法應付日軍艦隊、可惜徒勞無功的過程。而本書的高潮，就是僅僅描述了戰役其中五分鐘的一章——這就是美國海軍俯衝轟炸機命中敵方，並使對手嚴重受創的關鍵一刻。當然，好運在當中扮演了一定的份額，但關鍵的因素，卻是更為精良的訓練與科技。專業而非吊兒郎當，取得當天的勝利。當然，美國在中途島的勝利並不是必然的，但同樣也不是意料之外的。

中途島戰役可以說是戰爭所能達到最為純粹的程度了。所謂的純粹，並不是指它很美麗或乾淨，而是因為那是一場僅僅在航行千里而來的戰士們之間的戰鬥。海軍俯衝轟炸同樣也是有目的的。與高空水平轟炸不同，在俯衝轟炸當中，飛行員需要將座機急降到三千英尺高度之下釋放炸彈。他可以看到準備要摧毀的目標。這個目標是單獨存在且可以被辨識的，它還飄揚著敵方的旗幟。沒有任何一個平民在中途島戰役當中遭殺害。即便如此，這場作戰還是很殘酷，有時還涉及滔天大罪。

我希望我們的論述能公正對待有色人種，以及在詮釋這場於世界歷史上關鍵性結點時，不會使其看來太過聳動。我們希望能夠呈現出，這本書的主角們並不光光是戰士，同時也是擁有自己的過去的平凡人，而對於倖存者來說，還有他們各自的未來也在這裡面。在他們當中，部份人擁有強烈的道德感，使得他們對於自己過往的殺戮行為感到十分難堪。在第六章，我們記述了受害者的痛苦——日本海軍艦隊的官兵，當時正在艱苦奮鬥，以期能拯救他們燃燒中的航空母艦及同袍——他們當中的許多人承受嚴重的傷勢。最後一章，我們將會把目光拉遠，回顧這場史詩般戰役所留下的影響，以及它對當前的世界、太平洋可能再次爆發武裝衝突的當代，中途島戰役如何再次成為令人畏懼的存在。

# 第一部　會戰之前

# 第一章　工程師

這個故事一開始要說的就是飛機。沒有道格拉斯無畏式（Douglas Dauntless）俯衝轟炸機的話，美國海軍永遠也不會贏得中途島戰役。它的設計師德裔美國人愛德華．海尼曼（Edward Heinemann），最終成為美國最偉大的航太工程師之一。儘管又慢又通風，堅固結實的無畏式能夠在維持機體可控的情況下，接近垂直進行俯衝，並且在龐大的壓力下倖存，再回復到平穩飛行的狀態。這款轟炸機還能掛載超過一千磅的航空炸彈。無畏式是由在加州、距離洛杉磯不遠的瑟袞多（El Segundo）的道格拉斯公司工廠量產的。在二戰期間的某一時刻，希特勒斷言這是一場「工程師的戰爭」，並悲嘆德裔美國人都為盟軍陣營效力[1]。就這方面而言，希特勒是知道自己在說什麼的。

愛德華．海尼曼在一九〇八年於密西根州薩吉諾（Saginaw）出生，當時命名為古斯塔．亨利．愛德華．

海尼曼（Gustave Henry Edward Heinemann）。母親還是一名年輕的女孩時，從瑞士的德語地區移民到美國[2]。父親是在美國出生，同樣擁有德國血統。實際上，德國人是當時美國國內最大的單一族群[3]。年輕的愛德華——他很早就把名字中的「古斯塔」去掉了——在成長期間，可以說是完全被德語所包圍的。他從小就有很明顯的藝術與機械工程的特質，會這樣說是因為，當他的祖父在觀察愛德華的自製玩具時，就認為「愛德華真的是個藝術家」（der Eduard ist aber ein Künstler）[4]。

當海尼曼七歲的時候，他們舉家搬到加州，在沙加緬度河谷（Sacramento Valley）北部末端的日耳曼敦定居（Germantown）。父親的檸檬樹種植事業並不成功，沒多久之後海尼曼一家就結束這盤生意，搬到舊金山去了。

就在那裡，年輕的愛德華在一九一五年第一次接觸到飛行世界。這距離萊特兄弟在美國另一端的小鷹鎮（Kitty Hawk）——達成了首開先河的成功飛行，才過了僅僅十二年[5]。在當時舊金山正因為巴拿馬太平洋萬國博覽會（Panama-Pacific International Exposition）而興奮非常，博覽會中特別展示了一些最新型的飛機。年輕的海尼曼完全著迷於那些希思—羅賓遜式（Heath-Robinson）[*]、由竹枝、雲杉及纖維建造的飛機。在同年十二月初，看著閉幕的飛行表演時，他不由得驚呼「太精彩了（*Wunderbar!*）！」一個站在他附近的人十分印象深刻，還向愛德華的母親評論說：「女士，假如能讓我像令公子一樣，說出一口流利德語的話，我願意付你一百美元。」

隔年（一九一六年），老海尼曼在洛杉磯找到一份工作。愛德華這時候被亞斯閣公園賽道（Ascot Park Speedway）吸引了，該賽道在當時被用作供飛機降落與飛艇繫泊。當固特異公司（Goodyear）龐大的飛艇騰空而出準備降落時，愛德華與其他小朋友就會抓住那些繫留索，讓自己被繩索拉近飛船。在吹著強風的日子，他們會被猛拽起來，距離地面高高的。有一天，愛德華發現自己被拉離地面三十英尺高，為了保命而牢牢抓緊。急速、危險，加上科技，讓人類同時間看起來既渺小又偉大——這就是航空世界的開創期。

一年之後，美國與德意志帝國陷入交戰。海尼曼後來回憶道，那「差不多終結了我們說德語的時光。[6]」日耳曼敦更名為「阿圖瓦」（Artois），以一個在一戰期間發生了多場戰役的法國省份命名。不過，海尼曼完全沒有質疑過他的身份與忠誠。他也許是半個德裔，還有半個德—瑞裔，不過他的家園可是美國。

在洛杉磯市郊的一間小學就讀過後，海尼曼被手工藝高等學校（Manual Arts High）錄取，一間向年輕人傳授機械技藝的學校。他是一位勤奮的學生，讓他的製圖老師奧古斯特．法拉姆（August Flam）印

＊ 譯註：威廉．希思．羅賓遜（William Heath Robinson）是十九世紀末到二十世紀初，英國一位知名的漫畫家、插畫家及藝術家。他最廣為人知的，便是用荒誕描繪的機器，來表達一些簡單的事情。而「希思—羅賓遜」在一戰期間，成為了一個名詞，用來指那些不必要地過分複雜且沒多少實際用途的發明。

象深刻，而且法拉姆還幫助他建立起自己的機械繪圖作品集。在餘暇時，海尼曼在飛機及船舶相關方面可以說是無書不讀：「數學、機械、空氣動力學、物理、化學、氣象學。」他在這些科目受過的訓練很少，但他的確汲取了相關領域的知識，並「感覺」到這些知識在未來會大派用場[7]。

海尼曼也繼續在亞斯閣公園賽車道閒逛。他尤其受到瑪麗．安妮塔．「娜塔」．史洛克（Mary Anita "Neta" Snook）所打動，她是一位仁慈友善的紅髮女性，還教授了另一位女性航空先驅愛蜜莉亞．艾爾哈特（Amelia Earhart）如何飛行。這位令人敬畏的女士在第一次申請接受飛行訓練時，被「女性不允許參與」的理由拒絕了[8]。她並沒有因此而被嚇倒，還在兩年時間之內單槍匹馬，以一己之力將一架嚴重受損的飛機重新組裝起來，還自學了駕駛它飛行的技巧。過程中，海尼曼幫助了史洛克將她的飛機從機庫推進推出。史格克從來沒有真的履行承諾載海尼曼飛一程，不過她讓這位年輕人擁有了操作處理飛機的早期經驗[9]。在海尼曼年老時，他還會回想起這位偉大的女士，以及她那影響了他一生的飛行器。

到了一九二五年十七歲的時候，海尼曼在完成高中學業之前便退學了。有好一段時間，他都在四處遊蕩，從事不同的工作，還修讀了飛機設計的夜間課程。隨後，海尼曼迎來了他的機會。一九二六年，他受邀申請道格拉斯飛行器公司的描圖員及繪圖員的實習生，在當時道格拉斯公司還是在聖塔莫尼卡的一間老舊電影工作室裡營運的時代。

「我的第一印象，」海尼曼日後回憶起他抵達的情境，「就是香蕉油跟塗料的氣味。」他在這裡提及的塗料，是一種用來讓飛機蒙皮硬化的光油。這種氣味彌漫在辦公室內，而大概二十多名繪圖員就在大繪圖桌旁工作著。在最大的一張繪圖桌旁，有一位長著粗長蓬亂頭髮，穿著高爾夫球褲以及一雙綠棕菱形圖案襪子的男人。這個人就是詹姆斯・霍華德・「德佬」・金德爾伯格（James Howard "Dutch" Kindelberger），道格拉斯的總工程師（他名字中間的 Dutch 指的是 Deutsch，也就是「德國人」的縮寫）。他對海尼曼的作品集感到印象深刻，當場就給予了海尼曼一份工作[10]。

在今天提到加州時，我們本能地會聯想到電影及科技。但在一九二〇年代，好萊塢已經存在甚久，但是在舊金山的南灣，也就是今天的矽谷所在地，在當時仍然是遍地李子樹及橘子樹的年代。工程師及設計師在洛杉磯從事他們的航空工業。當然，當時在美國其他地方同樣進行著飛機生產工作：格魯曼（Grumman）、柯蒂斯（Curtiss）及布留斯特（Brewster）在紐約州；錢斯・沃特（Chance Vought）在康乃狄克州；大湖飛機公司（Great Lakes Aircraft）則在俄亥俄州*。不過，只有在洛杉磯能同時找到三位最偉大的航太設計師——「德佬」・金德爾伯格、約翰・K・「傑克」諾斯洛普（John K. "Jack" Northrop），以及唐納德・道格拉斯（Donald Douglas）。海尼曼與他們三位都共事過，後來稱他們為「良性的競爭對手，以及他們那一個世代最出色的設計師」[11]。

* 譯註：太平洋戰爭初期盟軍使用的水牛式戰鬥機（Buffalo）正是布魯斯特公司的出品。錢斯・沃特是戰爭中後期 F4U 海盜式戰鬥機（Corsair）的生產商。

加利福尼亞州吸引了航空工業。與美國其他地方不同，加州在全年都擁有能舒適飛行，以及進行維護的氣候。當年，加州當地對航空器進行實驗的方式，就跟他們今日所進行的軟體實驗是一樣的。設計師、工程師，以及飛行員經常在彼此間轉換工作，並且經常修修補補機械直到深夜。這是一項令人振奮、富有創新精神，有時還得冒險犯難的工作[12]。

德裔美國人在這個領域可以說是非常顯眼。這並不令人意外，因為正如傳說所言，德國人都是優秀的工程師。在一九二〇年代，海尼曼與很多有著相似背景的金屬工匠及工程師共事。與金德爾柏格一同共事的人還包括索迪・凱撒（Shorty Kaisar）、艾瑪・「威迪」・懷坎普（Elmer "Weity" Weitekamp）[13]、弗雷德・赫曼（Fred Herman）、卡爾・彼得・「波普」・格魯貝（Karl Peter "Pop" Grube）、H・A・史佩爾（H. A. Speer）、艾特・戈培爾（Art Goebel）[14]，以及哈利・魏茲（Harry Wetzel）[15]。海尼曼似乎不認識超群不凡的飛行員及飛機生產商奧托・蒂姆（Otto Timm），他在加州的格倫代爾（Glendale）開始經營他的生意，日後還為盟軍建造了用於諾曼第登陸行動所使用的滑翔機。[*]愛蜜莉亞・艾爾哈特正如她的名字所示那樣，同樣也擁有部分德裔血脈（她的姓氏是Ehrhardt的美國化拼法）。她與威爾默・司圖爾茲（Wilmer Stultz），一位來自賓夕法尼亞州的「德國佬」，聯手完成了第一次從紐約到哈瓦那的無間斷飛行紀錄。這份清冊還可以很長很長。許多年之後，在二戰結束後許久，美國國家航空太空博物館（National Air and Space Museum）舉行了一個特展，向德裔美國人對美國航空事業發展所作的貢獻來致敬[16]。

加州可不是天堂。即使在大蕭條之前，不少人都得在令人惶恐不安的環境下生活。種族間的關係十分緊張，尤其是在歐、亞及拉丁裔之間。聲名狼藉的《一九二四年移民法》（1924 Immigration Act）就是企圖限制亞裔移居加州的其中一個遠因。人數較為眾多的日裔族群尤為強烈反對種族歧視，並引致美日兩國在二戰前的緊張關係。

不管海尼曼對於這些在一九二〇年代持續醞釀的爭議是否有所關注，但卻沒有任何記錄可循。他的姐妹海倫（Helen）嫁了給一位夏威夷原住民，而這對海尼曼來說似乎完全不是什麼問題[17]。不過，這個時代的種族矛盾問題，最終仍然對海尼曼，以及當代上百萬人的人生帶來重大影響。

美國航空業的發展是美國資本主義的縮影。在一九二〇年代，這個業界仍然是一個從一戰增長期復元過來、狂亂的新興產業。當企業追逐合約及淨利率後，緊接而來的，就是充滿創意但同時也混亂無序

* 譯註：奧托・蒂姆於一九二二年在格倫代爾開始營運O・W・蒂姆飛機公司（O.W. Timm Aircraft Company），在二戰期間成為了CG－4滑翔機的生產商之一。

的破壞。很多這些飛機生產商，不過是臨時機場跑道旁邊的一間小機棚而已。

海尼曼立即愛上了這個世界。他從一間公司轉到另一間公司任職，有時候又會重回老東家工作。一九二七年二月，他被道格拉斯公司辭退，但總繪圖師給了他一個熱情洋溢的推薦評語，稱他為一位「做事爽快且賣力的員工。」[18]在一間位於洛杉磯附近的長堤市，稍微有點華而不實，名叫國際公司（International Corporation，該公司聲稱它們建造飛機是「追求品質而非追求價格」）的企業工作了七個月後，他也從該公司的總工程師口中，得到了相似的讚美[19]。在一九二九年十月，也就是股災爆發前一天，海尼曼離開了在加州英格塢（Inglewood）的摩爾蘭航空公司，還從公司董事長手中拿到一封推薦信[20]。在此之間，他將會在美國國內航空業界十分艱難之際，作為某種「最後希望」的角色回去為道格拉斯公司效力[21]。

海尼曼在解決技術問題方面十分出色。當他一位在小型飛機公司工作的朋友，向他描述了一架飛機的結構在降落上的嚴重問題時，十八歲的海尼曼隨即草擬並提出解決方法——氣壓式起落架支柱，這隨後成為了各種飛機上的共同特徵，至今仍在使用中。重量同樣是在飛機設計當中，經常要考慮的另一個方向。與金屬工匠索迪・凱撒一同合作下，海尼曼透過把油缸換成更輕的鋁製設計，以及重新安排機艙座位佈局，成功為一架競速機減重[22]。正如一九二〇年代末與海尼曼初遇的「波普」・格魯貝回憶那樣，那是一段充滿刺激的日子。「我們那時候都很年輕，」格魯貝寫道，「滿懷抱負，還覺得我們知道所有事情的答案。」[23]

在一九二九年，以僅僅二十一歲之齡，海尼曼設計了第一款飛機，而且還是「從繪圖到飛行」都一手包辦[24]。這款被稱為摩爾蘭 M-1（Moreland M-1）的飛機，是採用了在機艙上安置蒙皮上單翼的設計。在滿載的情況下，其重量為二，七五〇磅。按海尼曼的設計，這款飛機能搭載一名機師及一名乘客，但所生產的四架飛機，最終都被用作農藥噴灑機[25]。這款飛機無疑是一項技術成就，但對海尼曼來說，這在很大程度上，同時也是有關於藝術性的。「給我展示一個好的設計，」海尼曼日後回憶道，「然後我會向你展示有多少的『藝術』深入其中。」他繼續說道，「設計嘛，依我所見，是一種高階的專門藝術。」[26]在飛機對稱且簡潔的線條當中，蘊含著一種毫不含糊的美，它們的輪廓如同武器一樣厲害，像面容一樣與眾不同。事實上，海尼曼已經是一位藝術家了。

與此同時，海尼曼還學會了飛行，為此他付出了每小時二十一美元的學費[27]。他還學會了使用降落傘。由於他花時間與飛行員打成一片，他也收到了來自不少試飛員的敬意，當中還包括技藝高超的萬斯·布里斯（Vance Breese）。日後，就是這群人，在每一次試飛海尼曼設計的飛機時，把自己的性命都放在海尼曼的手中。

海尼曼似乎安然渡過了華爾街的崩潰，並轉到了在加州的博班克（Burbank）的諾斯洛普公司（Northrop Corporation）工作。當公司在一九三二年打算搬到堪薩斯州的時候，他選擇繼續留在加州。而公司那位傳奇的副董事長傑克·諾斯洛普（Jack Northrop），對海尼曼作為一名工程師的工作能力，更是讚美有加[28]。接下來一年，海尼曼轉到諾斯洛普在瑟袞多的工廠繼續工作，這將會是他職業生涯中待過最久的地方。

以一位加州人來說毫不令人意外的是，海尼曼同樣對船隻充滿熱誠。他在十七歲的時候打造了他的第一艘船：一艘十六呎長，裝有主機的單桅縱裝帆船。在天氣適宜的時候，他會揚帆出海，沿著洛杉磯的海岸線一路航行到僅僅二十英里之外的卡塔利娜島（Catalina），那是加州南部近海的海峽群島之一。他還設計過競速快艇，但並不算認真考慮過要投入海洋事業。簡而言之，海尼曼不管是海、空載具的設計，都一樣能夠輕鬆自如[29]。

而實際上，在這兩個領域的交集點——海軍航空——海尼曼將會獲得他在歷史上的一席之地。美國很快便領悟飛機在控制海洋方面的重要性，並且致力於追求海軍的航空及動力飛行器。首次飛機從艦上起飛正正發生在一九一〇年十一月，在維吉尼亞州諾福克的伯明翰號輕巡洋艦（USS *Birmingham*, CL-2）上。*隨後在一戰期間，水上飛機透過執行偵察及騷擾任務證明了其身價。可是，笨重的設計讓它們並沒有一般飛機那麼適合用於戰鬥。在大戰臨近尾聲時，英國人將一艘載客郵輪，改裝成為適合讓裝備起落架的飛機起飛及降落的船艦，然後航空母艦就誕生了，改稱「百眼巨人號」（HMS *Argus*）。一九二二年，美國海軍把一艘大型運煤船改裝成為其第一艘航空母艦，也就是蘭利號（USS *Langley*, CV-1），而且不久之後，第一級專門建造的萊星頓級航空母艦（*Lexington* Class）也鋪設龍骨開始動工了。†

飛行是一項困難的技能，海上飛行就更艱難了。而當中最具挑戰性的操作就是把飛機降落在船艦上，這透過實際上是可控的墜機方式來達成的。飛行員必須把飛機帶到一個安全的中止狀態，並監控著高度、速度、航向、俯仰，以及水平，當要在船艦甲板上降落時，這就變得更為危險了。飛行甲板經常在搖動中：順風或迎風航行、被波浪晃上晃下，還有從一端橫搖到另一端。飛行員必須將座機與飛行甲板中央對齊，以防止側滑落海，還必須在特定範圍內著艦，以便讓座機的捕捉鉤成功勾住多條橫跨飛行甲板的其中一條攔截索。否則，飛機便沒有辦法在一頭裁進停泊在甲板前方的其餘飛機之前停下來。

一開始，艦載機在執行任務時都是掛載魚雷，或者是以水平投放的炸彈為主。然而在一戰期間，飛行員就已經開始進行俯衝轟炸的實驗。飛機會向目標俯衝，隨後在衝到可能的最後一刻後投彈並拉升。如此這般，那枚炸彈會投擲到飛行員想要它去的位置。水平轟炸僥倖才能達成的目標——假如會命中的

* 譯註：這次人類史上首次在艦上起飛的里程碑，發生在一九一〇年十一月十四日，歐根・伊利（Eugene Burton Ely）駕駛著一架寇蒂斯D型雙翼機（1911 Curtiss Model D），從伯明翰號的臨時平台上起飛。

† 譯註：美國海軍第一艘專門設計建造的航空母艦，是萊星頓級之後的遊騎兵號（USS *Ranger*, CV-4）。萊星頓級最初是《1916年海軍法》撥款建造的六艘戰鬥巡洋艦。由於《華盛頓海軍條約》終止了各國的主力艦建造，條約容許把兩艘未完工主力艦改裝成航艦的情況下，才被美國海軍把該級建造進度最快的兩艘（萊星頓號及薩拉托加號）改建成航空母艦。

話——那麼俯衝轟炸就是透過技術來達成的。兩種投彈方法的分別，就是俯衝轟炸在命中率方面的大幅提升。俯衝轟炸的最早紀錄，是一九一八年由一名英軍飛行員在投彈之前，先向目標進行俯衝後所達成的。美國海軍方面，這項技術首次使用在一九二六年十月，於長堤市外海進行的演習當中，一艘戰艦就這樣被突襲，連「戰鬥部署」都來不及喊。帶領這次攻擊的法蘭克·迪桑特·華格納（Frank Dechant Wagner）日後回想，事後所做的報告全都指出「沒有任何防禦手段」能應對俯衝轟炸[30]。隨後，一九二八年在尼加拉瓜執勤的美國海軍陸戰隊飛行員，發展出一套現在被視為「首個經實戰檢測的俯衝轟炸戰技。」十年之內，俯衝轟炸機及魚雷攻擊機共同構成了美國海軍航空母艦的主要打擊能力[31]。

在這兩種空中攻擊手段之間，有著極為重要的不同。受英國及日本人青睞的魚雷攻擊，是打算透過讓目標持續進水來擊沉船艦。魚雷在大概三十英尺的水下深度行進，並在擊中船艦時引爆，在艦體打出一個破洞。俯衝轟炸可是另一回事。那是從天而降，貫穿船艦的甲板，隨後在延時引信的協助下，穿過多層甲板，直到在內部引爆燃起大火為止。由於艦體仍然完整，有效的俯衝轟炸攻擊會讓船艦轉變成一個海上火葬場。俯衝轟炸的優點——實際上，也是各種轟炸的優點——就是其對飛行甲板的破壞，能夠使航艦艦載機起飛及降落的作業中止，使其暫時變得無用武之地，而航艦在承受多輪魚雷攻擊後，也許還能夠繼續執行空中攻擊任務。

俯衝轟炸是一種要求甚高的作戰方式。它會在飛行員身上施加龐大的壓力。一次陡峭的俯衝，意味著在少於一分鐘的時間之內，以接近垂直的方式從一萬五千英尺急降到一千英尺。急升的氣壓會使鼻竇受損，而加速則會使胃部天翻地覆。當飛行員投放炸彈並拉升座機時，是最讓人受不了的時刻。當飛機從原本向大海俯衝，轉變方向成與海平面平行飛行時，動量亦會隨之而變。飛行員所感受到的重力會變成其正常的七、八以至九倍。飛行員會感到體內的血液從其大腦排出、衝進座位的方向。他的視覺會在四周圍變得灰濛濛一片，但如果改平動作太快的話，飛行員也可能還會失去知覺。在中途島戰役當中的其中一位無畏式飛行員史坦普・林恩（Stanhope Ring）便說，俯衝轟炸就像「拿棒球棒打在自己頭上。」[32]這種自殘行為是需要判斷力的。「整個俯衝過程實際上是在瞄準，」另一位飛行員回憶道，「你要把座機對準目標。」但是這個指向目標的過程是違反直覺的。這意味著有意為之的猛力衝向目標，彷彿是故意撞毀座機般俯降而下。直到飛行員覺得這會危害到自身性命之前，他仍然會帶著炸彈衝向敵人。在這段時間，沒有固定好的裝備與物件會在駕駛艙內漂浮，後座射手會透過對講機吼叫著高度，只有一條安全帶固定著的飛行員，這時會凝視著望遠鏡式瞄準鏡，並試圖集中精神：他一手與控制桿角力，而另一手正等待著投彈。太快拉升的話炸彈可能會錯過目標，太晚的話就可能機毀人亡。這是一項需要極端技能的任務。

克勞倫斯・「韋德」・麥克勞斯基是首批掌握這項技能的高手之一。他出生在紐約州的水牛城，處於愛爾蘭新教徒（很可能是長老教會）與愛爾蘭天主教之間認同的緊張時刻，麥克勞斯基折衷妥協，反而成為了美國聖公會教徒。在馬里蘭州安那波利斯的美國海軍官校畢業任官後，麥克勞斯基轉到佛羅里達州彭薩科拉海軍航空站（Pensacola Naval Air Station）學習飛行。他是一位極具天賦的飛行員，在一九二〇年代末，於海軍的「高禮帽」特技飛行中隊（High Hats）當中取得一席之地，並在此間完成了首次航艦上的降落。這項技能在他成為俯衝轟炸機飛行員後裨益甚多。麥克勞斯基在一九三〇年完成了首次俯衝飛行，並在轉往駕駛戰鬥機之前，在同類型機種間累積了大概四〇〇小時的飛行記錄[33]。

俯衝轟炸對飛行員造成的影響，也同樣會施加在飛機上。很多飛機抵禦不了陡峭俯衝時的速度，或者從俯衝當中拉升的壓力。在那個時代，飛機都是木材、蒙皮及金屬的合成物。在一九二九年的一次測試飛行當中，一位飛行員就在進入俯衝後遇上了嚴重的振動。改平之後，他發現「有部分覆蓋在右翼表面的蒙皮已經從肋材上被扯落，並且在氣流當中變成碎片。」由空氣流過機翼的速度所產生的振動最終把飛機扯得四分五裂。幸運的是，他最終成功安全降落[34]。

但其他飛行員可沒有這麼幸運。在俯衝轟炸過程中最危險的部分，就是從俯衝中改平的階段。這樣的飛行動作是可能的，因為機翼能產生比機身重量更大的升力。可是，當從俯衝過程中拉升時，飛機的有效重量會與其改平角度成比例增加。當飛行員緩緩拉起操縱桿，進行一個小角度改平的時候，就會慢慢把重量施加在機翼上。但如果飛行員打算在最後一刻才投彈的話，那就需要一個急促的改平，那是由飛行員急速把操縱桿往後一拉所造成的。海尼曼回憶道：「在那麼低的高度，你需要進行一個九十度的轉向。」[35]這樣做會讓飛機的有效重量突然大增——這個重量會讓機翼需要產生相同以至更大的升力來抵消，否則飛機就會失速。這樣的情況就跟降落時一樣，低空意味著沒有多少犯錯的空間。在一九三一年當一架飛機被改平時的重壓所壓垮後，隨之而來的墜毀保證會徹底毀了那位飛行員：「在事後能回收的」，就只有「他的頭盔，還有部分的腦漿。」[36]

當飛行員盼望著更為堅固結實的飛機出現時，他們趁機調整了戰術，也就是小角度俯衝及更陡急的改平——事實上，這是滑翔轟炸而非俯衝轟炸。這個調整從工程角度來說是合理的，但本身卻有缺陷。當進行小角度俯衝時，飛行員的座機會在向著目標下降的同時被發現，導致經常失去了奇襲的效果。敵方有足夠的時間去調整防空砲火，為來襲做好準備。再者，與水平轟炸一樣，在滑翔轟炸時，機體本身的水平移動會讓瞄準變得更為困難，而這個水平移動是會轉移到炸彈上，讓飛行員需要提早向目標投彈。某種意義上來說，飛行員是把炸彈投擲向目標，而不是飛向目標。另一個問題是炸彈本身的重量。假如飛行員向目標俯衝但決定不投彈，炸彈的重量會在從改平時，增加到他座機的機翼上。因此，較輕的酬載量也成為了減輕俯衝轟炸時機體壓力的另一手段[37]。

儘管俯衝轟炸的功效顯而易見，水平轟炸的倡議者卻沒有放棄。這部分是因為美國陸軍開發出能掛載大量炸彈的水平轟炸機。這些水平轟炸機還擁有比俯衝轟炸機更大的油箱，能從更遠的地方攻擊敵人。而且俯衝轟炸的部分風險，例如裝備故障及飛行員的失誤，也鼓勵了戰略規劃者把目光放到其他地方。相比之下，水平轟炸看來是更為安全的另一選擇。這種戰法的支持者以「轟炸機黑手黨」（Bomber Mafia）為人所知，他們相信在擁有合適的裝備之下，水平轟炸也可以變得準確，而且要承擔的風險更小。他們設想中的戰爭，在某種意義上而言，是很明確的。在距離地面接近六英里的高空，飛行員是相對安全於來自地面的攻擊。這個想法的信徒，他們的信念全寄託於極端昂貴的「諾登轟炸瞄準器」（Norden Bombsight）。據提倡者所言，這是一個能「從六英里上空把炸彈丟進一個橡木桶裡」的類比計算機。飛行員將會能夠挑選及決定他們的攻擊目標，摧毀敵方部隊或工廠，而不是在區域轟炸行動中經常發生的那樣擊中民居或醫院。同樣的優點大概也能應用在海上。柯蒂斯・李梅（Curtis LeMay）在當時是一名中尉軍官，同時也是轟炸機黑手黨的領軍成員之一。在一九三七年八月一次位於加州外海的演習當中，與一個中隊的B－17轟炸機以演習用炸彈擊中猶他號靶艦（USS *Utah*, AG-16）時，就證明了上述的論點了[38]。

與此同時，日本人也正在全球範圍，尤其在海軍航空方面，熾熱地點燃出自己的道路。他們是帝國統治及現代戰爭的後來者，但正在以令人驚訝的速度趕上。這距離培里准將在一八五三年強行打開這個國家的大門，並使帝國開始激增的急速擴張也不過僅僅數十年。日本首先在一八九四至一八九五年擊敗滿清，隨後又在一九〇四至一九〇五年擊敗俄羅斯帝國。它在一戰期間與協約國共同作戰，並在一九一八年成為了勝利者之一。即便如此，由於西方強國拒絕在一九一九年的巴黎和會當中接受種族平等原則，日本因而覺得仍然受到輕視[39]。

這個問題隨後就因為一九二二年的《華盛頓海軍條約》（Washington Naval Treaty）而惡化，因為這把日本的軍事力量弱於大英帝國及美國的情況制度化了。這條約規定，美、英、日、義及法國海軍得遵守設在若干船艦種類，以及其海軍整體的噸位限制。按比例而言，美國及英國的艦隊規模相同，並成為規定其他強國海軍力量的標準。日本海軍會比他們小百分之四十，而義大利及法國海軍會比英美小大概百分之六十。條約的簽約國聲稱，這些限制會「對維護普遍和平作出貢獻，而且⋯減少在軍備競賽方面的重擔。[40]」的確，直到簽訂條約為止，日本已經踏上把百分之六十的國家財政預算，花在建立一支龐大艦隊的路上。而《華盛頓海軍條約》的支持者，包括在當時日本帝國海軍年輕軍官的山本五十六，都特別強調條約能減輕軍費重擔這一點。山本五十六曾經在美國國內四處遊訪，他親眼見證過在底特律的汽車工業以及在德克薩斯州的石油資源。因此，按照山本的傳記作家的說法，山本警告他的國家要反對與美國進行「一場無限制的造艦競賽」。但是，批評者認為，條約是一種侮辱，也是一個障礙。日本帝國海軍分成了兩個陣營：支持與美國達成協議的「條約派」，以及反對這種想法的「艦隊派」。不過，兩個陣營都同意美國是日本顯而易見的戰略對手[41]。

作為其海軍戰略及發展的一部分，日本同樣投放資源在航空方面，並以大量引入外國技術展開序幕。由於日本在一戰期間並不是歐洲軍武競賽的參與者之一，需要迎頭趕上其他世界強國。一戰結束後，日本透過購買儲備的武器，或者是聘請有經驗的工程師輕易達成了這個目標。為了發展自身的生產及設計能力，日本與當時航空業的眾多先驅——英國的索普威思（Sopwith）、德國的亨克爾（Heinkel），以及法國的斯帕德公司（Société Pour l'Aviation et ses Dérivés, SPAD）——展開了合作計劃。這個戰略計劃的其中一個高潮，就是世上第一艘專門建造的航空母艦鳳翔號在一九二二年下水。她的艦載機是一位來自英國的工程師設計的，不過，與航艦本身一樣，這些飛機都是在日本生產的[42]。

如果說日本海軍的航空發展第一階段的特徵是引入外國技術及對外合作，第二階段的特徵之一就是自行獨立生產了。一九三〇年，山本五十六擔任海軍航空本部技術部長。作為曾參與東鄉平八郎元帥取得輝煌勝利的對馬海峽海戰的老兵，山本是一位重要的國家級人物。他同時也是海軍航空的早期支持者，還曾經主張應當發展長程轟炸機。隨後，當他接掌成為整個部門的本部長時，他提出一條更強硬的路線：據他所言，海戰的未來在航空。山本在一九三五年告訴一群年輕的海軍飛行員，「戰鬥艦的實際價值已經沒落了。」這些越造越大的主力艦仍然擁有象徵性意義的價值，但僅僅是「我們（海軍）起居室內的裝飾品，」真正的武器是飛機[43]。

與美國軍事部門相似的採購流程，日本國內的私營企業需要透過競標來取得政府合約。那些重要的企業名稱，在今時今日仍然是赫赫有名的品牌：三菱、川崎，以及中島（現在的速霸陸公司）。不過與美國的做法不同的是，當合約被授予得標者後，容許超過一家的日本企業生產得標廠商的設計，以供政府採購。這個做法確保競爭的同時，也保護了相對脆弱的工業[44]。在一九三〇年代中期，日本已經能夠獨力生產飛機，還足以與美國及歐洲生產的飛機一爭長短[45]。當日本在一九三七年與中華民國爆發戰爭時，日本武器庫內的所有飛機都是日本自產的[46]。

日本海軍在數量上的劣勢，使得他們重視品質與創新。在一九四〇年，他們的海軍航空隊規模，大概僅僅有美國海軍的一半左右，不過卻可能是當時世界上最強的[47]。日本海軍的戰鬥機——三菱A6M零式戰鬥機，可是引人注目地快，而且還擁有頗長的航程。與當時其他生產中的戰鬥機相比，擁有更小的迴轉半徑，爬升速度也更快。他們的魚雷轟炸機，中島B5N九七式艦上攻擊機（盟軍代號「凱蒂」Kate），是另一架飛行速度快，而且能掛載比美國同型機更重武器彈藥，投彈精準度也更高的飛機。更重要的是，這款轟炸機的命中率是極為高效的百分之七十至八十之間。日方的俯衝轟炸機，愛知D3A九九式艦上爆擊機（盟軍代號「瓦爾」Val），同樣也是一款結實且有效的載台。它將會比軸心國其他型號的飛機，擊沉更多的盟軍作戰船艦[48]。

日本不但建造了一個令人敬畏的船艦及飛機武器庫，還培育了一整代極具天賦及創新精神的海軍飛行員，以及擁有航空概念的水兵。換言之，山本五十六並不是孤獨的。他那一代人當中，還包括了源田實及淵田美津雄，我們之後就會看到，他們都是這個領域當中的大師級人物。他們同樣也極為政治化，極為愛國，甚至可以說是沙文主義。他們的愛國心摻雜了缺乏安全感，以及受創的自尊心。他們在《華盛頓海軍條約》的限制下感受到難堪，還因為日本移民在美國受到的待遇而燃起了滿腔的怒火。他們希望日本在世界的各個領域及其獨立地位能獲得承認——這還包括了殖民他國的權利。他們的主要敵人是美國，還有較為次要的大英帝國，這兩個國家排除日本之外而瓜分全球。他們很期待有朝一日能展示自己的優勢地位。

到一九三〇年代中期，日本帝國開始展開行動。首先，日本在一九三一年從中國手上吞併了滿洲，吸引了可觀的尤其是盎格魯—美國的關注。進一步的行動還陸續有來，這些行動一部分受到帝國的雄心壯志所驅使，一部分是因為資源短缺，特別是石油。其次，日本建立了一支威力驚人的軍事打擊部隊，還成為世界海軍航空領域的前段班成員。第三，日本眼前的敵人是蘇聯及蔣介石領導的中國國民黨政權，然而最終要面對的敵人，不管是在中國還是在整體局勢而言，將會是英國及美國。他們明顯的傲慢，還有他們自以為有權利在全球其他地區獨斷獨行，對日本人來說是極為冒犯的。遠東的戰爭，即使民主國家鐵了心要在歐洲對抗德國及義大利，但前者發生的可能性卻是十分清楚。

這就是美國海軍尋求新款飛機的時代背景。一九三四年海軍航空署（Bureau of Aeronautics）邀請航太工業界，就一款按特別要求設計的俯衝轟炸機遞交計劃書。正如艾德・海尼曼所回憶道，「這架飛機需要在滿載燃油，以及掛載著一枚一千磅炸彈，從一艘縱搖中的航空母艦飛行甲板上起飛，（還）需要有能力在空速少於二五〇節（時速二八七英里）的情況下，進行穩定、垂直且零升力的俯衝。」這個俯衝會在大概二萬英尺開始，並一直維持到三千英尺的投彈點為止，並且要能夠在這個高度馬上改平。這款飛機需要具備在掛彈沒有投出的情況下，依然可以完成這個動作的能力。除了這些大體上與飛機的強度及承重能力相關的原則之外，另外還有兩個進一步的要求。首先，這款飛機需要使用特殊的支架來投彈：在飛行時，它會把炸彈固定在緊貼著機身的位置，但當被投放的時候，支架會向下擺動，把炸彈釋放到遠離螺旋槳槳葉的位置。其次，這款飛機需要維持在一個指定的尺寸之內。為了讓飛機能夠放進航空母艦上專門將飛機從機庫甲板運到飛行甲板的升降機，翼展的長度須要小於四十二英尺[49]。

海尼曼到這時候已經設計及建造了四款飛機，而這將會是他設計的第五款。當然，就如同其他行內企業一樣，這款新飛機是一個集體的成果。例如約翰・諾斯洛普正如其他人一樣，都在當中扮演了重要角色[50]。不過在設計過程中所展現的指導靈魂及創造力，都是來自於艾德・海尼曼。他很快就草擬出一個創新的設計。在此前的美軍俯衝轟炸機當中，例如柯蒂斯 SBC「地獄俯衝者式」（Helldiver），都還是雙翼機：他們在機身上下都各有一片機翼。這個設計能在小翼展的情況下提供大量的升力，但是由於上下機翼之間都需要支架來把它們扣緊在一起，這設計亦會產生更大的阻力。海尼曼草擬出一架下單翼設計的單翼機，它的機翼足夠短到能放進航艦機庫升降機上，但同時也寬闊到足以產生飛行所需的升力。事實上，海尼曼這款新飛機的機翼表面面積，遠遠大於此前的雙翼機的表面面積：換言之，其他飛機以雙翼才能達成的事，這款飛機僅用單翼就做到了[51]。

海尼曼能在設計時把機翼擴大，是因為他把它們設計得更為強固。透過運用他從諾斯洛普學會的技術，海尼曼的飛機採用了全金屬設計，通過外皮的金屬纜線來強化其內部結構。這容許了金屬機體能夠承受比同時代飛機正常程度更大的壓縮負載。這些機翼不僅強固，而且還很輕量，因為它們並不是實心的，而是透過由多組肋材與縱向部件結合而成的多孔結構。結論是，海尼曼的機翼與之前的雙翼機設計不同，並不會彎曲下垂，而是保持堅挺強固。

海尼曼的下單翼設計的操作性能，尤為適合海上飛行。由於重心在機翼之上而非其下，這款飛機十分容易進行滾轉，這在空戰中是一個不可或缺的動作。這款飛機還將能夠更為輕柔地著陸，以及從更短的跑道起飛。這是因為其地面效應，也就是空氣在地面時因為機翼而產生的偏轉，在單翼機上會更強大。不過，這種設計還是有相應的缺點。海尼曼設計的飛機易於滾轉，意味著在飛行時需要更大的專注力。而且，地面效應的提前出現，能讓飛機著陸時更為輕柔，以及其縮短起飛距離的特性，同樣意味著飛機在降落時會出現慣性滑行，因而需要更長的跑道。第一個問題不過輕輕增加了海軍飛行員的工作。至於第二個問題，由於海軍艦載機是透過勾住攔截索在飛行甲板上停下來，這個問題就不是問題了。

當然，海尼曼並非設計單翼機的第一人。在一九三〇年代出現了無數技術進步，並被歷史學家稱之為航太工程的「革命性設計」，使得單翼機成為自然演化的過程。流線型設計、發動機的改進，以及結構方面的進步，都意味著機翼能夠比從前更強、更大。在各別獨立研發的情況下，德國及美國的設計師都開始實驗單翼機[52]。不過有很多公司仍然青睞雙翼機：它的結構緊湊而靈活，且這些公司對其依然信心十足。在競逐美國海軍俯衝轟炸機合約的七款飛機當中，有四款都是雙翼機。當中僅有的單翼機設計分別來自海尼曼、錢斯·沃特，以及布留斯特。

海尼曼的設計由於採用了分裂式襟翼而顯得更為傑出。所有飛機都有在機翼下伸展的襟翼。這些襟翼可以在低速時增加升力，使飛機能夠在相較於沒有襟翼的情況下在更短的距離降落。海尼曼增加了在機翼上展開的第二對襟翼。他還設計了一個液壓機制，讓一組或兩組襟翼都能對稱地展開。在俯衝時，展開的襟翼可以作為空中減速板，能讓飛機慢下來，以及提升機動力[53]。由於顯而易見的理由，其開發工作是秘密進行的[54]。一九三四年十一月，美國海軍宣佈由道格拉斯公司取得建造原型機的合約，代號XBT-1。

原型機在一九三五年七月，於米尼斯機場（Mines Field），也就是現今的洛杉磯國際機場接受測試。海尼曼與試飛員萬斯·布里斯一同升空，並在後座見證了該機進行多次俯衝。這舉動一方面是因為士氣因素，也就是要展示「對他的設計成果的信心」，另一方面則是要對XBT-1的飛行性能進行第一手觀察[55]。當布里斯駕駛飛機飛行時，海尼曼就在操作速度—重力紀錄儀，以收集飛機的空速及最大加速的數據。這些數據讓他能計算飛機的速度及其承受的負荷。他需要保證，這架飛機能夠在官方要求的二五〇節更慢的空速下進行俯衝[56]。「我不認為還有任何人，」海尼曼後來說，「能夠比萬斯・布里斯和我歷經更多的九G拉升。[57]」測試中很多俯衝都涉及造成九倍重力的改平動作。海尼曼一定體會過偶爾會擊倒海軍飛行員的昏厥狀況。

飛機進行飛行測試的風險是很巨大的。海尼曼最大的擔憂之一，就是一組襟翼會無法展開或突然閉合。這會導致「不對稱負荷」的出現，也就是飛機其中一側的阻力會大於另一側，引致「飛機沿著縱向軸不受控制地快速迴轉。」換言之，飛機會陷入螺旋並失去控制[58]。但是海尼曼仍然不顧一切地想要參與試飛，這樣才能第一手發現在原型機進入量產前，必需先行解決的眾多問題。

發現的第一個問題，是飛機大角度俯衝時，當分裂式襟翼展開後，機尾會出現劇烈抖動。在同乘原型機飛行時，海尼曼發現機尾變形可達兩英尺。海尼曼後來回想道：「這真的把我嚇個半死。」這個現象的成因，是襟翼產生的渦旋干擾了飛機的橫向穩定性。小幅度調整並未解決這個問題。國家航空諮詢委員會（National Advisory Commitee for Aeronautics, NACA，美國國家太空總署ＮＡＳＡ的前身）派遣了頂尖的空氣動力學工程師查爾斯・海姆（Charles Helm）前往瑟袞多。經過研究過後，海姆建議在襟翼鑽出一系列的孔洞，讓空氣能緩緩流過它們的表面[59]。正如海尼曼抱怨那樣，這讓飛機在展開襟翼時，看起來就像個「飛行濾器」，不過這個解決方法奏效了。現在原型機具備在低於二五〇節的速度下，進行穩定的垂直俯衝了。

在測試中發現的另一個問題是發動機噴火。這是因為控制燃料—空氣混合的化油器，不能承受在俯衝過程中的急速壓力轉變。不必要的燃料會被注入發動機，然後從排氣孔噴出，然後就如海尼曼回憶般，「以令人擔憂的形式點燃起來。」蒙皮被燃起，炸彈位移裝置也失去作用，而且「火焰還沿著機腹湧出達二十至三十英尺」：每一次俯衝都把飛機轉變成一支巨大的俯衝蠟燭[60]。這個問題沒有什麼簡單的修正方法。要解決它需要經過長時間的實驗，也就是海尼曼稍後說的「工程學經典的試誤法。」他在地面上調整化油器，記錄調整後的設定數據，然後觀察飛機的飛行狀態，一次又一次重覆以上步驟，直到他能夠辨識出能對的混合比例。總計來說，執行了「接近百次的俯衝測試來解決這個障礙。[61]」

海尼曼及諾斯洛普須與國內部分主要航空製造商競爭才能取得合約，包括：大湖飛機公司、錢斯·沃特、布留斯特、格魯曼，以及柯蒂斯[62]。競標過程中發生的災難，其中令人印象深刻的，就是在一次失速測試中，沃特的原型機在淺水中墜機，飛行員及沃特的代表一同遇難。理論上，沃特的飛機擁有頂尖性能，但是與海尼曼的設計相比，沃特的飛機有著「過多的俯衝速度問題」，這顯現出擁有有效的俯衝減速板的重要性[63]。沃特的飛機無法有效掛載一千磅炸彈，但仍然得到了標案，結果就是後來極為差勁的沃特ＳＢ２Ｕ「辯護者式」俯衝轟炸機（Vought Vindicator）[64]。

海尼曼的原型機在一九三五年十二月被送到華府的安那考斯迪亞海軍航空站（Anacostia Naval Air Station）進行測試。當地的寒冷天氣顯露了該機更多的問題，這一次是出在座艙罩及起落架。「半夜趕工修改解決了這些問題，」海尼曼回憶道，「但是手銼零件是一項乏味的工作。」[65]這次測試結果令人滿意，而且美國海軍還下單訂購了五十二架飛機。除了兩架飛機外，海尼曼及團隊按訂單交付了飛機，留下來的原因，是用於對飛機持續進行改良。這款飛機在低速時難以操縱，因此海尼曼對機翼進行了調整。他還升級了該機的發動機及螺旋槳，還安裝了伸縮式起落架以減低風阻。這架飛機隨後被送到蘭利紀念航空工程實驗室（Langley Memorial Aeronautical Laboratory），並在該實驗室內當時世上最大的風洞進行測試[66]。在海尼曼的監督下，該機在實驗後，實施了數量可觀的進階改良。海軍的計劃工程師愛德華·克萊斯頓（Edward Clexton），以及另一位海軍工程師華特·迪爾（Walter Diehl）都對此作出了重大貢獻[67]。因此，這款飛機可以說是公、私領域的合作。海軍在一九三九年二月採納了這款設計，並再追加了五十七架訂單，海尼曼認為與初始設計相比，現在這是「一款全新的飛機。」[68]海尼曼說：「唯一一項保留的設計，就是使用分裂式襟翼作為俯衝減速板。」[69]這款飛機在一九四〇年六月，於加州瑟袞多的道格拉斯公司廠房量產，當時戰爭已經在中國及歐洲激烈地進行當中。

六個月後，海尼曼被喚進唐納德·道格拉斯的辦公室內。海軍發電報告知他們一個壞消息：首批交付的二十架飛機，機翼都出現蒙皮皺褶的狀況。這表示機身存在結構弱點，最終可能會演變成干擾飛行，甚至可能導致機翼從機身折斷的結果。道格拉斯要求海尼曼本人直接調查問題所在。那些飛機當時由一個在古巴關達那摩灣的陸戰隊飛行中隊，在「嚴峻的環境」下使用著。海尼曼需要到當地出差，而且在可能的情況下，嘗試在現場解決問題。他個人的聲望，還有道格拉斯公司飛機的聲望都處於危機當中。

經過兩天的旅程後，海尼曼抵達古巴，在一片叢林中央降落。即使是十二月份，當地還是很悶熱。一位年輕中尉將他從叢林載到關達那摩灣，那裡的情況比海尼曼想像中的還要惡劣。陸戰隊員在一個「沒有任何設施，僅有帳篷的珊瑚礁簡易機場」進行飛行任務。檢查過機翼之後，海尼曼發現機翼的確有蒙皮皺褶的狀況，但他懷疑問題並非出在他的設計上。負責引導飛機進場降落的降落信號官，在降落階段一開始的時候，就指示飛行員關閉發動機油門。這很有可能讓機翼根部承受過大的壓力[70]。「我還需要更多實質數據，」海尼曼告訴飛行員，「我想要拍攝一些飛機著陸時的照片。」在談到他的個人相機的時候，他說，「我帶了一台萊卡相機！」一位陸戰隊高階軍官回他說：「你說什麼？」這不是個人安全的問題，而是行動安全的問題。正如海尼曼所表達的情況，「我很肯定有一兩次，那位高階軍官質疑過一位名叫海尼曼的民間工程師的機密等級。」這距離美國加入歐戰還有接近兩年的時間，但當時已經開始有人懷疑德國在進行情報收集工作了。

經過一輪討論之後，陸戰隊終於讓步了。海尼曼躺在飛機降落的跑道一旁，拍下了大概六十張照片。在把底片顯影之後，他確定問題出在飛機進場時過度的下降速率，機體需要強化。他客製了尺寸恰當的鋁製加固材料，隨後二十名陸戰隊員幫忙坐在機翼上，讓他得以把加固材料鉚接在適當位置。改造全數二十架飛機花費了兩個星期的時間[71]。不久之後，這款飛機的海軍型也開始成軍，扮演偵察機及轟炸機的角色[72]。SBD道格拉斯偵察轟炸機（Scout Bomber Douglas），或道格拉斯「無畏式」，現在已經準備就緒了。

正如官方要求，無畏式可以在搭載一千磅炸彈的情況下進行垂直俯衝、精準打擊目標，還可以在俯衝後的改平動作的龐大加速力當中倖存。飛行員也很愛這款飛機：它在俯衝時很穩定，在平常飛行時只需要稍加操縱就可以了——這就是海尼曼採用下單翼設計，以及分裂式襟翼的好處[73]。

沒有一架飛機是完美的，無畏式也不例外。與戰鬥機相比，無畏式的飛行速度很慢，特別是在爬升時。為飛行員而設的安全限制機制也不算太充足，不過我們稍後再詳細討論這一點。然而，它的優點遠遠超過了這些缺點。即使這個時候無畏式仍未參與過實戰，但飛行員已經很清楚海尼曼的飛機極為堅固耐用，能夠吸收承受可觀的損傷。一位飛行員從一次發生在原型機的墜機事故中存活下來後便評論說，「這是一架很牢固的飛機。就我而言，它救了我一命。[74]」

俯衝轟炸在當時並不是美國的獨門武器。德國擁有容克Ju 87A-1「斯圖卡」，日本也有愛知的D3A1「瓦爾」（九九式艦上爆擊機）。英國及法國分別有布萊克本B-24「賊鷗式」戰鬥轟炸機（Blackburn B-24 Skua）以及盧瓦爾—紐波特LN.401俯衝轟炸機（Loire Nieuport），不過這些型號都沒有大量生產。它們兩款合計僅有少於三百架的產量。不過，無畏式、斯圖卡，以及九九式卻建造了上千架。這些飛機都擁有不少相似之處。它們全都是用垂直俯衝的方式來投放五百磅或更重的炸彈，而且它們全都是可靠且精準的武器。斯圖卡可以說在發展方面佔據優越的領先地位，當九九式跟無畏式還在原型機階段時，它已經在西班牙內戰展現出作戰效率了[75]。但是如海尼曼日後評論道，斯圖卡的裝甲防護並不充足，因此「遭受戰鬥機攻擊時十分容易受到損傷。」它只能在德軍已經佔有空優的區域執勤。斯圖卡有異常短程的打擊距離：它是一種陸基轟炸機，並非設計來執行長程巡邏，或者是海上飛行特有的長程攻擊。九九式的航程更遠，但仍然低於無畏式。具體來說，無畏式的飛行距離比九九式要遠百分之六十，比斯圖卡遠百分之八十二。在速度方面，無畏式比另外兩位對手都慢——但這僅僅是指巡航速度，並非最大速度。在滿載的情況下，無畏式是三者當中最重的，比第二名多出七百磅左右。它擁有最短的翼展，比競爭對手都短好幾英尺。可以說，海尼曼建造出飛機當中的袖珍戰艦。

有不少外國用戶都對無畏式感到興趣。先導型SBD曾售予秘魯、伊拉克、荷蘭、中華民國、阿根廷、挪威以及蘇聯。無畏式則曾售予紐西蘭、法國、智利及墨西哥[76]。英國人曾經審視過這款飛機，但最終否決了它[77]。無畏式的原型機在取得美國出口許可的情況下曾售予日本，不過由於帝國海軍選擇了九九式，因此最後沒有生產[78]。

無畏式要面對的最終障礙，結果來自國會山莊。一戰期間，美國軍事採購造成了鉅額的浪費。參議員哈利·杜魯門，在當時仍然只是一位來自密蘇里州的普通國會議員，對此十分焦慮擔心，並希望在美國整裝迎戰軸心國的時候，避免這種浪費開支再次重演。他成立了一個國會特別委員會來審查這些開支[79]。在大多數情況下，「杜魯門委員會」針對的都是在建造軍營或其他設施時，在當地出現的政治酬庸。但是在一九四一年，委員會成立不久之際，它質疑了無畏式俯衝轟炸機的下單數量，並建議削減。對美國來說十分幸運的是，海軍忽略了這個建議[80]。

在瑟袞多，海尼曼現在已經是總工程師了。工廠經理是艾力克·史賓格（Eric Springer），副經理是海尼曼的老搭檔卡爾·彼得·格魯貝[81]。在戰爭迫在眉睫之際，這些人，還有很多德裔美籍工程師都投身於增加關鍵的俯衝轟炸機的產能任務上。到一九四一年八月底，「整體來說，是瑟袞多的工作人員，尤其是艾德·海尼曼」，因為在工作方面的「迅速及效率」而獲得國家航空諮詢委員會、海軍補給署及海軍航空署的表揚[82]。六週之後，陸軍航空隊軍品處（Materiel Division of the Air Corps）亦附和了這些看法[83]。再過一個月後，海軍飛機督察官亦稱讚海尼曼為合約生產商所準備的無畏式製圖，「在他們看來是最優秀的⋯因為極其完整且準確，還有其他必要的數據。[84]」海尼曼相信他並不只是在生產飛機，他描述自己的工作是「一項非常重要的任務，為我們的軍隊供應對我們的自由非常重要的裝備。[85]」到了一九四一年末，道格拉斯飛機公司每月能生產二十架無畏式俯衝轟炸機[86]。

不過，海尼曼下定決心要提升這個生產數字。在一九四二年三月底，當戰爭已經打得如火如荼之際，他對在手下工作的工程人員發表了一篇振奮人心的演說。「我們不可能每一個人都是麥克阿瑟的部下，」或者跑出去「與前線人員在一起，」他說，「不過有一件事情是很肯定的，我們可以透過在最短的時間，為他們提供盡可能最好的裝備來支持他們。」海尼曼呼籲他的下屬「戒除喧鬧嬉戲」來避免浪費時間，還有小心謹慎規劃從事。「記住，」他說，「我們還有時間來打贏這場戰爭，但可沒有多餘的時間了。[87]」

海尼曼與所有在美國戰時工業體系內工作的人們都全力以赴。一九四二年，在瑟袞多的廠房生產了大概二百架無畏式俯衝轟炸機，如果條件有利的話，美國航空母艦上有足夠的力量來對抗日本航空母艦[88]。現在的問題是，美國海軍有沒有一位指揮官，能在適當的時間，把它們部署到適當的地點。

# 第二章　戰略家

康乃狄克大道四處一片昏暗[*]。切斯特・尼米茲上將（Chester Nimitz）正獨自一人走著，神情有點恍惚。差不多一個星期之前，日本人攻擊了珍珠港，還有其他在太平洋地區的基地，完全殺了美國一個措手不及。羅斯福總統已經拔掉太平洋艦隊總司令，並在當晚把這個職務交給尼米茲。就在當天，尼米茲想起他的兒子無數次，小切斯特在當時正在一艘潛艦上服役，於馬尼拉外海執勤中。接受羅斯福總統的任命，意味著他要為自己兒子的性命，還有無數人的性命負責。這還意味著，尼米茲將會重返一處他曾經待過的地方。三十五年前，當他還是一名剛從安那波利斯畢業的海軍見習軍官時，他就到訪過珍珠港。他在給父親的信中如此寫道：「假如你曾經在這個人間小天堂待過，你就會想永遠都住在這裡了。」但那是一九〇五年的事了，現在可是一九四一年。當年的海軍見習軍官已經成為海軍上將，而天堂也變成了地獄[1]。

---

* 譯註：康乃狄克大道是美國首都華府的主要道路，是從白宮開始的對角線大道之一。

未來的海軍上將一八八五年於德克薩斯山區（Texas Hill Country）出生。他的家鄉在腓特烈堡（Fredericksburg），是以普魯士的腓特烈王子來命名的。* 這個地方不管在語言還是文化，都是一個實實在在的德國鄉村。這裡的人在星期日會唱德語聖詩，還有在聖誕節紀念「耶穌小孩」（Christkindl）。† 當一個當地小孩從大學寫信回家，尋求父輩們有關自己該學習什麼外語的意見時，他的雙親都會給出一個有力的答案：「學英文吧，孩子。[2]」時移世易，現在的腓特烈堡已經沒多少人說「德克薩斯德語」了，儘管這個地方還是被通俗地稱為「弗茲鎮」（Fritztown）。

未來的美國總統林登·貝恩斯·詹森也是來自這個地區，他是由一位德裔助產士克里斯汀·林迪希太太（Christian Lindig）接生的。詹森的外婆原本的姓氏是哈夫曼（Huffman，原拼法是 Hoffman）。當他的母親生氣時，林登的父親就會這樣說來逗弄她：「你的德國血統又發作了。[3]」而這在德克薩斯山區可不在少數。

尼米茲的四位祖父母都是在德國出生的。祖父卡爾·海因里希·尼米茲（Karl Heinrich Nimitz）來自不萊梅。外公海因里希·卡爾·路德維希·亨克（Heinrich Karl Ludwig Henke）則來自布藍茲維的韋斯特博克（Westerbrak, Brunswick）。因此，年輕的切斯特是在雙語環境下長大，與其直系親屬主要都在說德文就再自然不過了。當然，還有他的外貌：一頭淡黃色的頭髮，再加上藍色的雙眼，年輕的尼米茲有著明顯的德意志外貌[4]。

我們不太清楚到底年輕的尼米茲有多少受到其外在環境所形塑。內戰後重建中的德州是一個在舊西部晚期，充滿憂患的地方。原本對於印第安人突襲及內戰的焦慮不安，慢慢由工業化及種族隔離的擔憂所取代[5]。而且，國際環境的天幕也漸漸低垂。一八九八年美國於鄰近的加勒比海以及遙遠的太平洋，對西班牙宣戰。在此之後，美國發現自己掌握了一大串新領土，包括菲律賓、古巴、關島，以及波多黎各。到了一八九八年美國還得到了夏威夷，而在一八六七年美國已經佔領了中途島環礁。一八九九年，美國海軍水兵及陸戰隊員在中國的義和團事件當中參與了戰鬥；一九一〇年，在墨西哥爆發的革命讓美墨關係一度中斷。伴隨著這些事件，美國成為了太平洋的強權。

這些國際事件對美國海軍有著深遠的影響。尼米茲的知己密友與傳記作者，都把十九、二十世紀之交形容為美國海上力量「光榮的復興」。與西班牙的戰爭意味著在兩洋同時進行海戰，這也是美國取得重大勝利，還有新的英雄站上檯面的時刻。例如喬治·杜威將軍（George Dewey）率領艦隊在馬尼拉擊

* 譯註：文中的德克薩斯山區並非指美國的地方行政區，而是一個在德州中部及南部的地理區域，而腓特烈堡所在的吉萊斯皮郡（Gillespie Counry），則是在這個地理區域的二十五個郡之一。

† 譯註：耶穌小孩是德國及歐洲多個地區的聖誕傳說之一，相傳這是一個在平安夜派禮物給小孩的金髮天使。

敗西班牙人後，就成為了美國家喻戶曉的名人。這個時代同樣也有屬於它的先知人物，為首的就是阿爾弗雷德・賽耶・馬漢（Alfred Thayer Mahan），他的著作《海權對歷史的影響》（*The Influence of Sea Power upon History*）提出，海權是民族性、佔有殖民地，以及軍事能力三者的結合。在一八九〇年出版後，它便受到政治家及海軍的由衷熱愛。造船廠紛紛開工，以證明馬漢的理論。直到一九一六年為止，美國國會近乎每年都授權建造新的戰艦[6]。

差不多就在這個時候，尼米茲決定投身軍旅。一九〇〇年，他的家族移居到克爾維爾（Kerrville），他的父母也就在此開始經營旅館。當年夏天，一個陸軍砲兵部隊在附近的山麓進行訓練，其中兩位軍官就在旅館留宿過夜。作為新近從西點軍校畢業的軍官，顯得風度翩翩且整潔，僅比十五歲的尼米茲年長一點[7]。尼米茲家族當中的軍事傳統並不多；是的，德州德語人有不少都是為了逃避軍國主義而來的難民。他的祖父是個說書人，自稱「船長」，儘管他曾在德國商船隊服務，但實際上是源自於他在南方的邦聯擔任民兵時的官階（上尉）*。尼米茲知道他需要的是什麼，部分原因是他被燃起的決心，部分是因為浪跡天涯的浪漫所驅使。他寫信跟祖父說，「我已經下定決心，要嘗試進入西點或者是安那波利斯。[8]」

入伍是一回事，就讀軍官學校又是另一回事。尼米茲需要一位國會議員或參議員的提名，需要通過體能測驗，還需要在一場筆試當中取得勝過其他申請人的分數[9]。過去兩年，他的成績都是全班之冠，美國歷史、羅馬史、代數、英文文法，以及拉丁文都取得很高分數[10]。但考試還涵蓋其他科目，例如尼米茲還沒有學過的幾何學。不過他的校長主動請纓，自願在暑假個別指導尼米茲，而這些苦功最後都有了回報[11]。接下來一年，尼米茲參加了筆試並取得極高的分數。隨後又通過了體能測驗，當地的眾議員詹姆斯・斯雷登（James Slayden）亦授予他前往安那波利斯美國海軍官校就讀的資格。尼米茲在一九〇一年登上前往東岸的火車[12]。他接下來的人生在很多方面都是在海上渡過的。

與很多新的軍校生一樣，尼米茲在海軍官校入學時宣誓「從所有國外及國內敵人的手中，捍衛美利堅合眾國憲法，」對一位南方邦聯軍人的孫子來說，這個誓言意味深長。接下來，就是進入地獄般的入伍生生活了。尼米茲在給家裡的信中寫道，第一週的「訓練既艱難又漫長，還讓不少學生都昏倒了。[13]」這個說法惹怒了他的父親，還寫信表達對欺凌行為的擔憂，對此尼米茲回覆道，「在這裡從來沒有什麼身體上的傷害發生過⋯⋯欺凌行為在這裡是另一回事。」他在信中繼續描述了那些滑稽的行為，與之相似的舉動至今仍然實行中：「我需要與我的掃帚做愛及跳舞，與此同時我的室友就在旁邊進行樂團演唱。[14]」他那一年班共有一五〇人，在當時是「海軍官校有史以來人數最多的一個年班。[15]」尼米茲證明了自己是一位相當不錯的划槳手及網球選手，學術方面也是不遑多讓，在數學及西班牙文這兩個科目經

＊編註：英文的 Captain，同時具有船長／艦長、海軍上校，或者陸軍／空軍上尉的意思。

常名列前茅[16]。這是一段充滿紀律及考試，以及袍澤情誼的時光。他與其他官校同學建立了了一輩子的友誼，包括海爾賽（William Halsey）、特納（R. Kelly Turner）、佛萊契（Frank Jack Fletcher），還有為美軍在中途島戰役獲勝作出重大貢獻的史普魯恩斯（Raymond Spruance）。大約六十年後，當尼米茲要準備其葬禮的安排時，他就要求安葬在三位海軍軍官旁邊，他們全都是海軍官校校友，而特納及史普魯恩斯就是其中兩位[17]。

尼米茲帶著自己繼承的德意志傳統一起加入了海軍。在抵達安那波利斯後沒多久，他寫信回家說，這裡有「相當數量的德國人在官校，而他們在學習過程中全部都表現得很不錯。」實際上，上述的官校生都是美國人，不過尼米茲以其歐洲本源來稱呼他們。他還分享了德意志帝國的海軍軍校生預計要訪問安那波利斯的消息[18]。他的祖父回了一封誠摯的信，恰巧就遇上尼米茲的生日。「我不知道有什麼東西合適寄上作為你的生日禮物，」這位老水手說，「所以我…分享你一些有關家族的歷史。」他隨後詳述了尼米茲家族的家譜，一路追溯到十三世紀。這是一封讓尼米茲極為珍視的信件，把它保存了一輩子[19]。他在海軍官校的同學對他這一部分的個人特質是倖然接受的，並在畢業紀念冊描述他是那種「繼承了德國人平靜從容、尋根究底的作風。[20]」在艦上服役時，當他的部下在抱怨伙食問題時，他還會以一句德意志諺語來回應：「飢餓就是最好的廚師」（Hunger ist der beste Koch）[21]。

一九〇五年春天從海軍官校畢業之後，尼米茲便前往俄亥俄號戰艦（USS *Ohio*, BB-12）上服役，當時該艦是亞洲艦隊的旗艦。向西航行意味著航向戰爭：就在這一年，日本海軍在對馬海戰擊敗了沙皇俄國海軍。這又是杜威及馬漢旗幟上的又一道飾帶，戰艦再一次證明：那是一場決定性的兩軍交鋒。當中，速度、艦砲火力及集中兵力是最為關鍵的*。這同樣證明了日本已經加入了頭等海軍強國之列。在航進馬尼拉灣時，尼米茲看見了兩艘俄羅斯巡洋艦：「它們都明顯受到戰火的摧殘，」他在給祖父的信中寫道。他表示發現了其中一艘顯現出「在右舷有十一個大型彈孔——此外，所有這些被砲彈打穿的地方，都已經被補丁蓋上而標記起來了。」俄亥俄號的醫官被派去治療俄羅斯傷員，他們當中有一些人「受到嚴重的割傷……例如肢體被彈片切去了。」尼米茲對此十分沉著冷靜，儘管他發現有點難以致信：「這似乎有點難以想像，當我們還坐在一艘快樂的船艦的艦艉主甲板上——而在不超過三百碼距離，就有三艘被砲火射到千瘡百孔的船艦——艦上還有如此多的人在受苦受難。但這都證明了他們沒有竭盡全力，不然他們就能夠對敵艦造成更多的傷害，還有受到更少的還擊火力。」[22]這是尼米茲早年學到的，在海戰失敗會帶來什麼人命代價的一課。

與此同時，美國與日本的關係開始惡化。由培里代將在五十年前強迫日本開國進行商貿的做法，讓美國受到雙重的意料之外的惡果。首先，日本海軍戰力的成長，對美國在太平洋的地位受到挑戰。其次，

* 譯註：杜威代將是一八九八年馬尼拉灣海戰的美國海軍艦隊指揮官。讓杜威在歷史留名的海戰並非主力艦之間的對決，杜威麾下的作戰艦包括旗艦奧林匹亞號（USS *Olympia*, C-6），都只是排水量三千噸至六千噸不等的防護巡洋艦。

環太平洋地區日益增加的整合，還有儘管令人注目的經濟增長下，但日本國內卻缺乏機遇，使得日本人移民到美國西岸的數字大幅增加。結果，這個情況又引發美國人的敵視，擔憂就業及社會凝聚力等相關問題。就像海尼曼及尼米茲家族，這些新美國人是相對近期抵達的，即使如此他們仍將需更為發奮努力來取得其他人的認同。

一九〇五年三月，俄羅斯人在對馬海峽被擊敗之前數個月，加州參議院（California State Senate）一致同意通過了一項法案，要求「羅斯福總統注意，還有國務院關注日本移民所帶來的威脅。[23]」這當中有經濟上的顧慮，還有對於階級與種族的偏見。正如一份報章指出，「『合約制的日本勞工』，還有他們的『低工資水準』……（已經）開始排擠掉白人勞工了。[24]」舊金山學校委員會宣佈，日裔學生將會與中國籍學生一同被移送到「遠東學校」（Oriental Schools），避免白人小孩「與蒙古人往來。[25]」

日本人認為他們被迫與白人隔離，還有被迫與中國人一伙，覺得被雙重冒犯了。加州的議員拒絕讓步，還前往華府與羅斯福總統及其內閣會面。有些重要人士反對種族隔離，理由是「這些所謂的『黃種學生』是『美國的黃金機會』……去向那些亞裔子弟宣揚福音，欣然讓他們做好準備回國，並協助中國及日本的偉大覺醒。[26]」用另一個講法，這是透過在美國的亞洲人信仰基督教，讓美國能讓亞洲也投入基督教的懷抱。其他人考慮過戰爭還有美利堅帝國的損失，斷言「在宣戰之後，日本就會佔領菲律賓、拿下夏威夷，還會試圖攻佔阿拉斯加。[27]」在這個時間點，尼米茲已經成為一艘名為「迪凱特號」（USS

*Decatur*, DD-5）的驅逐艦艦長，而且準備好可以作戰了。他在一九〇七年十二月在給父親的信中寫道，「如果我確定我們將在未來的十二個月內與日本發生戰爭的話，我想我會盡力待在目前的職務，而不是在任期結束時就離去。」[28]

數個月之後，尼米茲仍然是迪凱特號的艦長時，他的船艦擱淺了。當天晚上，他站在甲板上，思考到底應該怎麼辦。在這件事上，有很多理由能讓人感到羞恥。迪凱特號是一艘令人敬畏的軍艦，它是一艘四煙囪、四二〇噸、燃煤動力且有能力達到二十八節航速的驅逐艦。它以一位可以說是美國海軍歷史上最偉大的海軍軍人史蒂芬．迪凱特（Stephen Decatur）來命名的。他對美國在巴巴里戰爭、美法戰爭，還有一八一二戰爭中的勝利有著重大的貢獻。作為該艦艦長的尼米茲疏忽大意。這艘船當時正在進入馬尼拉灣以南的八打雁港（Batangas Harbor）。當時是在夜晚，尼米茲應該測量取得他的方位的。相反，他只有估計其大概位置。對，他才剛剛任官僅僅十八個月；沒錯，他才僅僅二十二歲。但不管是年紀尚輕還是經驗不足，都不足以構成什麼理由。尼米茲記得那是一個「黑夜」。在接下來的軍法審判中，他被判犯了「疏忽職守」的罪名，並施以「美國海軍菲律賓水域部隊司令公開譴責」的懲處。[29]

在德州度過一段小休假後，尼米茲被指派到潛艦服勤。這相當於是施予的某種處分，從當時被視為海軍主戰力的水面艦隊降職，但這也促使尼米茲成為潛艦動力來源——柴油主機——的專家。一九一三年，當海軍召集了一隊人馬前往當時的柴油主機工程的世界中心——德國訪問時，尼米茲就是那位同時精通技術與德語的完美人選。在出發前不久，他迎娶了凱薩琳（Catherine），一位海運委託行商人之女——她從來沒有離開過家鄉所在的麻薩諸塞州。這對新婚夫婦在前往德州拜會尼米茲老家之前在紐約過了一個週末，隨後才前往漢堡的造船廠。在德州，尼米茲家族帶著一點懷疑的眼光看待凱薩琳，視她為一個講英文的洋基妹。在德國，反而變成尼米茲覺得有點格格不入。德國海軍軍官都冷若冰霜且不太友善，儘管他們知道身穿平民服裝的尼米茲是一位跑船及海軍軍官同行之後，態度有稍為改善。這就是和平時期的海軍生活：責任感與疏離、短暫的喧囂熱鬧、往來舊世界的漫長海上旅程。但這種生活卻因為戰爭的爆發而戛然而止[30]。

當這場大型衝突到來時，比尼米茲所預期的既更遙遠，但又更接近家園。一戰是在遙遠的歐洲，而不是太平洋的島嶼間爆發的。但這場戰爭直接影響到在德州的尼米茲家族，因為德國鼓勵墨西哥聲索它在十九世紀割讓予美國的領土。這種緊張局勢還因為一九一五年的「德克薩斯聖地牙哥計劃」（Plan of San Diego, Texas）而沾上種族色彩——一個自稱要「武裝起義對抗在北美洲的美國及其政府」的「革命陰謀」計劃。這個計劃的目的，是透過種族滅絕的方式來重新收復「德克薩斯、新墨西哥州、亞利桑那、科羅拉多，還有上加利福尼亞」，這個行動的宣言是這樣說的：「每一個年過十六歲的北美洲人都應該被殺掉。」透過一支只從「拉丁裔、黑人，或者是日裔」招募的軍隊，他們會發動一場「不收留俘虜的戰爭」[31]。這個計劃所有的一切，都是在一面「平等與自由」的大旗下進行的。德國被懷疑是推動這些計劃的幕後主使，儘管沒有被證實[32]。隨後，英國情報機關截獲到一封從柏林的外交部對墨西哥發出的電報，允諾一但對美宣戰，會把上述的區域返還墨西哥，這封電報其後被送往華府[*]。這一個承諾，再加上德國重新發動無限制潛艦戰，迫使威爾遜總統採取行動。一九一七年四月，美國加入第一次世界大戰。

尼米茲打了一場相對平靜的戰爭——但他可沒閒著。當他從德國回國後，他設計了供美國海軍第一艘柴油動力驅動的水面艦莫米號（USS *Maumee*, AO-2）使用的主機[†]。莫米號是一艘燃料補給艦，而尼米茲成為了該艦的首任副艦長及輪機官。當美國對德宣戰後，讓驅逐艦前往歐洲水域獵殺潛艦就變得十分重要了。驅逐艦沒有辦法在不補充燃料的情況下橫渡大西洋，而莫米號就為戰爭首三個月派往歐洲的三十四艘驅逐艦中的大多數，提供了這個必要的燃料補給作業。尼米茲與莫米號艦長共同發展出第一個在航行中為船艦進行補充燃料，以及重新補給的技術。這是一個戰術上及工程上的壯舉，還提升了海軍的打擊能力[33]。

隨著一九一七年四月對德意志帝國的宣戰，包括小小的腓特烈堡在內的德裔美國人社群都成為了火

---

* 譯註：一戰中的知名事件「齊默曼電報」（Zimmermann Telegram）。

† 編註：該艦於一九四六年移交中華民國海軍改稱「峨嵋艦」（AO-509），曾於一九五四年五月六日成為蔣介石總統的座艦前往大陳島視察，於一九六七年退役。

線。在德州的反德情緒正如在這個國家的其他地區一樣，都十分猖獗泛濫。這個族群的應對之道，一部分是讓自己參與到戰爭中，一部分就是靠更多的愛國宣傳行動。透過推崇這些努力，林登・詹森的父親在一九一八年二月的演說當中，捍衛了當地的德裔美國人。老詹森說道，第一位在法國陣亡的美國人是一位德裔美國人，相信就是指來自腓特烈堡的路易・約翰・喬丹（Louis John Jordan）。實際上，詹森所言僅僅是部分正確。路易・約翰・喬丹並不是第一位陣亡的美國人，而是在戰爭中陣亡的第一位德州人軍官[34]。至於這個時期的氛圍對尼米茲有什麼影響，實在不得而知，但他簡單樸實的德國人特質，似乎就是在這個時候消失的，這肯定不是什麼偶然的事情。實際上，在美國境內，德裔美國人已經開始淡化他們的德意志身份，而且還毫無保留地獻身於美國的國家大業。

當歐洲從戰爭中復甦過來時，美國也找到了新敵人——或者說，重新發現了一個舊對手。日本人害怕從屬於鄰近的強權，也對自己在國際政治體系中處於次等地位一事感到憤憤不平，他們也踏出了自身的帝國及殖民地計劃的步伐。一九三一年，他們佔領了華北的滿洲，這是一場漫長又異常暴虐野蠻的戰役的開端。基於在中國的傳教及經濟利益，美國即時反對了日本的攻擊行為。

更進一步來說，驅使日本進行軍事擴張的原因，是源自於自卑感。他們眼前的敵人是蘇聯與中國，但最迫切的對手，卻是美國及英國。在很多方面，反而是後兩者對日本形成了更大的威脅。與某種意義上被地理分隔的蘇聯及中國不同，美國及英國散佈在世界各地的大小島嶼與大陸上。香港、新加坡、澳洲還有菲律賓，都不過是英美兩國在一場衝突中能夠動用的全數資源的一部分。而事實上，日本已經在戰場上證明了他能擊敗蘇俄及中國，卻沒有與美英兩國對壘過。畢竟，美國及英國還是在科技及工業方面設下了標竿的國家。

日本為了彌補差距，在許多方面都作出了努力。他們超越了在《華盛頓條約》設下的海軍噸位極限、發展了自身在區域內的影響力，以及更嚴格地進行訓練。「日本海軍艦隊遠遠落後於西方國家，」山本五十六將軍在一九三〇年代對一群海軍飛行員說道。「這也是為什麼我認為在訓練中殉職，與在作戰行動中像一個英雄般死去是一樣的。」[35]

一戰後的美國海軍花費了不少時間在一場激烈而有關未來海戰模式的辯論上。論戰的一方青睞艦砲的威力，相信堅固的戰艦還有其大砲，會繼續成為勝利的決定者。他們相信飛機及航空母艦都是輔助武器，用於偵察任務以警告戰艦敵方的存在，還有在時機到來時提升戰艦主砲命中率的手段。另一方相信海上力量已經轉型了。他們爭論說，現在的主流已經是空權了，在一場作戰中，能集結最大數量的航空母艦的一方就會獲勝。在他們看來，戰艦不過是鋼鐵長毛象，最好的命運是被拆解，最差的就是沉入海底。在一九二〇至一九三〇年代，上述的爭論都只處於臆測。與戰艦的巨砲不同，海軍空中戰力的毀滅性力量，仍未曾在海戰中得到驗證。

尼米茲很快便洞悉了空戰的能耐。一九二二年在海軍戰爭學院（Naval War College）的時候，尼米茲的論文就是有關一九一六年的日德蘭海戰。與對馬海戰相似，這也是一場戰艦之間的戰鬥，一場水面戰術機動與艦砲威力的測試。英國船艦運用複雜的雙對列隊陣形、承受了德國海軍的兩倍人員傷亡*。天氣同樣扮演了一定角色：大霧及火砲硝煙同時阻礙了友軍及敵艦的視線。對此的其中一個解決方案就是飛機。飛機的高度及位置能為戰艦提供必要的偵察能力，使其能更有效機動及射擊。尼米茲從同學羅斯科·麥法爾（Roscoe MacFall）學到新知識。在兵棋推演期間，麥法爾沒有像英國人在日德蘭那樣，將其船艦排成多列隊形，而是以被標示為主力艦的戰艦為中心排成多個圓形陣。這個戰略大幅提升了艦隊的機動能力，因為船艦能透過一艘船艦，而不是多艘船艦來標定出自身的相對位置†。即便如此，按照海軍戰爭學院院長威廉·西姆斯將軍（William Sims）的說法，戰艦的時代也接近了盡頭。西姆斯爭論說，航空母艦很快就會成為海軍的主力艦。他很清楚飛機最終會擁有遠超戰艦的打擊能力，而且還會更為靈活[36]。

在他接下來的職務，尼米茲結合了上述的見解。一九二三年他成為了美國海軍在西岸的艦隊，也就是戰鬥艦隊（Battle Fleet）的執行官——也就是副司令。演習期間，尼米茲向他的軍官同僚們推廣了圓形陣。如麥法爾所提出，船艦會以一艘主力艦為中心組成同心圓，在這一次演習中就是加利福尼亞號戰艦

（USS *California*, BB-44）。「我遇到最大的問題」，尼米茲回憶道，「是說服艦隊中的各位資深艦長這是一個恰當的巡航隊形。我甚至不得不說服我自己的長官，在他與艦長們開會討論後同意了我的意見，因為他們不喜歡在編隊的一個點上獨自巡航。」他們覺得容易受傷害是很正常的，因為在隊形的邊緣航行意味著他們將會首先接敵。但這正正是這個陣形的目的。透過吸引火力，這些船艦能讓在中間的主力艦有更多的時間去反應，而且也更安全。接下來一年，戰鬥艦隊與美國海軍首艘航空母艦蘭利號一同參與了演習。尼米茲的機會來了。如西姆斯所提議，尼米茲把蘭利號放在編隊的中心：航空母艦，而非戰艦，成為了他的主力艦。由此時開始，這個隊形會塑造出美國的海上力量。尼米茲在日後回憶道，「在當時我們進行的戰術訓練，可以說是為我們二戰在航艦航空部隊當中所使用的巡航隊形打下了基礎。」[37]

整體而言，在新戰術的開發之後，接下來就是美國海軍的擴張了。從多方面而言，這是必須的。首先，美國海軍正在老化中：美國造船廠在一戰結束後已經蕭條很久了。其次是美國戰略位置帶來的需求：作為一個擁有分佈既遠且廣的眾多島嶼的大陸強權，美國需要一支既龐大且用途廣泛的海軍。第三，歐

---

* 譯註：在當天扣掉被臨時派去支援戰鬥巡洋艦隊的四艘伊莉莎伯女王級戰艦（Queen Elizebath Class）後，有二十四艘戰艦以四艘組成一個戰艦中隊，自左至右排成六列縱隊。在接到德國海軍主力的位置之後，這二十四艘戰艦就在接戰前變陣成單縱陣展開戰鬥。訓練有素的大艦隊各艦很快便能按指令展開成單縱陣。

† 譯註：按照美國海軍在一九二五年《一般戰術指引》（*General Tactical Instructions. United States Navy. Fleet Tactical Publication Number 45*）所指出，這種多層圓形陣的原意，是用於「在取得制海權之前，讓一支艦隊能在遠洋行進時，對大型船團提供最大程度的防護」。

洲強國以及日本都已經穩定地讓新艦下水了。美國國會的喬治亞州眾議員卡爾．文森（Carl Vinson）認為這些問題的唯一解決方法，就是一個堅決的海軍翻新計劃。一九三四年，羅斯福簽署了第一次《文森－塔曼法案》（Vinson-Trammell Act），為接近一百艘船艦及超過一百架海軍飛機提供資金。文森繼續在一九三八年推動第二輪的擴張，遊說更多經費，並聲稱這會是「為了美國人民的和平的保險契約。」「民主的最後堡壘，」他說，「將會在地球的這一邊，並由美國肩負起這個重擔。」接下來在一九四〇年的《兩洋海軍法案》（Two-Ocean Navy Law）授權建造成千上萬噸的船艦，按文森的說法，讓美國擁有「在任一海洋完全的行動自由，還能在另一個海洋留下一支足夠保衛我們重大安全的海軍力量。」[38]

新船也意味著新的航空母艦。一九三一年，海軍航空署要求在以下三方面作出改良：航速、裝甲，還有作戰設施。考慮到這些要求，維吉尼亞州的紐波紐斯造船廠（Newport News Shipbuilding），也就是現在的亨廷頓英格斯工業（Huntingdon Ingalls Industries），設計了約克鎮級航空母艦——約克鎮號（USS *Yorktown*, CV-5）、企業號，以及大黃蜂號（USS *Hornet*, CV-8）。這些長達八〇九英尺，作為大概兩千多名船員家園的船艦，儼然是座海上城市。它們最為珍貴的裝載物就是總數八十二架艦載機，透過三座機庫升降機之一從船艦深處運上來。在約克鎮級上延續了兩個美國航空母艦的特色。其一，就是一個矗立在飛行甲板上，高出好幾層且十分顯眼的艦島。它與排放鍋爐廢氣的煙囪連結在一起，而且最終還會再裝上無線電及雷達天線。在這裡，航艦艦長及其參謀人員都能觀察到航空作業。其次，在船艦的兩側都有很多龐大的閘門。這些門可以打開，為機庫甲板提供自然光或通風。因為這樣，不少人稱約克鎮級是「浴缸上的推拉門」。的確，它們的直通甲板與粗獷的艦島一點都不優雅。但是一位後來成為歷史學家的水兵卻發現它們是「擁有簡潔、銳利線條的優雅船艦。」[39]

隨著海軍發展，艦砲及空中武力之間的緊張關係也隨之升級。由於他們的黑皮鞋，那些傳統主義者被稱為「黑皮鞋」，那些穿棕色皮靴的飛行員，就被稱為「棕皮鞋」了。此外，由於飛行員的危機加給，比水面作戰軍官多了將近百分之五十，這也使得有人對此感到憤憤不平。麥克勞斯基是其中一位棕皮鞋飛行員。他是尼米茲之後世代的人，於一九二二年進入美國海軍官校。他很早就接觸到航空飛行。一九二五年，海軍官校校長路易．紐頓（Louis Nulton）決定，所有新入學的軍校生都要接受基礎飛行訓練[40]。隨著時間推移，這也大幅增加了軍官團對空中武力的熟悉程度，在這方面更超越了英國皇家海軍，甚至是日本帝國海軍[41]。此外，並不是所有美國海軍的「戰艦派將官」都反對航艦及海軍航空，有些人很快便適應了新事物[42]。

相似的辯論及較勁同樣在日本變得激烈起來[43]。在那裡，艦砲的支持者同樣與那些視海軍航空為未來武器的支持者爭論了起來。一九三四年，那位堅定獻身的海軍飛行員淵田美津雄聽到當局計劃「徹底消滅所有航空母艦」時，便完全嚇到了。淵田當時是加賀號偵察中隊的成員。在他看來，日本海軍在整個一九三〇年代，對海軍的航空兵力都是充滿敵意。到一九三九年他已經是赤城號航艦的飛行隊長，並發現「在海軍內部的普遍認知，認為航空母艦是被歸類為輔助部隊。」飛機能夠攻擊三百海里外的目標，但只有僅僅二十四海里射程的戰艦，仍然被視為艦隊戰略的核心[44]。

淵田對此的困惑，來自廣島縣的農夫之子源田實亦感同身受。就像麥克勞斯基，源田實年輕時就是一名特技飛行員，他不光視飛行為是一項高深的技藝，更是一項表演。源田實也是首位體認到從多艘航空母艦發動大規模空襲的潛力：這個戰術在珍珠港就奠定了永垂不朽的地位。一九三〇年代，源田實撰文建議海軍拆解掉所有戰艦，並完全依靠海軍航空的打擊力量[45]。就在同一個十年，包括淵田美津雄及源田實在內的日本海軍飛行員，就在與中國的戰爭當中初次從航艦上起飛執行對地支援任務。

不過，那些在日本海軍上層的人，與很多美國同行一樣，對空中武力是避之唯恐不及。山本五十六是其中單獨的例外。他在一九三〇年代成為第一航空戰隊司令之前，在一九二〇年代就曾指揮過赤城號航艦。儘管並非飛行員，卻直覺空權時代已經到來，並從根本上改變了海軍作戰。正如上文已經提及過，山本的遊說工作並不是完全失敗的——日本海軍航空隊在飛機設計及飛行員訓練方面，是極其有效的。但是日本海軍並沒有像美國海軍那樣，把航空戰力整合到戰術及戰略當中。換個說法，山本並不是尼米茲。對於日本海軍戰略冥頑不靈態度的一個例子，就是動工建造大和號及武藏號，兩艘令人畏懼的超級戰艦，在它們於一九三七及一九三八年鋪設龍骨時就已經顯得落伍了[46]。

儘管艦載機能打出強力一擊，但航空母艦卻比它們試圖取代的戰艦容易受創。與戰艦不同，航艦並不是建造來承受打擊的：航艦的確是無法做到，它需要一個廣闊又平坦的甲板來讓飛機起降。對諸如蘭利號、萊星頓號及薩拉托加號（USS *Saratoga*, CV-3）等早期的美國海軍航艦而言就是如此，它們木製、沒有裝甲的飛行甲板，就直接鋪在原本的運煤艦或戰鬥巡洋艦艦體之上。它們擁有厚重的裝甲來保護它們免受魚雷及艦砲火力，但並沒有辦法抵禦來自俯衝轟炸機的空中攻擊*。一九二〇至一九三〇年代的多次「艦隊解題」演習（Fleet Problems）當中，海軍進行了多次海軍航空戰力實驗，這個弱點就變得更為突顯了。例如，當萊星頓號在一九二九年演習期間被敵方飛機突襲時，裁判就宣佈該艦「嚴重受損」及短暫降低航速[47]。在接下來一年的另一次演習當中，薩拉托加號及蘭利號也在相似的情況下猝不及防地遇襲——這一次是被俯衝轟炸機突襲，而在二十分鐘的攻擊後，裁判判定它們都被擊沉了。到一九三七年，美國海軍已經估計每一枚命中大型航艦的一千磅航空炸彈，都會造成百分之七的傷害。他們極其嚴重低估了：在二戰時，每枚炸彈的傷害大概在百分之十五至一百之間遊走[48]。

* 譯註：萊星頓級在改裝成航艦時保留了戰巡原來最厚達七吋的水線裝甲帶，但裝甲帶並不是用來抵御魚雷攻擊的（除了定深調整錯誤，直擊在水線裝甲帶上的魚雷）——那是由多重水線下隔艙組成的水下防御系統的工作。

除了設計之外，由於在雷達面世之前，敵艦能利用天氣或地理環境來掩飾本身的迫近攻擊行為，因此航艦仍然是容易受打擊的。換言之，海軍作戰經常都是出奇不意及近距離作戰。即使一次規劃好的作戰行動，仍然會讓航艦容易受創。飛機的短航程意味著航艦需要冒險接近它們的目標。如果有一艘被發現的話，那就會有遭受大規模空襲的麻煩了：以中隊編制飛行的情況下，艦載機並不是一架兩架發動攻擊，而是一組九至十八架發動攻擊。這正正是一九三〇年「艦隊解題」演習當中發生的狀況：萊星頓號及薩拉托加號受到四十二架俯衝轟炸機及其他種類攻擊機的打擊[49]。

所以，到底要如何保護航空母艦？在美國海軍，對航艦的防護從尼米茲青睞的圓形陣開始。透過以驅逐艦或巡洋艦這些相對沒那麼重要的船艦環繞著航艦，敵機就要穿透一層充滿敵意的空域，然後才能迫近他們的目標。所有這些船艦都能貢獻防空火力以攻擊敵機。航艦同樣能有更多時間來準備其反制措拖。

至於主要防護方式，是透過航艦自身執行的，也就是執行「戰鬥空中巡邏」（Combat air patrols, CAP）。這是指一群又一群的戰鬥機，在空中巡邏並追獵攻擊的敵機。一次的戰鬥空中巡邏，是由航艦上的一名軍官負責，這後來就變成了戰鬥情報中心。透過無線電及一枝油性筆，這名軍官就能追蹤我方及敵方飛機的位置，並據此來分派任務及負責區域[50]。防空砲是最後手段，但它們並不被認為是有效的防禦。在「艦隊解題」當中，防空火力被認定只有百分之五的效率，連勉強足夠防護航艦都稱不上[51]。

航艦組員同樣在損管方面提供了許多的意見。為對抗燒燙傷的威脅，水兵裝備了防護裝備。其中一名在大黃蜂號上的艦員回憶道：「每一個在艦上的人都穿上特製的防閃焰服，這是經特殊處理的褲子及套頭衣服，穿在制服外就能防止受到爆炸時的火焰所燒傷。一個頭套能保護你的頭部及臉部……（還有）手套及鋼製頭盔則提供額外防護。」[52]

即使如此，到最後防護手段能達成的還是有限。當時一個廣泛認同的想法認為，部分轟炸機總是能夠穿透防線。就很多方面而言，一九二九年「艦隊解題」演習的過程可以說是這種情況的縮影。在這一年的演習當中，雙方的航艦都透過把偵察機及船艦編組起來試圖追獵對方，並透過聯合海陸兵力協同作戰來達成目標。到最後，贏家是自己的飛機首先發現敵方航艦的一方。這是一場由攻勢及積極性的戰術左右勝負的作戰。

日本航艦作戰準則與美國海軍十分相似，都強調攻擊。但是兩者卻又有很明顯的差別：日本航艦是緊密地一同航行，而不是把航艦分成多個獨立的作戰群，每一艘航艦都由一環水面船艦保護。源田實還記得，每一年日本海軍都會模擬一場在「弱勢的日本艦隊」對上「優勢的美軍艦隊」的「決定性艦隊戰鬥」。這些演習都指出日本要取得勝利的話，最好還是透過「八十至一百架飛機同時發動攻擊」來達成。由於當代通訊器材的限制，「要在大洋之中讓多個機群集合是十分困難的。」[53] 對很多人來說，解決方法十分明顯。淵田美津雄及其他人提議「集中部署……航艦」來讓飛機在一位指揮官統率之下，作為「單一的航空艦隊」來發動攻擊。與美國人不同的是，日本人會把他們的航艦組合起來以同步行動[54]。

偏好於同時攻擊的部分原因，是日本戰略長久追求一場「決定性戰鬥」的論述所致。在他們看來，一場決定性戰鬥——不是消耗戰，也不是透過謀略或同盟作戰——才能左右戰爭的結果。對馬海戰就是這方面的一個重要里程碑。隨後，如同故事發展一樣，東鄉平八郎海軍大將引致俄羅斯過度分散其海軍資源，然後就被引誘進日本人選擇的時間及地點來戰鬥。東鄉的勝利是如此徹底，如此的具打擊性，使得俄羅斯只能求和。到一九三〇年代，對馬海戰的那個時間點就定調了此後日本海軍的戰略。根據淵田美津雄的想法，珍珠港及中途島都充滿了「對馬海戰的幻想」。珍珠港的攻擊行動就被命名為Z作戰，以榮耀東鄉在對馬海戰當中以Z字旗宣告開始作戰之舉[55]。六個月之後，日本航艦在五月二十七日出發前往攻擊中途島，剛剛好就是對馬海峽那場海戰後的三十七年。為了進一步喚起這段回憶，山本的旗艦並不是一艘航空母艦，而是一艘戰艦。

另一個有關日本航艦作戰準則的重要面向，就是日本軍方對戰爭的態度。早在一九三六年，一個日本海軍大學校的研究便指出，一艘日本航艦在行動當中「必須做好準備，當它刺穿敵艦時，它也會被刺穿。[56]」這也意味著要搶先發動一次先發制人的突襲。美國人很大程度上，在搶先進行先制攻擊方面的觀點相若，但他們並不會接受甘於「被刺穿」的意圖。在最好的情境下，這叫作勇氣，在最差的情況下，這是放棄生命。這樣的結果，就是一個代價高昂的海軍戰略，但並不是因為這很宿命論或很絕望。相反的，犧牲在日本海軍作戰準則當中是達致勝利的手段。人命損失是意料之中，甚至視為是有價值的，因為那證明了戰鬥的價值。

日本人對於刺穿敵人的決心，也反映在日本航艦的設計當中。加賀號及赤城號是從戰鬥巡洋艦改裝而來，而且在大小及航速方面也與約克鎮級相當[57]。但後來的航艦，例如在一九三四年動工的蒼龍號及一九三六年動工的飛龍號航艦，就更流線型、更快，排水量更輕。飛龍號比約克鎮級短了將近一百英尺，寬度少四十英尺，還輕了五千噸，但航速卻快了每小時二海里。不過，飛龍號的艦載機數比約克鎮級少了大概二十架，還少了約一千名艦員，其作戰半徑也短了約二千海里。簡單來說，那是一部更大型機器的組成部分。它是設計來與其他航艦，特別是較老舊，而且還保留了部分水面戰武裝的加賀號及赤城號航艦一同航行的。正如一位在赤城號上的日本海軍整備兵回憶道，這艘改裝船艦「在每舷都有三門火砲，我認為它們沒什麼用。[58]」這些八吋艦砲反映了一種不情願依賴支援船艦組成的圓形陣，還反映出向前推進及攻擊的決心。作為比較，約克鎮級航艦沒有口徑大於五吋的艦砲——而且全部都是防空砲[59]。

尺寸上的不同，結果也會有所不同。美國海軍的航艦普遍更大，因此也有更大面積的飛行甲板，也有空間來讓廢氣從甲板上方排走。這容許它們擁有更高的艦島。日本航艦剛好相反，他們是從側面把廢氣排出，而且也沒有艦島結構——僅在後來的改裝中才裝上[60]。為了保持這個風格，日本人把飛機放在下方的機庫甲板。赤城號及加賀號有三層這樣的甲板，而蒼龍號及飛龍號有兩層，美國海軍的航艦會把飛機放在飛行甲板上，但就只有一層機庫。

日本航艦更容易受到傷害。它們偵察、防禦及回應威脅的能力比起美國航艦要差。就偵察方面，日本海軍受到兩個因素局限。其一是缺乏雷達。沒有雷達的情況下，日本海軍的偵察某種程度上是無序的。惡劣的天氣能阻止偵察機起飛，或者嚴重損害他們的能見度[61]。這個問題更進一步惡化，是因為日本人沒有把偵察整合至其航艦飛行大隊當中——這項功能是由護航艦的水上飛機提供的。制度上，偵察沒有被認真看待，而戰術上這項任務是由性能更差，而且不能在發現目標時攻擊敵艦的飛機執行的[62]。

在防禦來襲敵機方面，日本人同樣相對弱於美國海軍。首先，他們的防空準備並不充足[63]。這個問題先從自動射控開始。美國船艦都裝備了機械式計算機來推測目標接下來的位置及距離，讓艦砲得以精準射擊，還有讓彈藥引信能設定備便。日本人在多方面缺少這種能力：他們的艦砲沒有能力充足的射控計算機，也沒有近炸引信*。因此，要擊中在空中快速移動的目標就更困難了。而那些艦砲本身也能力不足。小口徑防空砲射速很低、沒有足夠打擊力、迴轉指向目標很慢、俯仰速度也很低。日本水兵還投訴說，那些防空砲在開火時會受嚴重震動所干擾，砲口焰也會阻礙觀察目標。在煙霧及戰鬥中的叫喊聲當中，砲手沒有多少機會能擊中一架俯衝轟炸機，特別是那些直接從頭頂進行俯衝的目標[64]。

在這種情況下，應對空襲的主要防御手段就是戰鬥空中巡邏了。但日本海軍在這方面同樣有著極大的問題。由於其強調打擊任務的飛機，一艘航艦一般只會放飛三架戰鬥機巡邏，另有六架留作預備機[65]。這並不是一個足以在多個攻擊高度提供充足圓周掩護的數目：海平面需要防備來襲的魚雷機，一萬五千英尺或更高的高空就需要防備轟炸機。此外，就算發現敵機也好，日本人也缺乏有效的手段來導引戰鬥機作出反應。日本無線電性能之差，讓不少飛行員把它們移除掉來減輕機身重量，結果只能完全依靠手勢與其他飛機溝通。簡而言之，日本航艦缺少能與美國海軍戰鬥情報中心相提並論的東西[66]。

另一個問題，日本海軍的損管系統十分脆弱。首先，日本的損管系統太過於去中心化。在美國海軍，一艘船艦的損管系統是一個人的責任：損管官。但在日本海軍，這個責任被一分為二。一位負責甲板上方的損害管制，另一位就負責在甲板下方的輪機艙的損害。把職責一分為二，意味著資源沒有辦法有效分配，而且當一位較低階的軍官需要某位更高階軍官的幫助時，還很難處理軍階等級制度下的紛爭。再加上，維修系統沒有內置的備援設備。他們只有一個滅火用的抽水系統——一旦不能運作，就回天乏術了。

＊譯註：美國海軍直到中途島戰役半年後的一九四二年底，正式把ＶＴ近炸引信投入使用。

機庫甲板尤為容易受損。在那裡的主要滅火系統是一組大型簾幕，可以在必要時拉開橫越機庫來分隔及控制火勢。但這只有在火勢受控的情況下才可行[67]。艦上同樣沒有辦法在航空汽油管注入二氧化碳。艦上人員跑戰備時亦會增加危險性：日本海軍水兵有穿著「短袖衣及熱帶短褲」的習慣，這使得他們暴露在燒傷的風險之中[68]。

就像日本那些因為害怕地震，因而建築結構輕薄的城市一樣，日本船艦及飛機也不是為了長久使用而建造的。正如一位美軍飛行員回憶的那樣，零戰與盟軍戰鬥機相比，建造得「就像風箏」[69]。同樣地，日本航艦的防護同樣薄弱，還塞滿了易燃材料。因此，火災就成為一個嚴重的問題：假如被點燃的話，日本飛機及航艦就會像日本城市一樣燃燒起來。

✪

日本武器及日本作戰準則都在一九三〇年代的對華戰爭中受到實戰測試。這場衝突也左右了國家的關注力度。後來成為海軍飛行員的丸山泰輔還記得，當其時「學校都會全力支持軍方。例如我都是穿軍事風格的鞋子上學，最主要的原因是對華戰爭的關係。我認為每個人都受到了影響。」日本帝國海軍參與對華戰爭始於一九三七年的淞滬會戰。中型轟炸機*及零戰表現極佳。很明顯，航空兵力已經成為海軍武器庫當中最有效的武器了。可是，軍方高層因為多種原因驅使之下，仍然很抗拒改變。一九二二年的《華盛頓海軍條約》及一九三〇年《倫敦海軍條約》才剛失效，傳統海軍力量的捍衛者爭論道，因條約關係而被延誤的戰艦發展很快就要迎頭趕上。此外，文化因素使然亦較青睞相對熟悉的艦砲火力。結果就是日本海軍的作戰準則一成不變。遙遠的歷史中的對馬海戰，再結合近年來在華作戰的歷史，意味著以戰艦進行決定性戰鬥仍然是帝國艦隊的夢想[70]。

面對日本帝國主義，美國的反應就是增強其海軍戰力。文森眾議員在提出其《一九三八年文森—塔曼法案》時就曾警告，「按獨裁者的條件而獲得的和平，只會是迦太基式的和平。」這是他對太平洋及歐洲局勢的堅定信念。一九四〇年五月，羅斯福總統把太平洋艦隊從加州轉移到夏威夷的珍珠港[71]。他的意圖並非要挑釁日本，而是希望透過前進部署來嚇阻他們。在尋找一位穩定從容的好時機，羅斯福曾提出由尼米茲出掌太平洋艦隊。但尼米茲覺得自己資歷相對而言尚淺，因此拒絕了這個任命。結果這個職務就落到金默爾上將（Husband Kimmel）手上了。

東京在一九四〇年八月公告天下的「大東亞共榮圈」，並不單單只包括滿洲、朝鮮半島和中國，還包括大部分的東南亞。一個月後，日本佔領了印度支那北部，是其南進野心的第一個實實在在的信號。

* 編註：指的是九六式陸上攻擊機。

不久之後，日本透過一九四〇年九月在柏林、羅馬及東京之間的「三國同盟」條約，更進一步與希特勒緊密合作[72]。這三個簽約國都同意在任一國被第三者攻擊時，在軍事上互相支援，而他們所指的就是美國[73]。作為報復，美國實施了廢鐵禁運，這打擊了日本的武器生產業及造船業。緊張關係在一九四〇年末到一九四一年初持續升溫，而戰爭也繼續在中國激烈進行。

隨後，在一九四一年夏末，日本佔領了印度支那南部，讓英國在馬來亞的殖民地以及仍然是荷屬東印度地區的油田，都納入了日本的打擊範圍。美國對此作出的回應，就是對日實施石油禁運。假如坐以待斃的話，日本帝國的商船及作戰船艦所需的燃料都會消耗殆盡。英國人也重開了滇緬公路，通過這條公路，蔣介石的中國國民黨部隊就能得到補給。英國人還把一艘戰艦及一艘戰鬥巡洋艦派到新加坡，以嚇阻日本攻擊馬來亞的企圖，至於原定派出航空母艦護航它們的計劃，卻始終沒有實現*。指揮這支部隊的菲利普上將（Tom Phillips）是一位戰艦的信徒，在皇家海軍內更以輕視空中力量而聞名。他的其中一位資深同僚據說在戰前就推測，當菲利普的船艦被俯衝轟炸機攻擊時所說最後一句話將會是「那可是一枚該死的大水雷。[74]」

一九四一年十一月底，美國國務卿赫爾（Cordell Hull）向日本發出一份秘密備忘錄†，試圖能達成「政策聯合聲明」（mutual declaration of policy）。這個想法是希望能限制日本的帝國野心。這份建議還要求在太平洋撤軍：「日本政府，」第三點是這樣寫的，「將會從中國及印度支那地區撤出所有陸、海、空及治安部隊。」這份建議還試圖改善日本與世界大多數的關係。其內文聲稱「美國政府及日本政府會致力達成在英帝國、中國、日本、荷蘭、蘇聯、泰國以及美國之間的多邊互不侵犯條約。[75]」同意赫爾的建議，將會對日本國內外都造成影響。就區域層面而言，日本將要從亞洲大陸的資源區撤出，這意味著飢荒及恥辱：是日本帝國野心的終結。換句話說也代表轉移到另一個跨國聯盟：日本會離開軸心國並加入美、英、荷及蘇聯。

日本政府恐怕把赫爾的備忘錄視為最後通牒，這一點至今仍然為歷史學家所爭論[76]。如果日本對於赫爾及美國不友善的提議感到擔憂的話，對珍珠港的突襲就顯得合情合理——假如不是無可避免的話。這個最後通牒理論同樣有助解釋，為什麼日本高層明知擊敗這樣一個重量級工業體的機會微乎其微，他們還是攻擊了美國。山本將軍有一句名言：「假如我被命令不顧後果戰鬥的話，我在前六個月或前一年都能取得優勢任意行動，但我對第二及第三年的局勢全然沒有任何信心。」他還說「不應該打一場勝機如此微弱的戰爭。」山本預計這會是一場長期戰，而且會以日本打至筋疲力盡而結束[77]。他相信日本海軍及海軍飛行員都是當今最好的，但也知道船艦及飛行員都沒辦法替換。唯有赫爾的「最後通牒」，一個

＊ 譯註：上述的戰艦及戰鬥巡洋艦，是指威爾斯親王號及卻敵號，原定派往護航的航艦是不撓號（*HMS Indomitable*），由於在決定派遣後不久在牙買加擱淺，因此無法前往遠東。

† 編註：即《赫爾備忘錄》。

對日本榮譽的侮辱，才能解釋及合理化這個最終的攻擊行動。

赫爾的建議並不是唯一一份引導局勢走向的文件。一九四一年十一月十五日，也就是赫爾送出備忘錄前兩週，日本天皇簽署了《促進英、美、荷及蔣介石之間戰爭結束之草案》（Draft Proposal for Hastening the End of the War Against the United States, Great Britain, the Netherlands, and Chiang Kai-shek）。日本認為戰爭已經開始了——不單單只是對美作戰，而是同時間與太平洋及歐洲其他列強開戰。面對這些敵人，這份文件特別指出日本有兩個具體盟友：德國及義大利。日本政府有多個理由拒絕整合進英－美國際秩序當中。首先，日本還沒有忘記他們在一九一九年的凡爾賽會議當中被拒絕[78]。其次，他們對於其軍事力量充滿自信，這個自信是從近十年以來的對華戰爭及此前對俄勝利而獲得的[79]。不是那麼站得住腳的理由，則是他們自身的種族及宗教偏見，讓他們不可能同意與西方建立這樣的關係。最後，不要忘記在一九四一年的時候，國際局勢特別是在歐洲，已經轉變了——日本與希特勒同盟，而這迫使日本高層要從全球視野思考問題[80]。

因此而誕生的戰略就很直接了當。根據天皇的文件，日本會發動「一場快速的戰爭」來「摧毀美國及英國在東亞及西南太平洋的據點。」這會讓日本得以「確保一個戰略上強而有力的位置：以進行持久的自給自足。」而致命一擊很快就會發生：「在適當的時間，我們就會致力於採用各種不同手段，來引誘美軍主力艦隊（接近日本）並殲滅之。」區域制霸是全球戰略的一部分。日本會「與德義兩國合作，努力讓大英帝國投降，並摧毀美國繼續戰爭的意志。」它還提到「在歐洲的戰爭狀況」，還有「面對印度的政策，」與此同時還有增加「針對拉丁美洲、瑞士、葡萄牙，以及梵蒂岡的外交與宣傳活動。[81]」在征服滿洲地區之後開始的事態，將影響到整個國際秩序。

到一九四一年十二月，尼米茲與其家庭都住在華府。他當時是海軍航政署（Bureau of Navigation）署長，負責「採購、訓練、升遷、指派，還有海軍軍官及服役人員的紀律」事宜，是一個由羅斯福總統指派他出任的職務。尼米茲心思不在這個工作上——他更傾向於海上職務多於辦公桌工作——但這與他的軍階相稱，而且也涉及到重要工作：近年來擴張了的海軍編制事宜。這份工作還讓他擁有與家人相處的時間這一好處。他的兒子小尼米茲在一九三六年從安那波利斯畢業後，就前往一艘以菲律賓為基地的潛艦服役，但他的三名女兒——凱特（Kate）、南希（Nancy），還有瑪麗（Mary）——全都還住在家裡，而且經常與父母共進晚餐。與其他家庭一樣，他們也會有意見不合的時候。根據尼米茲的密友及傳記作者家稱，女兒南希「擁有極強烈的左翼，甚至是親蘇聯傾向，」她在這條路上走得很遠，遠到已經申請加入在喬治華盛頓大學（George Washington University）的美國青年共產主義聯盟（Young Communist

League），儘管因為她的「布爾喬亞背景」而被拒絕了[82]。

在那個星期日的午餐後，尼米茲及妻子正在聆聽廣播電台的紐約愛樂交響團的演奏。他們兩位都很享受古典樂，而且那天還有由鋼琴家魯賓斯坦（Arthur Rubinstein）演奏的蕭士塔高維契第一號交響曲（Shostakovich's First Symphony）以及布拉姆斯第二號鋼琴協奏曲（Brahms's Second Concerto）。尼米茲才剛坐下來，音樂突然停下。播報員說：「我們中斷了這個節目來為你報導這項快訊。羅斯福總統剛剛宣佈，日本人空襲了珍珠港。」尼米茲從他的椅子一躍而起，立即前去更換制服。除此之外，他還會想到他的兒子小尼米茲。如果日軍攻擊珍珠港，他們難道不也會攻擊馬尼拉嗎？電話響了起來。那是一位參謀的來電：專車正前往接他的路上，他們會將尼米茲帶到海軍總部。他在接下來的很多年也不會再遇上另一個休閒的星期日了。尼米茲將大衣披到肩上，親吻了妻子凱薩琳。他說，「上帝才知道我什麼時候會回來。[83]」

儘管華府已經是下午了，但珍珠港還是早上。六艘日本航艦放飛了超過三百架艦載機到天上。有很多軍機都是由經驗老到的飛行員駕駛的，他們的平均飛行時數達兩千小時，還包括在中國的戰鬥經驗。這次攻擊的指揮官是淵田美津雄。他與第一波的一八三架飛機是在日出時起飛的。「這個畫面看起來，簡直就像我們的海軍旗鋪天蓋地覆蓋了整個天空，*」他回憶道，「我把這視為日本帝國的日出。[84]」然而，當攻擊開始之後，整個港口「黑煙填滿了整個空域。」從他的雙筒望遠鏡往下看，淵田美津雄看到戰鬥艦列（battleship row）[†]的毀滅：內華達號（USS *Nevada*, BB-36）及亞利桑那號（USS *Arizona*, BB-39）冒出了極為嚴重的濃煙，而西維吉尼亞號（USS *West Virginia*, BB-48）及田納西號（USS *Tennessee*, BB-43）都「被紅紅烈火所包圍。」在西維吉尼亞號上，一名非裔廚師多里斯·米勒（Doris Miller）操作機槍對抗敵機，並協助把受傷的艦長帶到安全的地方[85]。在俯衝轟炸機及水平轟炸機打擊之下，機場及飛機都陷入烈焰之中[86]。嚇阻戰略失敗了。

幸運的是，當日軍攻擊珍珠港時，美軍航艦都在海上，正在運送飛機前往強化太平洋各駐地的防務，並不在珍珠港內。但珍珠港受到的戰損已經夠嚴重了。在二十分鐘之內，日軍飛機摧毀了三個美軍機場，包括二三一架停泊在機坪及機庫內的飛機。他們還命中了在港內的全數八艘美軍戰艦——還重創了其中的五艘。在中午以前，企業號航空大隊的無畏式機組員損失了六人，還有多架飛機受創。

那些認為日本人在珍珠港的成功是純粹好運的人，應該要在三天之後思量再三。在珍珠港攻擊後不久，英國出動攻擊日本在馬來亞的登陸行動。威爾斯親王號戰艦（*HMS Prince of Wales*）及卻敵號戰鬥巡洋艦（*HMS Repulse*）既沒有空中掩護，也沒有足夠的防空火砲。它們是在一九四一年十二月十日被日軍七十三架岸基轟炸機所發現，這兩艘船艦就被日軍無情地送到海底，正如在珍珠港的太平洋艦隊一樣。

---

* 編註：淵田指的是艦載機起飛後所看到的晨光從雲層後透射的光線，宛如日本海軍的旭日旗。

† 編註：指位於珍珠港內福特島東南邊，攻擊當下戰鬥艦固定停泊的位置。也是現今亞利桑那號及密蘇里號紀念艦的所在位置。

攻擊行動中的決定性傷害是由魚雷所造成的——每艘船都被四枚魚雷命中，並在攻擊開始後兩小時內沉沒[87]。現在沒有人再懷疑這句話了：缺少空中掩護的主力艦，不管有多大艘，都只是獵物。

日本海軍高層認為擊沉威爾斯親王號及卻敵號是重要大事。淵田美津雄認為那標誌著一個時代的結束。他在回憶錄中寫道，「這應該能說服日本海軍高層，由我們提出戰艦無用論的觀點了。」源田實應該也是不同意高層的看法，但他沒有提出自己的懷疑論述。宇垣纏海軍中將記載了這次攻擊——在攻擊後數日與數週後，在回憶錄中寫下了互相矛盾的評估[88]。在美國方面，時任美國駐維琪法國大使威廉·李海上將（William Leahy）在日記如此寫道，這「點出了英國皇家空軍的失敗：沒有在需要他們的時候，出現在需要他們的地方。[89]」顯而易見的結論就是，飛機比船艦威力更強大。

日本現在主宰了整個東亞。到十二月十四日為止，日本帝國已經攻擊了夏威夷、中途島，以及威克島；佔領了關島，還在菲律賓及馬來亞推進中。在華府的一份報章能讀到以下內容：「太平洋現在已經是世界衝突當中最大的戰爭前線了。[90]」

十二月十六日，羅斯福總統找尼米茲前往白宮簡短的召見。又一次，總統向尼米茲授以太平洋艦隊的指揮大權。之後，尼米茲有點茫然地走了大概一英里半的路回家。到家之後，他發現凱薩琳在床上休息。她看得出尼米茲滿臉懊惱。「怎麼了？」她問道，「發生了什麼事？」

尼米茲回答說，「我將會成為新任太平洋總司令了。」

「你一直都想執掌太平洋艦隊的帥印，」她說。「你一直都想，那將會是榮耀的頂峰啊。」

「親愛的，艦隊現在都在海底了。這裡沒有人該知曉，但我還是告訴你。」尼米茲調職最高職務的消息，現在更像是他最大的失敗。當天晚餐時，他試想著該如何告訴女兒們這消息。當兒子在海上的時候，尼米茲的媳婦也會過來。尼米茲不想離開，但他也不想留在這裡。在他能說出他想怎麼樣之前，女孩們已經猜出發生了什麼事。凱薩琳笑了，有一瞬間，這就像一頓在平時星期二晚上再平常不過的晚餐。

最終對話還是轉移到新聞媒體的話題上。當消息被公開發佈時，尼米茲上將該說什麼？他取出一本記事本還有一枝鉛筆，寫下了只有一句的回覆。他將之傳給桌上各人，看看女孩們有什麼見解。大女兒凱特看了看父親寫下的東西：「這是一個巨大的責任，而我會全力以赴來達成任務。」她把這一頁撕下來，摺好，再收到她的口袋裡說，「我肯定現在這已經成為定案了。[91]」

尼米茲身穿便服，坐火車前往加州。他會接受羅斯福總統的任命，但他不想被人認出。太平洋艦隊總司令希望保持低調，尤其是當前。他需要時間思考。在他的行李包裡有一疊傷亡報告，還有一瓶威士忌。當火車奔馳橫過美洲大陸時，他也開始工作了。他開始寫信給凱薩琳，這是一個他在戰爭中持之以恆的習慣。「當我開始多睡多休息一點後，」他告訴凱薩琳，「我發現自己沒那麼消沉了…我很肯定當我到達珍珠港時，能夠應付當前形勢所需。我只希望能實踐你跟羅斯福先生對我的期待。這是一項超棒的任務，而我需要你為我祈禱。[92]」尼米茲在聖誕節當天抵達珍珠港，座機在日出後降落。也許在晚上降落會更好，這樣他就只會瞥見攻擊所造成的破壞。但正如所發生的那樣，尼米茲在機艙窗戶看到了全貌：五艘強大的戰艦被烈火焚燒殆盡後半沉在港內，流出了一道道的燃油。隨後，當機艙門打開時，他頓時感受到烤焦的木頭與腐爛中的屍臭味撲鼻而來。

華府給這位太平洋艦隊新任總司令的第一道命令很直白。首先，他受命要守住從夏威夷到中途島的防線，維持與西岸之間的通訊。其次，他要維持與澳洲西岸之間的聯繫，主要透過守住夏威夷到薩摩亞之間的交通線來達成，可能的話最好連到斐濟的交通線也要守住[93]。尼米茲寫信給凱薩琳說，「在接下來的日子，太平洋地區會比任何地區有更多的戰鬥。[94]」

這個推測很快應驗。日本人很快佔領了香港及馬來亞。新加坡在一九四二年二月淪陷。沒多久之後，日本人也把守衛爪哇的盟軍艦隊送到海底，並佔領了荷屬東印度的油田。日本人甚至襲擊了在澳洲北岸的達爾文港。美國人在菲律賓也奮勇作戰中，但陷落已經只是時間問題。對很多人來說，日本人似乎是所向披靡的。

尼米茲需要干擾日本人的攻勢，需要打斷他們的勢頭，他還需要一場勝仗來鼓舞士氣，證明美國海軍還是挺得住的。但是攻擊選項很有限。他唯一的攻擊武器，就是麾下那四艘航艦與他們的護衛部隊。對他來說很幸運的是，美軍航艦航空隊也許是美國武裝部隊在戰爭開始時，準備最為充足的單位[95]。有些資深軍官反對派出這些船艦前去攻擊。航艦很脆弱，而且還有受到伏擊之虞。尼米茲參謀群當中的一名將官認為，日本「透過墨西哥與其特務通訊，」知曉美軍增援薩摩亞的計劃。當美軍船艦出海時，他警告日軍會再次攻擊珍珠港。不過，尼米茲對他的航艦特遣艦隊信心十足。海爾賽中將從一九三五年開始就在指揮航艦了，而且在攻擊方面永不言休。尼米茲決定派他出海，指揮企業號及約克鎮號航艦執行任務。在護航陸戰隊前往薩摩亞增援的任務完成後，航艦便繼續航向攻擊吉爾伯特及馬紹爾群島，都是當時日本控制的中太平洋島嶼。在當時，尼米茲採用了一個被他稱為「打完就跑式襲擊」戰略。不久之後，航艦從吉爾伯特及馬紹爾回來，尼米茲又把它們派去執行另一個任務，這一次是攻擊威克島及馬庫斯島，在夏威夷以西兩千英里外的小島嶼，比起美國本土，這兩個小島更接近日本。還有一次是攻擊拉包爾，一個位於澳洲北邊新幾內亞的重要港口。這些都是時間甚短的任務，但仍然讓尼米茲擔憂不已。他寫信給凱薩琳說，「我躺了好長一段時間都睡不著。」[96]

這些行動全部都沒有給日本人帶來多少傷害，但它們還是達成不少成果。首先，在沒有多少好消息的時候，這些突襲大大鼓舞了美國人的士氣。其次，他們展示了美國海軍航空隊的質素。假如魚雷機隊因為魚雷故障而表現不佳的話，俯衝轟炸機飛行員多次在攻擊重兵防禦的地面目標時，展示了他們的戰技。堅固結實的道格拉斯無畏式證明了它們很有效，同時飛行員也累積了無價的戰鬥經驗。儘管如此，目前為此大多數被擊沉的日本船艦都很小，而且都是沉在港內。至於美國海軍的俯衝轟炸機能否在大洋之上對付日本海軍第一航空艦隊——也就是機動部隊，是一個仍然有待觀察的問題。

不過重要的是，尼米茲嚇到山本了。美國清晰可見的恢復速度，突顯了日本的戰略困境。為了在太平洋達成區域制霸，日本需要孤立美國，並摧毀其海軍作戰能力。但美軍部隊卻分散在多個島嶼要塞當中，還有機動的航空母艦上。日本人傾向於大規模攻擊及決定性海戰的作風，在面對一個絕不正面交戰的敵人時毫無用處。接下來就是時間問題。面對與美國在經濟及軍事資源方面比較之下的劣勢，日本是不能停下來的。這樣做還在戰爭初期招致了美軍對日本本土的空襲行動，這也就是山本所極為恐懼的。[97]

山本需要再次施加打擊，在美國人能從打帶跑突襲轉變為大規模攻勢作戰之前摧毀美國的戰意。他有多個選項。他能夠西進攻擊印度洋，威脅英國人在印度次大陸的據點。他能夠向南進，透過直接突擊或佔領周邊島嶼使得澳洲無力再戰。他能向東進，入侵夏威夷並趕跑美國人。或者，索性採取另一條路線，不是攻擊領土，而是敵方船艦。他能引出美軍航艦，並在公海某一處將其殲滅。這個戰略能分散美軍部隊的做法，轉換成日本海軍的優勢。按這個思路，山本能攻擊一個重要的基地，例如在中太平洋的中途島，挑釁尼米茲作出回應。當美軍航艦抵達戰場時，日本人就會得到他們期盼已久的決定性會戰了。

即使日本人在一九四二年頭幾個月仍然屢戰屢勝，但山本仍然十分謹慎。他在五月寫信給友人時便稱，「作戰第一階段就像小孩玩耍一樣，而且將要結束，現在就是成人時間了。」[98]他預料當美國站穩腳步之後，戰爭的節奏就會開始轉變了。他也知道日本海軍在連續行動數月之後，已經疲憊不堪了。

日本海軍內部，有不少軍官可不同意這個說法。他們在近期的多場勝利之後，雖然說不上是驕傲自大，但都自信滿滿。日本海軍艦隊已經航行了五萬海里，贏了多場戰鬥，佔領了不少領土[99]。淵田美津雄還記得那一年春天，「士氣之盛無出其右。」「戰技水準更是到達了神乎其技的高度。[100]」可是，這樣的氛圍卻造就了糟糕的作戰規劃。山本從二月開始籌劃的中途島攻擊行動受到極大的影響。有一位海軍飛行員回憶說，「在當時，每一個人都認為任務輕而易舉，很容易就能達成。」「這也是為什麼我覺得我們在中途島行動之前，並沒有進行充分的規劃。」另一位前整備兵也說了類似的話：「由於我們在夏威夷的勝利，日本已經沒有像從前那麼小心翼翼了。我們實在太過自信。[101]」日本認為美國是柔弱且被動，而非精於謀畫及主動攻擊型的。淵田美津雄認為這種想法具傳染性且使人衰弱，是一種「過份自信的弊病」，一種「勝利病。[102]」即便是南雲忠一也順應，並告訴他的手下在戰鬥時，「儘管敵人缺乏戰意，但在我們入侵進行時，他們還是會出來攻擊的。[103]」

尼米茲的航艦突襲理應會讓日本人有所節制，但在多個月以來他們已經取得了一場又一場的勝利。在三月底至四月初，機動部隊進行了一次印度洋突襲行動。它們攻擊了英軍在可倫坡及亭可馬里（Trincomalee）的基地，擊壞了當地的基地設施，還擊沉了兩艘皇家海軍巡洋艦及一艘老舊的航艦。日本海軍又一次凱旋回歸。目前為止這還是日本人所熟悉的，但在作戰過程中的一刻，日本海軍卻展現出令人震驚的脆弱。九架英軍的布倫亨式轟炸機（Blenheim）規避了機動部隊上空的戰鬥空中巡邏，並且對日艦投彈。炸彈全都錯過了目標，儘管有一些還挺接近的。這是日本海軍航艦首次遭受敵方嚴正的攻擊，而他們的應對也不夠好。

一九四二年三月，大黃蜂號航艦停泊在舊金山灣的阿拉米達海軍航空站（Naval Air Station Alameda），該艦在那裡接收了一項不尋常的貨物：十六架北美B－25轟炸機。當大黃蜂號駛過金門大橋並沿著法拉隆群島（Farallones）航行時，艦長密茲契上校（Mark Andrew "Pete" Mitscher）透過艦內廣播系統宣佈，「本艦正在把這些陸軍轟炸機運送到日本的海岸，我們正前往轟炸東京。」在這一刻，甲板砲手理查德．諾瓦斯基（Richard Nowatzki）回憶，當時喧鬧的歡呼聲響徹整艘航艦[104]。人們因為得到在戰爭中一展身手的機會而興奮不已。不久之後，大黃蜂號特遣艦隊已經到達日本外海，準備發動攻擊了。像尼米茲不久之前的航艦突襲一樣，「杜立德行動」——以領軍攻擊的杜立德中校（James Doolittle）命名——並沒有做成什麼實質傷害，但心理效果是極為龐大的——不是對日本民眾，他們大體上全然沒有受到影響，也沒有在意，最起碼那些遭直接打擊地區以外是如此——而是對日本軍方，特別是高層。

山本被激怒了。「關於那個突襲，」山本如此對友人寫道，「就像在一個人感到充滿自信而且一切都在掌握中，卻冷不防被打個措手不及。即使沒受到多少傷害，但當不容許肆無忌憚的帝國首都有敵機飛過時，卻沒有任何一架被擊落，這是一種令人蒙羞的行為。[105]」這次失敗還讓人認清了一個長期的戰略問題。正如一位日本歷史學家寫道，「不管是天皇本人，還是他的神聖領土，在敵方航艦能從海上發動攻擊時，都不可能是安全的了。[106]」

當魚雷機飛行員森拾三在一九四二年四月底，從攻擊印度洋的英國人的突襲行動凱旋回歸時，他發現接近碼頭的房屋窗戶都被炸飛了。他不得不忍受當地居民的責難。他們指責道，「我們以為你們這些海軍會保護我們。」森拾三唯一記得的，就是「在恥辱中垂頭喪氣。[107]」但清楚不過的是，美國人依然未退縮。

杜立德行動帶來的震撼，增加了執行中途島作戰的緊迫性。山本的作戰計劃有兩個目標。第一，在美國能充分發揮其海軍力量之前，佔領中太平洋及北太平洋區域。第二，引誘出美軍艦隊。山本相信這在帝國陸軍攻擊中途島之際就會發生了。當美軍的增援來到時，六艘日軍航艦就會好整以暇地發動打擊。這將會是帝國海軍念茲在茲的決定性海戰——一舉終結美國在太平洋的影響力，也許還能讓戰爭迎來終結。[108]

五月初，日本人對中途島作戰進行了兵棋推演。正如它們所該展現的那樣，這些兵推披露了所有各種各樣的問題。當模擬中的攻擊行動開始後不久，美軍在中途島基地的飛機就發現了日本艦隊。可是，統裁官卻判定日本航艦承受到的打擊是微不足道的。在淵田美津雄的回憶中，空戰部分「統裁結果十分相似，總是偏向對日方部隊有利的方向。」當裁決結果被質疑時，統裁官又一次介入了。淵田覺得整場兵推都是倉促了事。兵推不是在檢驗作戰計劃，反而在執行計劃。當發現到問題時——例如需要更好的無線電通訊能力，或者是航空母艦面對空襲時十分脆弱——完全沒人去尋找相應的解決方法。「有些軍官，」淵田回想起，「私底下議論紛紛，認為聯合艦隊司令部似乎嚴重低估了敵軍的能耐。[109]」後來的歷史學家也同意淵田的說法，發現相關的兵棋推演的確是倉促為之，而且裁判工作十分馬虎。不過必須要銘記於心的是，中途島作戰的兵棋推演，只是一個四天會議的一部分，而這個會議要討論的還有後續三個月的作戰行動。中途島佔領行動不過是一個宏大計劃的一部分，這個計劃還包括佔領西阿留申群島、空襲澳洲，還有對夏威夷發動全面突擊。換言之，兵棋推演沒有揭露日軍在中途島行動的問題，也沒有展露出他們整個太平洋作戰計劃的重大缺陷：這個計劃假設美軍艦隊是處在守勢作為。

最後，裁判本人的想法也應該納入考量。宇垣纏，日本帝國海軍當中的一位資深將官，保留了一本詳細的戰時日記。從他的角度來看，這些兵推從兩個原因而言是十分有幫助的。首先，兵推展示了戰鬥空中巡邏對保護特遣艦隊的重要性，以及抵銷了「航艦易受打擊」的缺陷。其次，兵推顯示了「水面部隊要準備在必要時自我犧牲。[110]」這兩個評論長久以來都沒有被歷史學家所關注，讓人想起日本海軍的戰略決心，也就是日本航艦部隊「需要準備在刺穿敵軍時被刺穿。[111]」他們認為這些兵棋推演也不是那麼沒效，因為當中所得出的教訓也無人理睬。

在珍珠港，只有兩人獲授權不管尼米茲的行程安排，隨時可以立即與他會面。第一位是他的秘書保羅・克羅斯利上尉（Paul Crosley）；第二位是愛德溫・萊頓中校（Edwin Layton）。萊頓在一九二四年從安那波利斯畢業，結束水面艦隊的職務後，轉向日本完成外語訓練，還與包括山本五十六在內的日本軍官變得熟稔。一九四〇年萊頓成為了太平洋艦隊的高階情報軍官。當尼米茲在一九四一年末來到珍珠港，只有萊頓能就日軍行動提出最為精確的洞察。「我需要你成為我的參謀當中的南雲中將，」尼米茲跟萊頓說。「我需要你的每一個想法，每一個你認為南雲應該會如何行事的直覺：如果你能辦到，你會給予我贏得這場戰爭所需要的情報。」與之相反，日本人直到很久以後，依然沒有在聯合艦隊指派一位全職的情報專家[112]。

萊頓的資訊都來自夏威夷情報站（Station HYPO）*。在北太平洋地區各處都擁有領地，讓美國得以建立一個監聽網絡來竊聽日本的無線電通訊。西雅圖、歐胡島、菲律賓，還有馬里亞納群島，都擁有無線電塔及相關人員執行這項任務。美國駐華外交人員，也具備在上海設立監聽站的能力。HYPO站在

* 編註：全稱太平洋艦隊無線電分隊（Fleet Radio Unit Pacific, FRUPAC）。

歐胡島的辦公室，由約瑟夫·羅切福特（Joseph Rochefort），一位安靜而舉止儒雅的語言學家負責管理。由於在地下室辦公，他有時會穿著一件縫有紅色柔軟襯芯的吸煙外套。他與他的解碼團隊，外號「殘片幫」（crippies），持續不懈地專注在監聽到的無線電通訊殘片，試圖判斷日本艦隊的位置。即使美軍已經繳獲了日軍密碼本，那些加密通訊也不是經常能輕鬆理解的。在稱呼地點時經常都使用代號而非名稱，微弱的訊號會使無線電通訊變得模糊不清，使得解碼專家也許會錯誤抄寫他聽到的內容，又或者，日本人也可能故意散佈假消息——有很多理由都能拿來懷疑情報站所產出的情報。萊頓回憶道，「無線電情報從來都不是一門精確的科學。」在把情報的點，拼湊成面的過程中，涉及了大量的猜測。萊頓能做的，就只有全力而赴了。每天早上八點，他就會對尼米茲及司令部參謀進行簡報，指出日本艦隊可能會出現的位置及他們的行動計劃[113]。

幸運的是，隨著羅切福特與他的殘片幫竊聽到的日本通訊越多，他們也越能夠理解日本人的密碼。杜立德行動在這方面幫助尤大。在杜立德的攻擊行動過後，HYPO站便截聽到日本人的無線電通訊當中出現一陣慌亂。還有其他事情能驗證羅切福特的推測。四月底他斷定日本人正準備攻佔珊瑚海的莫士比港（Port Moresby）。根據這些證據，萊頓向尼米茲報告，這個作戰行動「很快會發動」，也許在一週之內[114]。

與此同時，在瑟袞多的廠房正在生產無畏式俯衝轟炸機。從一九四二年開始，航艦上的航空中隊開始接收海尼曼最新型的轟炸機，當中有著不少重要的改良。該型飛機原本裝有兩挺由飛行員操作，向前射擊的三〇機槍；還有一挺由後座射手操作，向後開火且可轉動的機槍。新型號的機槍火力提升超過了兩倍，前射機槍升級成兩挺五〇重機槍，後座火力也增加至兩挺三〇機槍。油箱也獲得提升：容量變大了，讓飛機的轟炸作戰距離從八六〇英里增加至一，二二五英里，而且這個油箱還是自封式的，它有一個人工合成材料內襯，當被敵方火力擊穿時就會自封起來。為了保護機組員，機體也增加了防護裝甲。

海尼曼認為生產更多的無畏式是當務之急。三月，在一封寫給所有工程人員的信件當中，他引用了戰爭生產委員會主席唐納德．納爾遜（Donald Nelson）的話作開頭：「我們今天生產的每一件武器，都勝過我們下一年也許能生產的十件武器。今年——一九四二年——是美國能否存續的關鍵一年。」在太平洋的戰爭除了是一場對立的戰略對抗外，還是一場武器以及能運送它們的發動機的生產比賽。「這一句適時的引言，」海尼曼如此告訴他的工程人員，「言簡意賅地總結了我們現在行動的重要性。[115]」

當日本人在五月初向南行進時，尼米茲——已經得到萊頓及羅切福特提前警告——已經準備好應付他們了。[116]美軍航艦特遣艦隊在珊瑚海讓敵方措手不及，那是一個在新幾內亞及澳洲之間、自然風光極佳的區域。這是第一次由互相看不見對方的航艦部隊進行的海戰。兩天之間，五月七日至八日，雙方都把艦載機投向對方。日軍損失了一艘小型航艦祥鳳號，還有一艘大型航艦翔鶴號受到重創。美軍損失了大型航艦萊星頓號，還有另外一艘約克鎮號損毀嚴重。整體來說，日方損失的飛機及飛行員遠多於美方。

戰術上而言，這場戰役由日方以些許優勢勝出，但因為美軍的攔截而使得日方進攻部隊不得不撤回，這對東京來說是場戰略性失敗。

更重要的是雙方在這場海戰學到了什麼，或者沒有學到什麼[117]。祥鳳號被俯衝轟炸機及魚雷轟炸機擊沉一事，讓美國人對本身魚雷機的脆弱及魚雷的不可靠性視以不見。這同樣強化了他們作戰準則上，認為結合俯衝轟炸及魚雷攻擊才是擊沉航艦最佳方法的假設。與此相反，俯衝轟炸機的作戰效率完全被低估了。這部分是因為熱帶空氣讓投彈瞄具及座艙罩在俯衝時起霧，從而讓飛行員失去準頭；另一部分是因為無畏式在面對日本海軍戰鬥機時，承受了重大的戰損。這不是設計或訓練時的問題，是戰術使然——無畏式在目標上空盤旋時會更容易受創。會有這樣的操作是因為他們認為，與飛行速度較慢的魚雷轟炸機同時進行攻擊的話會更有成效。這不只是讓俯衝轟炸機變得更危險，還失去了殺敵於措手不及的關鍵要素[118]。美國分析人員在作戰報告上還犯了一個錯誤推論，認為戰鬥機護航應優先提供給俯衝轟炸機，而非更需要它們的魚雷轟炸機。這個誤判將在一個月之後讓美軍受到莫大的損失。

日本人同樣從戰鬥中歸納出一些致命錯誤的結論。他們沒有提出為何美國人能突然出現，也沒有問為什麼祥鳳號會遭受到全面的突襲。這與日本海軍突襲可倫坡時，被英軍的布倫亨式轟炸機殺了個措手不及一樣：攻擊機是船艦的致命威脅，但這個問題的嚴重性卻不被日本人看在眼裡。在珊瑚海，翔鶴號在美軍的無畏式開始動手之前，就先逃進了雨雲區。其姐妹艦瑞鶴號同樣被擊中，但卻存活了下來。一位遭遇攻擊時在艦上的維修官記得，火勢並不大，僅僅依靠滅火泡沫及「來自飛行甲板的一條水管」就足夠控制住火勢了[119]。因此，沒有什麼理由要預期其他攻擊會造成什麼不同的結果。廣而言之，日本人敗在沒有意識到，美國海軍飛行員是何等可畏的敵人，這是讓任何兵棋推演及戰略發揮作用所必不可缺的關鍵要點。

不過，尼米茲學到了重要的一課：來自HYPO站的情報是可信的[120]。感謝萊頓及羅切福特，他的航艦能夠壓制住日本了。試過一次之後，尼米茲知道他還能重施故技。

對於自己掌握能力的信心，並沒有改變尼米茲此刻在珍珠港的處境。這是一個遭受圍困的城市。每天人行道上都擠滿了陸軍、海軍、陸戰隊，還有戴著鋼盔且不同種族的工廠員工。到了晚上八點開始的宵禁，戰爭又會展現出不同的面貌。一位在一九四二年夏天來到的訪客說，「檀香山的街道就像一個被荒廢的採礦小鎮一樣又黑暗又死寂。[121]」尼米茲也感到類似的荒涼。歷經了多個月的作戰行動，卻沒有多少戰績能夠拿來說嘴的：他指揮的突襲阻絕了敵軍，但沒有什麼實質成效。尼米茲需要一次勝利。

隨後，羅切福特回報，日本人正在籌備另一輪作戰行動，這一次是阿留申群島及中途島。萊頓及尼米茲都傾向同意。不過，要說服華府又是另一件事了。在那裡，海軍有另一個密碼破譯辦公室，而他們也自有一套見解：他們相信真正的目標是夏威夷、強士敦島（Johnston Island），或者是澳洲[122]。尼米茲試圖查核羅切福特的情報。五月二日，他親自訪問了中途島一趟，視察了當地的防禦工事及火砲陣地。他與當地的陸戰隊指揮官交談，詢問要防守這個環礁還有什麼是需要的。當這位軍官回答出一整張裝備清單時，尼米茲回問：「如果我把所有需要的東西都交付，你能在面對一次主要兩棲突擊之下守住中途島嗎？」這位陸戰隊員回答，「可以，長官。」[123]

到五月中，尼米茲的猜測又更準了一點。從截聽到的日本無線電通訊重複談及中途島。五月十五日成功說服華府，而他也根據這個作出相應的規劃。尼米茲派出陸軍第七航空隊的轟炸機——還有其他飛機、戰車以及防空砲——前往中途島的機場。他要求英國在印度洋的一到三艘航空母艦前來支援（這個要求被拒絕了）。他指派潛艦前往監視可能被用於駛往中途島的航道，還下令飛機執行搜索任務，希望能對日軍的到來發出早期預警。

日軍計劃中的攻擊日期仍然是個謎，但羅切福特認為已經迫在眉睫了。企業號五月二十五日從珊瑚海回來，仍然嚴重受損的約克鎮號預期在不久後也會回來。第二天，羅切福特及萊頓斷定中途島行動會在六月三日開始。尼米茲需要盤點自己部隊的實力了。他探訪了麾下船艦、舉行授勳儀式以及視察他們的狀況。約克鎮號在二十七日回港，「還拖著一道十英里長的油跡。」該艦被日軍俯衝轟炸機命中一次，那枚炸彈洞穿了飛行甲板，還在艦體上開了幾道口。在他的卡其色軍服上套上涉水褲後，尼米茲走進了約克鎮號。艦體上的開口是最令人擔憂的戰損，但還有其他問題：雷達及冷卻系統被打成碎片、油艙在漏油、鍋爐被命中。估計需要三個月的工時完成修復。尼米茲可沒有這麼多時間。超過一千名焊接工及船舶裝配工被召集起來，全天候進行維修工作。尼米茲給他們三天時間完成[124]。

與此同時，尼米茲並不單單在準備要擊敗日本人，還準備讓他預期中的勝利得以流傳後世。五月底，他在海軍戰地拍攝分隊（Field Photographic Unit）徵召志願者，前往一個不具名地點執行高危險任務。當時在單位內服役，赫赫有名的電影導演約翰・福特（John Ford）即時挺身而出。不久之後，他就在一艘快艇，然後是一艘驅逐艦，在前往中途島的路上了。當時還不知道前方有什麼在等著的福特，自然而然地假設，他被派遣去拍攝一部有關在偏遠基地生活的休閒紀錄片。到達之後，他便投身於拍攝當地駐軍以及當地生態。「在這裡短暫探訪之後，」他寫給他妻子瑪麗（Mary）說，「這還真是個鬼地方。[125]」

五月二十八日，中途島作戰的命令已經透過人工分發到各艦指揮官手上。基本上，尼米茲設了一個圈套。日本人預計將會從西北方以四至五艘航艦，還有不少的支援部隊展開對中途島的攻擊。守候著的將會是兩個美軍航艦特遣艦隊，與尼米茲在一九三〇年代「艦隊解題」演習中使用過的編隊相同。第一個是第十六特遣艦隊（Task Force 16），擁有企業號及大黃蜂號航艦，還有十八艘護衛船艦。第二個是第十七特遣艦隊（Task Force 17），由約克鎮號及八艘船艦組成。第十一特遣艦隊（Task Force 11）由薩拉托加號與八艘船艦擔綱，部隊從加州出發，會在六月五日抵達戰場。如果把中途島也計算在內，當地還有一個塞滿了飛機的機場，那麼日美之間的戰力天秤多少算是勢均力敵的。

但事實上，更重要的並不是船艦數量，而是他們的作戰指導。尼米茲並不打算派出航艦正面對決前來挑戰的日本。相反，他希望日本人專注在中途島，這樣他的航艦就可以放手攻擊了。就此而論，中途島扮演著火力支援的陣地——它會保持牽制住日本人，讓美軍航艦的航空中隊能從側翼展開突襲。在中途島西北方的開闊海域，對無畏式來說簡直是完美的殺戮區。尼米茲告訴他的艦長們，「在執行派遣任務時：你將遵循計算風險的原則，你應理解此為避免你的部隊暴露在敵方優勢兵力的攻擊之下，而這種行動又能給敵人造成更大損失的有利之可能性為前提。」

五月底，日軍的主要攻擊部隊集結在日本瀨戶內海以西，廣島灣的柱島錨地。一組隨軍記者已經登上蒼龍號，準備記錄期待中的勝利。安檢措施似乎一點都不嚴謹。在出發前夕，有些軍官已經向當地妓院的女生們吹噓中途島的攻擊行動了。「到我們出發時，」有一位日本海軍飛行員回憶道，「每個人都在討論我們的中途島計劃了，這完全不像珍珠港那樣的機密作戰行動。」他視之為「不祥之兆」。一位維修官也有相同經歷，發現「即使是日本平民也知道我們要出發攻擊了，但這原則上應是軍事機密。」[126]

此外，還有其他的不祥之兆。機動部隊這一次沒有翔鶴號同行，該艦還在維修於珊瑚海海戰受到的戰損。瑞鶴號也被留在了後方。該艦雖然沒有受創，但由於搭載的艦載機隊實在是傷亡慘重。淵田美津雄儘管還在赤城號上，但他被列入傷兵名單：在出發後不久，他就因盲腸炎而倒下了。最後的警告訊號，是來自一次失敗的情蒐任務。日軍計劃派出水上飛機飛越珍珠港，以確認美軍航艦的位置。但尼米茲預料到這一步，已經先行派出一艘驅逐艦前往日軍飛機可能會在海上補給燃料的地點。結果飛機只能被迫回航，它也就無法到珍珠港偵察了。結果山本及南雲就在茫然不知美軍航艦在何處的情況下航向戰場[127]。日本人設了一個圈套，結果他們就快要自己掉進去了。

返回蒼龍號上，一同往東航行的森拾三並沒有什麼不祥的預感。士氣仍然很高。行動的口號是「為必然的勝利興高采烈！」有些飛行員在艦艉聚集抽菸，儘管傷亡會很高，特別是魚雷轟炸機飛行員，但森一點都不擔心。同樣的事情在珍珠港之前就被說過很多次了。他每一天時間都花在與維護人員一同整修飛機上。森拾三很快就滿身機油，但他覺得這些努力是值得的，因為這讓他更為熟悉自己的座機[128]。就像在機動部隊的其他人一樣，他全然沒想過接下來會有什麼東西擊中自己。

尼米茲已經把他的航艦特遣艦隊放到正確的位置來讓南雲措手不及了。他還增援了中途島，讓它成為一個強固的火力支援陣地。感謝他的正確判斷，美國海軍將能夠以圈套套住設伏者。在道格拉斯無畏式的幫助下，尼米茲的航艦擁有能對敵軍造成毀滅性打擊的武器。將軍已經完成了他的任務。現在有待觀察的，就只有駕駛這些飛機的飛行員能不能完成他們的任務。

# 第三章　飛行員

「灰塵佬」．克萊斯上尉離家很遠。他正在企業號上，在自己的床位伸展著，一手持筆給他的女朋友珍（Jean）寫信。「我現在暫時在另一個世界生活——一個我希望你永遠都不會知道的世界，」他告訴珍。「這是一個冰冷又無情的世界，充滿憎恨及不可計量的冷血。但是現在，我們某些人必須在那個世界生活，這樣才能保護另一個世界，那個我在，而且跟你在一起的世界。」接下來一天，假如一切按計劃走，他與他的中隊就會伏擊日軍艦隊。這就是他的語氣緊張急迫的原因。他的工作，似乎突然變成除複雜的殺戮之外再無其他的了。但他沒有恐懼畏縮。他已經充滿對勇氣、好運及剛毅的渴望。他渴望以自己所接受的訓練去戰鬥。「珍，請給我勇氣，還有好運，」他寫給珍道。「有時候我極度需要它們，而我知道你能給我這些東西。」他寫好信後簽名，放進信封，然後躺回去床鋪。熄燈號響起，然後克萊斯就在漆黑之中躺平[1]。

諾曼・傑克・克萊斯於一九一六年在堪薩斯州科菲維爾（Coffeyville, Kansas）出生，祖先是一八五九年移居美國的德國人。他實在太年幼，所以沒有體驗過那個塑造了尼米茲，還有對海尼曼影響甚深的「德意志美國」。克萊斯是一位道道地地的美國男孩，在一個對宗教極其認真的衛理聖公會（Methodist Episcopalian）家庭長大。「我逐漸相信，主經常插手干預凡人的事務，」他在描述年輕歲月時回憶道。「所有難以解釋的事情——不論好壞——都是祂計劃中的一部分。」克萊斯的童年充滿冒險，總是槍不離手。他的啟蒙用槍指導來自一位令人敬畏的阿姨，身為堪薩斯州女子霰彈槍射擊冠軍的海倫・魯斯勞夫（Helen Ruthrauff），還有一位鄰居。後者教會了他如何射擊移動中的大野兔，幫助了他日後在俯衝轟炸時讓瞄準更為完美。就以上學習經驗，他解釋說，「射手都要瞄準目標正在前往的位置，而不是它當前的位置。」信仰、家庭，還有槍械：這就是傑克所認識的世界[2]。

他在相對年輕的時候，就注意到除身處的世界外，不管在國內還是國外都還有另一個世界，一個充滿失落與衝突的世界。當還很年輕的時候，他深愛的母親就去世了，克萊斯回憶道，他當時能找到「唯一的慰藉」就是宗教。四年之後，在高中最後一年，克萊斯選擇以十分有名的《非戰公約》（Kellogg-Briand Pact of 1928）為題撰寫了一篇論文。針對這個理想主義者的倡議，根據克萊斯的說法，「禁止了戰爭，」受到許多仍然記得壕溝戰恐怖的人們喝采歡呼。克萊斯這篇文章是在一九三三年寫的，也就是日本佔領滿洲之後兩年，更容易理解的話，就是希特勒上台的那一年。克萊斯質疑「精明的外交及道德進步主義能讓戰爭變得落伍。」「國家總會步向戰爭，」克萊斯相信，因此「那經常會有戰鬥的需要。」[3]

在克萊斯的內心深處，他對世界的看法，認為有一位尊重人類行為的至高造物主。這也是為什麼，按照他的想法，人們需要為自己的國家戰鬥。這也是他應對同時代另一事件之道：一九二五年的斯科普斯案（Scopes Trial），一個針對演化論崛起的回應。當他正在申請入讀堪薩斯大學時，克萊斯一直苦苦思索著這個問題。他描述自己的反應為兩種觀點的產物：「我並不感到有什麼需要去妥協我所相信的聖經創世論，但同一時間，我也尊重自然科學。」[4] 換言之，他相信上帝的創造力並沒有抵銷掉或否定凡人的探索力。對克萊斯而言，生命是一份禮物，但也可以由他自行主宰。

學習飛行是他人生首個重大決定之一。在加入堪薩斯州國民兵成為一位騎兵後，他在一次聯合演習中被一架從天而降的飛機給「擊殺」了。從那時開始，克萊斯就決心要把軍馬丟在背後，轉行去駕駛飛機。受到報章上新航空母艦的報導所激勵，克萊斯斷然轉而加入美國海軍成為飛行員[5]。克萊斯也被安那波利斯的美國海軍官校錄取，而不是註冊入讀堪薩斯大學。

克萊斯在一九三四年進入海軍官校就讀，比尼米茲的兒子小尼米茲晚了兩年。與老尼米茲在三十年前畢業時相比，很多東西還是保持不變。那裡還是一個強調紀律、艱苦體能訓練，還有袍澤情誼的地方。週間，學術課程需要與軍事訓練取得平衡，而在週日官校生就會到教堂去。根據一位教授的說法，宗教在那裡是「喜樂、有男子氣概、非人為，還有影響深遠……與人類最崇高的動念與敬拜的情感緊密連繫著。[6]」週日上教堂就跟官校內的絕大多數事情一樣，都是強制的。為了透過與高年班學長交朋友來逃避被欺凌，克萊斯加入了摔角隊，成為了一位一四五磅輕中量級摔角手。

克萊斯最好的朋友，是來自愛達荷州波卡特洛（Pocatello, Idaho）的湯姆・艾佛索（Tom Eversole）。他們友誼的基礎，是兩人共有、投入從事海軍作戰行動最新興領域的期盼。那個領域代表了從老尼米茲的時代以來，海軍作戰最大的轉變——航空飛行。克萊斯及艾佛索兩人都想要飛行。與兩人相熟的同齡人還記得，在一九三〇年代飛行在海軍內部「受到了越來越多的重視」：「我們那一年班都曾有入門的體驗飛行，還有各種各類在艦隊中使用，包括在我們三艘航艦上所操作飛機的講習。[7]」此外，還有其他方面的轉變。由於科技的應用，官校生還需要學習電力學、無線電，還有航空學。連歷史課程都更新了。之前的課程「僅僅限於美國海軍的成就」，現在已經擴充成包括「美國政治及社會歷史上的重要發展，」還有從一七八九年開始到「一戰後的情勢與困境」的歐洲現代史[8]。

一九三五及一九三七年，克萊斯在阿肯色號戰艦（USS *Arkansas*, BB-33）上參與了兩次「夏季巡弋」。這些巡弋的用意，是為了讓包括克萊斯在內的官校學生，能夠擁有包括航海技術、砲術、工程學，還有其他海軍所需技能的實際操作經驗。這些巡弋大體上都是平平無奇。克萊斯記得唯一一件危險事故，就是戰艦前砲塔發生爆炸。事故的起因，是因為有無聊的水兵試圖自行調製「紅粉佳人」——一種混合藥物及魚雷推進液而成的酒精雞尾酒。在美國海軍船艦上嚴格的「無酒精」政策並不代表水兵什麼飲料都不喝。實際上，他們什麼都喝。這些遠航把克萊斯帶到德國基爾港兩次，讓他得以見識到希特勒治下的第三帝國，日益增強的威脅氛圍。「另一個世界」開始向他步步進逼了。[9]

克萊斯在一九三八年以全年班中段排名的成績畢業，他在人文及語言學科方面比較弱，但在數學及工程學相關科目很強。畢業演講的致詞人不是別人，正是羅斯福總統。羅斯福在演說中談及到日益嚴重的「世界問題」，而且也許是這個原因，他也暗示這些新科「理學士」畢業生不應該「太過重視『單身漢』這一個名稱。[10]」換言之，他們應該在戰爭爆發前盡早結婚。在那一年的官校畢業紀念冊又稱「幸運袋」（*The Lucky Bag*），就收錄了克萊斯第二次前往歐洲遠航時拍攝的照片，其中一張就展示了柏林一條繁忙的街道上，掛滿納粹旗幟的模樣。

所有海軍官校畢業生的第一個職務都是派往水面艦隊。克萊斯就被分發到文森尼斯號重巡洋艦（USS *Vincennes*, CA-44）。可是，他真正關注的不在海上，而是在空中。他在文森尼斯號負責水上偵察機回收。這容許他與飛行員一起工作，同時也讓他暴露在傳統「黑皮鞋」海軍及「棕皮鞋」飛行員之間的緊張關係當中。他當然是後者，儘管他也明白「飛行員唯有通過實戰得勝，才能獲得其一席之地。[11]」

克萊斯並沒有聽取總統的建議。當他駐守在加州長堤時，他遇上了、還愛上了尤妮絲·莫瓊（Eunice Mochon），一位法裔加拿大藍眼美女，她其後被克萊斯稱呼為「珍」。他們兩人很快發展到談婚論嫁的地步。但是，有一個問題。尤妮絲是羅馬天主教徒，但克萊斯卻是新教徒，這些區別在當時可是極其強烈地受到關注[12]。克萊斯的父親不停寫信警告兒子，與天主教徒結婚將有違家族傳統。尤妮絲也很堅持要維持她的信仰，還想要把孩子都送往天主教學校。克萊斯則堅持要求她放棄這些願望，並且改教。他感到對家庭的孝道，也對於被他認為是羅馬天主教會的「宣誓」感到十分反感[13]。當克萊斯跟隨文森尼斯號一同離開長堤市前往維吉尼亞州的諾福克時，這件事都還沒有解決。面對尤妮絲，克萊斯就拿不定主意了。他情不自禁，因為他陷入了愛河。

飛行就不同了。「在飛機上，」克萊斯說，「我能夠成為自己的指揮官，能夠自己下決定。[14]」比起他接觸過的海軍不同領域，飛行更能啟發克萊斯的獨立個性。成敗與否，都取決於他個人，而不是一大群官兵的行動。不管是起飛、俯衝轟炸，還是降落，他都是孤身一人，主宰著自己的命運。

投入飛行還有其他激勵因素。飛行會有額外加給，例如他後來在回憶錄裡寫道：飛行員「在平常的每個月一百二十五美元基本薪資外，額外收到百分之五十的危險加給。」還有就是飛行時「令人興奮的事。」到最後，就是克萊斯相信戰爭已經改變了。「飛機，而不是水面艦，」他寫道，「將為海軍贏得未來的戰鬥」[15]。這句陳述正確與否還有待驗證，但這是克萊斯看待事物之道。因此，在一九四〇年初，他在文森尼斯號上的時光也差不多到盡頭了，克萊斯提出了進入飛行學校的申請。

與此同時，他也決定了怎樣處理與珍之間的問題。他打電話向珍求婚。可是，珍也有自己的想法。她接受克萊斯的新教信仰，但打算透過進行羅馬天主教式婚禮，還有以羅馬天主教傳統養育兩名子女來維持她的信仰。克萊斯對此回敬了一輪極重的反天主教舷砲齊射。「這個爭端，」他回憶道，「鎖死了任何結婚的可能性。」[16]

沒有珍，克萊斯的人生就全都被海軍給佔據了。秋天，他前往佛羅里達狹地的彭薩科拉海軍航空站報到。他是個學習速度極快的人。他在基礎學校最親近的朋友，是他的官校同學湯姆・艾佛索。「我們做什麼事情都在一起，」克萊斯回想道。「我們兩個是世間難求的密友。」[17]不久之後，他就前往佛羅里達州另一端的奧帕洛卡（Opa-Locka），在海軍飛行學校學習航艦飛行。這個城鎮在邁阿密市郊以北。在離開奧帕洛卡前不久，他在機場附近遇到一位菜鳥飛行員沒有成功從失速中改正過來。克萊斯震驚地看著飛行員棄機逃生，但是降落傘沒有成功打開。菜鳥飛行員直直撞落地上，發出了恐怖的聲響，身體裡每一根骨頭都摔得粉碎。儘管他身受可怕的重傷，重傷的菜鳥飛行員還是有辦法用力擠出生前最後幾句話。「為我祈禱，」他說，「還有告訴我的家人，請他們也為我禱告。」這些話對克萊斯留下極為深刻的印象。他突然體會到，「我們人類只是地球上短暫的過客，」他決定不要再多浪費時間[18]。

整件事又一次連結了科學與宗教的關係，克萊斯還在堪薩斯州時就開始思考的問題。對他來說，這個張力促進他多加思考，因為讓克萊斯面對考驗時能堅持下去的不是理性，而是信仰與愛。

克萊斯全心全意投入了他的志業：開飛機。他目前所知的，差不多全都是與雙翼機相關的：N3N－1「黃色災禍」（Yellow Peril），*或者是SU－2「海盜」（Corsair）。兩片機翼使得雙翼機十分靈敏，但卻限制了飛行員的視野。它們還有大量的阻力，減慢了飛機的速度。其中一個例外是北美航空公司（North American Aviation）生產的NJ－1「德州佬」（Texan）。這一款飛機是由「德國人」．金德爾伯格，那個給了海尼曼第一份工作的人在一九三五年設計的，也就是海尼曼設計無畏式的那一年，而且這兩款飛機的輪廓也十分相似。但在比較之下，「德州佬」是一款相對較弱的飛機：部分由蒙布構成的機體更輕，但也更脆弱易損；它的發動機輸出也沒無畏式那麼強大，它擁有不同的機翼結構，但缺少了海尼曼的俯衝減速板。雙翼機與否，這些飛機都有一戰時期的飛機設計概念的影子。現在發動機已經變得更強大，但下一代的飛機的出現則還有待被研發出來。

在奧帕洛卡的教學，同樣是跟不上時代。飛行員的基本知識教育尚可接受，但航艦降落訓練就很不現實。教官簡單地在訓練場畫出一艘航艦的輪廓，然後讓學官在這個範圍內降落。降落信號官（landing signal officer, LSO）會站在這塊模擬飛行甲板的兩側，透過使用網球拍大小的染色拍子來引導進場飛機降落。降落信號官使用這些拍子指示飛行速度、高度，或方向的變化。在這麼狹小的區域降落已經夠難的了，但與實際把飛機降落在海上高速航行，還會讓飛行甲板上下浮動最多達十到十五英尺的真正航艦上相比，訓練的難度不過是十之一二而已[19]。

克萊斯在一九四一年四月取得珍稀的「飛行員之翼」。他隨後就接到命令，要到聖地牙哥加入第六偵察機中隊（Scouting Squadron Six），或簡稱VS－6，這是企業號航空大隊的一部分[20]。彭薩科拉的結業生似乎都是隨機分配崗位的——克萊斯沒有要求成為一位俯衝轟炸機飛行員。對湯姆．艾佛索來說，他也沒有要求被分配的單位，也就是第六魚雷轟炸機中隊（VT－6）的組員，跟克萊斯同處同一艘艦[21]。這個隨機分配的好運道，對兩人而言都有著深遠的後續影響。

克萊斯在另一方面的運氣同樣不錯：他派駐在聖地牙哥也意味著他更接近珍。他仍然三不五時想起她，而且他與死亡的體驗——在那個從高空墮下的飛行員身旁跪著的時刻，也讓克萊斯重新思考了他對珍信仰的疑慮[22]。到達西岸後不久，他就探訪了住在長堤的珍。克萊斯還記得，這一刻是個「重要的重逢。」隨後克萊斯寫信給珍，向她許諾婚事。不過他決定等待一陣子才正式求婚，覺得在第六偵察中隊安頓下來後會比較好。他在接下來數月就會為這個決定而感到後悔莫及了。

喬治．蓋伊（George Gay）是與艾佛索差不多同一時間被選入魚雷機機組的人選之一。蓋伊在一九一七年於德州的威科（Waco）出生，比克萊斯晚了一年。蓋伊的父母擁有英格蘭、愛爾蘭及德意志

---

＊ 譯註：N3N是一九三五年平安夜當天，由時任美國海軍航空局局長恩斯特．金恩少將下令訂購的初級訓練機。由於該機的顏色，再加上所有海軍飛行訓練生都得飛這架初級訓練機，因此得到這個外號。

血統。像克萊斯一樣，他也相信戰爭是人類無可避免的一部分，而他也確信美國最終會被牽涉進去歐洲正在蘊釀中的戰火。與克萊斯相同，他也想要飛行，還有如果他要在戰爭中戰鬥的話，他想要在飛機上。不過與取得飛翼十分順利的克萊斯不同，蓋伊還得苦戰一番才能取得飛行員訓練課程的名額。美國陸軍航空隊在一九三九年七月以他的心臟衰弱為由，否決了他的申請。當戰爭在歐洲爆發後不久，蓋伊還想過加入加拿大空軍，或者直接加入英國皇家空軍。然後，某人建議他試試看海軍。一九四一年二月，蓋伊在奧帕洛卡進行飛行訓練[23]。完成之後，他被分派到大黃蜂號上的第八魚雷轟機炸中隊（VT-8）。

與此同時，那個之後與蓋伊的命運永久緊密連結的男人約翰．華德隆（John Waldron），剛好在紐約市的卡爾．L．諾登公司（Carl L. Norden, Inc.）工廠結束了他作為海軍兵器督察官的工作。諾登是聲名遠播的「諾登轟炸瞄準器」的設計者，這個瞄具被高空轟炸的支持者認為能讓轟炸機把炸彈投到目標。我們不太清楚華德隆是怎麼看待這些說法，或者是諾登瞄準具。諷刺的是，華德隆很快就被調任指揮第八魚雷轟炸中隊，操作一個比諾登及高空轟炸極不相關，差得天差地遠的武器系統。

企業號的航空大隊跟所有美軍航艦航空大隊一樣，都是由四個中隊組成：一個戰鬥機中隊、一個魚雷轟炸機中隊、一個俯衝轟炸機中隊，還有一個偵察機中隊，最後者——克萊斯所屬的偵察機中隊——同樣作為俯衝轟炸機中隊使用，因為兩個中隊都是使用無畏式。分別在於偵察機掛載的是五百磅炸彈，一般轟炸機掛載的是一千磅炸彈。這讓偵察機能飛更遠以執行偵察任務，這個任務有時還要求偵察機在沒有掛彈的情況下執行。企業號的航空大隊總共有大約五四〇人，這包括了維修士官及其他飛行甲板人員[24]。當中有七十三人（四十名軍官及三十三名士兵）在第六偵察機中隊[25]。在此時，海軍的制式俯衝轟炸機是柯蒂斯ＳＢＣ「地獄俯衝者」。地獄俯衝者式是一款擁有強勁發動機的雙翼機，這使得它能快速攀升以及掛載一枚一千磅炸彈，與前代俯衝轟炸機相比是有明顯的改進。不過，它是由蒙布及金屬組成的，因此飛行員在做大角度俯衝時，就需要在操作上多加注意了。

到目前為止，企業號都過著平淡無奇的時光，大多數時間都花在從夏威夷與美國西岸之間來回往返運送裝備。航空大隊只有進行少量的飛行訓練[26]。當克萊斯來到企業號時，艦上人員才剛剛完成丟棄所有易燃物料，例如「木製家具、帆布、多餘的繩子，以及可燃油漆。[27]」這是正常不過但非做不可的程序，因為敵方行動點燃的火災，能把整艘船都燒成死亡陷阱。很顯然，企業號艦長已經做好了準備，及為投入作戰完成清理的工作。

一九四一年夏天，第六偵察機中隊換裝了新飛機：海尼曼的ＳＢＤ無畏式。克萊斯第一時間就注意到它的外形。無畏式插著下單翼，機翼邊緣鑲嵌著該機標誌性的開洞分裂式襟翼。無畏式在飛行時的感覺也不一樣。它有著與地獄俯衝者幾乎相同的發動機，但攀升速度卻慢了超過三分之一。實際上，無畏式只是僅僅比克萊斯單飛的第一款飛機——N3N－1快一點點，那可是在一九一七年開發的。這是因為無畏式是一款很重的飛機，準確地說，比地獄俯衝者式重了百分之四十。

在步向他的無畏式之後，克萊斯走到機翼的後方，並踏上機翼與機體的接合處。在這裡他能繼續沿著機身走到前駕駛艙，把艙罩向後滑開後，他便低身進入駕駛艙去。坐上駕駛座後，他扣緊了安全帶。在他面前有大概十五個刻度盤及儀表，這些是用來監控發動機、高度、速度、航向以及姿態。有一塊航圖板鑲在儀表板下方，克萊斯在飛行時經常把它打開來，用作放置筆記及地圖的空間。一個羅盤、一個用作螺旋槳控制的操縱桿，還有一個用作讓發動機熱量進入機艙內的拉動式控制鈕，就在航圖板的下方。在克萊斯的膝蓋之間是他的操縱桿，而在雙腳底下就是方向舵踏板了。洩壓管，又稱「排尿管」，就收在他的左腳處，而在左肘處他能找到滅火器的T型手柄、著艦鉤操縱桿，還有一個方向舵調整手輪。然後，左手有油量表、一個磁石交換機，還有節流閥及燃料混合指示器。在這些東西下方，剛好遠到他得傾斜身子下來才能碰到的，是炸彈的投放操縱桿。在另一邊，從右肘開始，是分裂式襟翼控制器與一個氧氣供應指示器。右手邊是五〇機槍的後部、一個擁有保險絲盒及很多開關的配電盤，還有一個配有發動機控制閥的輔助儀表盤。除了襟翼之外，絕大多數東西都是克萊斯所熟悉的，不過，因為海軍還沒有標準化這些儀表板，所以每一型飛機內部都各有不同。

無畏式的另一個獨特之處就是髒兮兮。這肯定不是第一款配備前裝氣冷式發動機的飛機。這種發動機會消耗頗大量的汽油——最多可以達到每小時一加侖——有些還會向後噴灑在機身上，並在機翼上鍍上一層油膜。在那些日子，正如一名飛行員說的那樣，「汽油很便宜，而肥皂也不貴。[28]」而無畏式的獨特之處，是由海尼曼設計，用於在飛行時順暢地操作襟翼的複雜液壓系統。這個系統的管線直接穿過駕駛艙，所以如克萊斯所發現的，「如果這些管線出現洩漏的話，那些液體就會像一個粗暴的噴泉般噴出了。[29]」

接下來的幾個月，克萊斯接受了密集的訓練。即使在和平時期，飛行仍然是一項艱鉅的行業。每次都持續好幾個小時，他都要一邊導航的同時，一邊操縱好自己的飛機。食物方面，如果有的話都是裝在一個餐盒內供餐[30]。假如覺得寒冷，就能讓熱氣從發動機引入。如果他需要上小號，就能用排尿管。長時間的飛行需要密集的專注力來防止偏離航線——在陸上還能依靠地形地貌來幫助判斷位置，但在無痕無跡的茫茫大海，就只能靠數學：導航需要航向、航速，還有對飛行時間的精準記錄。裝備異常也是一項危險因素，可能導致人員被困在海上。他得設法克服這些物理及精神上的挑戰，以在需要的時間地點投下他的炸彈。

俯衝轟炸是無畏式的基本功能。也就是說，當飛行員按下投彈鍵時，飛機「就像發射子彈般投出炸彈，而非丟下它。[31]」飛機必須或多或少垂直地指向目標，並考慮風速及敵方船艦的速度。第六偵察機中隊的中隊長威爾默．厄爾．卡拉漢（Wilmer Earl Gallaher），帶領他的部下前往加州海岸的海藻床海域進行訓練。其他時間，飛行員就對一個由驅逐艦拖曳的拖靶進行俯衝練習。通常在訓練過程，他們投下的啞彈都是裝了水，極少數情況下會進行實彈訓練。從俯衝後拉升時，飛行員會轉向肩膀向後望觀察投彈的準度。這種急不及待的情緒是不可抗拒的：看看自己炸彈的成效。但加勒荷警告部下永遠都不要在戰鬥中這樣做，因為這會讓飛行員分心，尤其這正是面對敵方戰鬥機卻極為脆弱的時候。這時候最好就是專注在攀升，讓自己脫離險境[32]。

執行俯衝轟炸不但要有極大的勇氣及信仰，同時還需要技術與耐力。通常攻擊都會從大概兩萬英尺高空開始。克萊斯還記得，在那個高度，目標「看起來就像在鞋尖上的瓢蟲差不多大小。[33]」如果目標在移動，正如船艦通常都會的那樣，克萊斯就會注視其航向及航速，估計俯衝需要有多陡直。還要考慮從俯衝改平之後，他會採取的航向。然後，他就會開始攻擊時的程序，保持一手時刻在操縱桿上。他會收起航圖板，將它收回儀表板下，然後再摺起地圖。他會掃視一次駕駛艙，收好所有未固定的物件，防止它們在俯衝過程中飛來飛去。滑開座艙罩能為他帶來一陣陣冷空氣，但克萊斯這樣做只是為了讓座機不慎撞落海面時能及時逃生。他隨後就會在鼻子下方抹一點麻黃素並深吸一口。這能清空他的鼻竇，並讓他能下降到海平面時——在少於兩分鐘的過程中，隨即是極為巨大的氣壓轉變——沒那麼痛苦。他也會把發動機轉為使用低增壓器，讓它到海平面時的操縱性更佳。最後，他會張開俯衝減速板，當那完成之後就是時候了。他會「向前一推」，意思是，把操縱桿向前推，飛機隨之而進入俯衝。一瞬間，飛機加速，但由於俯衝減速板打開，它會穩定地在時速二七五英里，但對些微操作調整仍然有所反應。當俯衝而下時，由於受到空氣衝擊，會發出震耳欲聾的聲響。俯衝過程中，克萊斯需要保持目標在望遠鏡式投彈瞄準鏡的正中央，同時還要掃視儀表板。最關鍵的儀表是高度計，過程中會漸漸逆時鐘扭轉，標示飛機的高度至一千英尺內為止[34]。

投彈高度的變化是相當大的。高度越低，瞄準的精度就越高。太早拉升的話——你就會失去了準心。太遲拉升的話——你就會撞入水中，或者是被你投下的炸彈的破片擊中。建議的投彈高度是二千五百英尺。當從一次大角度俯衝改平時，克萊斯會短暫失去視力，因為方向轉變，當時感知到的重力加速度會加劇到六至九G，讓血液從大腦湧進背後及臀部。換言之，一五〇磅重的克萊斯在面對六G時，他會感到自己就像是九百磅重——結果會讓他的身體及無畏式的機體結構，都得承受猛然增加的壓力。

某種意義上，俯衝轟炸就像在打網球。戰爭期間，海軍製作了一部俯衝轟炸教學影片，以兩人在網球場上對戰，還打得有進有退作為開端。比賽中，由於分數是以十五的倍數來計算，因此贏得的分數代表了贏家與輸家之間巨大的技術差距。但事實上，正如影片的旁白所指出那樣，「專家或是贏家」是由誰「犯了最小的平均錯誤」而決定的。贏得比賽的重點不在於比對手技高一籌，而是在於比對手犯更少錯誤。俯衝轟炸也很相似。就像把網球打過網去一樣，這是一個直截了當的任務。但為了取得分數，選手就要集中精神，作出精準的調整，手眼協調——還有比對手犯更少的錯誤：在這種情況下，其他飛行員也向目標俯衝，瞄準靶心。

俯衝轟炸的魅力及重要性，在那套很多人觀看過的好萊塢電影《俯衝轟炸機》（*Dive Bomber*, 1941）當中就展現無疑了，這部電影是在美國參戰前不久上映的。故事的背景同時在陸上及航艦上，它強調了這份工作的危險，還有說明飛行員在俯衝時所面對的壓力。克萊斯對這部電影的感受好壞參半。「《俯衝轟炸機》有很多我們的老舊飛機，還有很多挺好的彩色片段，」他在一九四一年十一月中寫給珍說，「但作為電影，那真的沒多少部比它更糟了。[35]」

有些飛行員比其他人更為優秀。作為一名飛官，來自佛羅里達州傑克孫維（Jacksonville）的克勞倫斯・迪金森（Clarence Dickinson）在一九四三年就說過，「每個人不會有同樣的飛行技術，就像他們不會有同樣的網球技術一樣。[36]」克萊斯在差不多七十年之後，逐字重覆了這個比喻[37]。好萊塢營造出飛行員的技術都是神話般的存在。在克萊斯抵達企業號同一年上映的《俯衝轟炸機》，就有演到飛行員持續遭受黑暈及疲勞這些惡靈的威脅。兩者都會在不合時宜的時間施襲，而且一但有人因此陣亡，對陣亡飛行員的回憶也會反覆困擾著他的同袍。能倖存下來經常都是擁有良好的直覺判斷。但是，克萊斯的經驗卻指出一個更為平凡的現實，倖存是有賴於紀律及周而復始的練習。這並不是要貶低袍澤情誼或中隊內的競爭。恰恰相反，它放大了前者：飛行員高估自己的命中數，可以說是惡名昭彰[38]。

儘管俯衝轟炸機是一種成效甚佳的飛機，但在實際投入運用之前很長一段時間，人們已經很清楚，道格拉斯TBD「毀滅者式」魚雷轟炸機（Devastator）與它們掛載的魚雷都有著重大的缺點。克萊斯與他在第六魚雷機大隊的朋友湯姆．艾佛索詳細討論過這些問題。毀滅者式實在太慢而且太過笨手笨腳了，最起碼在低空時這關係重大。某次演習，它們掛載的魚雷當中，有百分之四十落水後就直接沉底了，而另外百分之五十完全失了準頭。克萊斯在另一次演習中親眼目睹了這種情況，他看到魚雷「像狗追著自己的尾巴一樣在旋轉。」清楚不過的是，這些魚雷的導引系統或推進器都有些問題，但克萊斯還是被他的上級警告，不能把他看到的情況透露出去[39]。至於這些魚雷在它們命中目標時會不會真的引爆，又是一個未知的問題，因為海軍兵工署（Bureau of Ordnance）以費用昂貴為由（每枚魚雷成本一萬美元），而禁止了實彈射擊演習[40]。

看到毀滅者式的這些問題，讓克萊斯更加集中在無畏式職務上。成功的關鍵是團隊合作：無論是在艦上，在中隊，或是在飛機上。這方面，兩位無畏式機組人員之間的關係就十分重要。顯然，機槍手需要操作用於在遭受攻擊時自衛用的雙聯裝三〇機槍。這需要與克萊斯在俯衝轟炸時同樣的射擊技巧——同樣都需要找出目標的前置量。這同樣意味著，當這些機槍在作戰時，或是因為敵方攻擊而出現故障時，射手也需要操作及修好這些機槍。射手同樣具有操作無線電的重責大任：他要負責調頻，這是選擇不同頻率以作通訊的手段。這個角色很危險，因為射手更難棄機逃生。一位射手被問到，假如飛機在起飛後沒多久就遇到狀況而要逃離無畏式的問題時，他回答說：「當你有兩挺並不是設計給飛機使用的機槍，還有在你的座位上，從胸口及胃部前方對摺的裝甲板時，你在那個高度可沒有多少棄機逃生的機會。」[41]然後就是最後的考量點了，那就是當飛機要墜機時，他能不能信任自己的後座射手。在極端情況下，即使在被囚禁的時候，兩人都需要相互依賴。

因此，選擇射手就成了飛行員要做出的最重要決定之一。克萊斯使用訓練時間來打量射手的能力，還當場剔除了不少人，還把他們的缺點記在自己的筆記本上。他的目光落在約翰·史諾登（John Snowden）身上，年僅二十歲的他比大多數人都年輕，卻創下了極高的打靶分數。搶在其他更資深的飛行員注意到這一點之前，立即撲過去帶走史諾登成為他的後座射手，這是一九四一年七月底的事情。這一段既穩定又溫暖的關係，直到海軍在中途島戰役後不久把他們拆散為止。「我從來不曾從拆夥這件事上平撫過，」史諾登後來寫道。「我不太在意我們去哪裡，只要我們是搭檔就可以了。」[42]

「有組織的混戰」：這是喬治·蓋伊在維吉尼亞諾福克加入第八魚雷機中隊之前，聽到有關那個中隊的傳聞。當他在一九四一年末抵達時就是這樣了。當時的中隊長是約翰·查爾斯·華德隆少校，海軍官校一九二四年班的畢業生。來自北達科他州的華德隆還有一點點印第安蘇族血統。「每當他領先其他人解決一個問題時，」蓋伊回憶道，「他經常歸功於『我體內的印第安血統』。」他是一個嚴格的管理者，對於年輕飛官尤為如此，強調「作為飛行員，人生最危險的時間，就是他開始飛行的時候了。」在他眼中，在首一千小時的飛行當中，這些菜鳥飛官都是過於自信而不願接受指正，同時又對他們的座機及海軍航空作戰的本質極其缺乏學識的時候。在他的辦公桌上方的牆上，有一大張密密麻麻寫滿了所有中隊成員名字的紙張，還有他們的飛行時數及經驗的統計。他的目標是把所有飛官都提升到相同水準。「在我們的訓練都搞成之前，」華德隆告訴他的部下，「你會希望每架飛機都在地獄裡，而我和他們在一起。」[43]

在空中，飛行員演練讓飛機失速，然後在任何可能的條件及高度下改平飛行。這個訓練讓他們明白飛機在飛行時的性格及特性。他們也演練了在一條很短的跑道上降落——假設正在航艦甲板上降落，然後讓飛機突然且粗暴地猛停下來。還有「使用灌滿水的鋁製炸彈進行轟炸訓練。」在地面上，利用黑板及筆記本，進行導航、飛機維護保養，還有相關課程的講課[44]。當日軍攻擊珍珠港發生時，就驗證了華德隆當時的緊迫感了。

絕大多數的飛行員，包括蓋伊都是單身漢，所以他們都一起住在鎮上一間房子。晚上，假如沒有什麼中隊勤務的話，他們就會開車去看電影，或者到海邊去。蓋伊還記得，那是一個跳舞飲酒，還有與女生們一起進行的「愛神的搭訕」——這是一種歡悅的情緒宣洩，用於對抗「預感到我們的命運將來是如何。」他們都明瞭，在諾福克的日子可不會長長久久的[45]。

如果蓋伊對華德隆是極其忠誠的話，大黃蜂號航空大隊裡的情況還真的不太妙。大隊長史丹普．柯頓．林恩在隊員間可說是極為不受歡迎。又高又帥，穿著剪裁講究的完美制服，挺拔的外表，還有一根貴族氣派的輕便手杖，林恩儼然就是現代海軍飛行員當中的典型模範。很不幸的是，他是一位平庸的飛行員，還是一個糟透的領航員：在一次飛越墨西哥灣的訓練飛行中，他完全沒有辦法帶領航空大隊回航大黃蜂號。當所有人都等著要他找出航向時，他卻在極為晴朗的天氣下迷路了[46]。據說，林恩的傲慢和冷漠態度是派駐在英軍航艦時沾染的勢利眼所影響。人們還拿他的職稱縮寫來開玩笑——他當時是CHAG（Commander Hornet Air Group，大黃蜂號航空大隊指揮官）——因此人們就在他背後稱他為「海巫婆」（Sea-Hag）了。*

航向珍珠港時，大黃蜂號跟隨約克鎮號的步伐，後者在一九四一年十二月偷襲珍珠港之後沒多久也採取了相同的航路。其中一位在約克鎮號上的資深飛行員約翰．「吉米」．薩奇（John "Jimmy" Thach），出生於阿肯色州派恩布拉夫（Pine Bluff）一九二七年從美國海軍官校畢業，不久後就投身於飛行。在一九四〇年指揮第三戰鬥機中隊（VF-3）時，他發展出一套後來被稱為「薩奇剪」（Thach Weave）的空戰戰術。這是一個能讓飛機擺脫敵方追擊的防禦戰術。一位飛行員會與僚機的飛行路徑交錯或交織。當他在僚機前方通過時，追擊他的敵機同樣也會在僚機前通過。在這一刻，僚機就能開火，最起碼理論上是這樣。薩奇在多次演習中，已經測試過這套戰術，但他還沒有機會在實戰中使用它。

另一位極為期待在實戰中自證身價的戰鬥機飛官，是企業號第六戰鬥機中隊中隊長詹姆士・格雷上尉（James Gray）。他在一九二九年於密爾瓦基郡機場（Milwaukee Country Airport）學會飛行的。在那裡，他的教練灌輸了兩個原則：「只有笨蛋才會在飛機上耗盡燃料，」還有「不要失去飛行速度。」前一個格言很明顯易懂——飛行員需要知道他們在哪裡，還有需要多少時間才能飛回家。第二個建議就有點晦澀了——這關係到避免落入失速速度，或者是會讓飛機機翼無法再產生飛行所需升力的速度。格雷去海軍官校就讀，並在一九三六年畢業，比克萊斯早了兩個年班。在第六戰鬥機中隊期間，他駕駛的是F4F－3A戰鬥機，一架堅固結實的飛機，不過卻沒有輕盈的零戰那麼靈活敏捷[47]。

企業號、大黃蜂號及約克鎮號上的人員都在保衛同一面旗幟，但他們同樣被區分成明顯不同的群組。軍階顯然是一個主要的區分形式，讓軍官與士兵被劃分開來。前者稱呼後者的姓氏，後者則稱呼前者為「長官」。飛行員幾乎一定是軍官，因此他們在稱呼自己的射手時，通常都是入伍兵，所以都是稱其姓氏，而飛行員也會被以「長官」或「先生」回稱。同時，後座射手也不會在任務前聽取簡報，而在戰爭的這個時候他們仍然不被允許進入飛行員的待命室，在那時候待命室同時被用作軍官專用餐廳。飛行員與射

---

* 譯註：《大力水手》（*Popeye the Sailor*）當中，卜派的主要敵人也是稱為海巫婆。

手在休班時的關係並不緊密[48]。克萊斯及史諾登大概是例外。

飛行員—射手之間的劃分，儘管不是經常，但總是一個社會經濟階級的問題。企業號上的軍械士阿爾文．科楠（Alvin Kernan）還記得，「在戰爭早期，士兵幾乎全都來自藍領，低或中低階層。」他們並沒有必然地感到自己是比較低下的，而是傾向相信在美國沒有「低下階層」這回事。而且，也不是所有軍官都是來自上流社會。與此相反，大多數都是來自中產階級，與克萊斯、尼米茲及海尼曼的背景相似。他們的家庭擁有自身的財產，如沒有的話他們還是能勉強生存下去。毫不意外的是，這種社會分級從下往上看的時候，就比從上往下看來得更明顯了。科楠還記得，「在士兵及軍官之間經常存在大量的緊張關係。」這主要顯現在軍官所獲得的「神一般的地位」，尤其是在戰爭早期。這部分是因為他們的衣著：士兵都穿著經常沾有汗水及潤滑油的工作服及工裝褲，那些潤滑油是蠟狀的油類產品，在整艘船上都作防鏽使用。軍官都穿著開領卡其色襯衣及褲子，因此看起來也更體面。但這種軍階之間的緊張關係同樣是一個現實情況所致：基層士兵擔驚受怕。每一天，他們都更接近戰爭。他們只能仰賴軍官把他們安然帶到戰爭的彼岸[49]。

而潛伏在這些表象之下的，還有種族分化問題，這對白人官兵來說也許就沒那麼明顯了。黑人水兵經常派往負責粗活，例如餐廳勤務、伙房，還有官廳勤務，這與亞裔美國人面對的情況是一樣的[50]。因此，當時並沒有黑人擔任無畏式飛行員。至於黑人應否允許擔任更高階或專業職務的問題，在當時已經被政界及海軍當權派在幕後多番激烈討論，但目前為止還是受阻於種族隔離主義者的反對[51]。對於這些機密的討論毫無所悉的科楠，回憶道：「純白無瑕的海軍從來都沒有想過自己的種族歧視問題。」而且，海軍也從不太在意科楠口中「隱藏」的反猶太主義[52]。在這兩方面，理所當然地，海軍不過是反映了當時美國社會某些較為顯見的嫌隙罷了。

在艦員及航空人員之間，也有著不間斷的衝突。來自航空大隊的官兵，不論負責飛行勤務與否，都被稱為「航空員」（airdales）。來自威斯康辛州雷明頓的比爾．諾爾伯格（Bill Norberg），在當時是企業號上的文書上士，他就記得「航空大隊是自成一國的，」而它的成員，除了那些在飛行甲板上的地勤人員之外，與艦上其他人員的交流可謂少之又少[53]。艦上軍官對於那些薪俸待遇更好的飛行員都恨之入骨。一般水兵也對那些航空水兵的優先排隊領餐的特權也是咬牙切齒。戰爭爆發之後，航空水兵還被允許插隊，因為他們需要隨時待命去放飛或回收飛機。那段期間在大黃蜂號的約瑟夫．安德伍德（Joseph Underwood）就記得，「我們會經過那些等著吃飯艦員的人群，徑直走到隊伍最前面。」「抱怨與噓聲會如影隨形，」他寫道，「但我們覺得超爽，即使我只是個上等兵，但卻可以越過比我高階的士官先吃飯。[54]」

在當時，維修人員是隸屬予航空大隊而非航艦。飛機需要一大群的機械士、軍械士、無線電兵、降落傘裝配員，還有其他各種各樣的專業人員，才能夠保持航空大隊的正常運作。他們的工作對任務來說重要無比。飛行員即將要起飛前，需要確認發動機經檢查妥當、燃料補充完成，還有降落傘也已經妥善摺疊。以克萊斯來說，他因此與士官長柯帝士・邁爾（Curtis Myers）混熟了，因為後者正是負責其座機的人員之一[55]。當航空大隊到岸上去時，維修人員也會隨同，當大隊轉移到另一艘航艦，或者是到岸上基地時，他們也會跟著一起轉移。一般而言，他們與船艦人員都不會打成一片。「我們是流動人口，」一位航空兵回想道，「但他們並非如此。[56]」

航艦上的生活，即使是和平時期，在本質上也是很危險的。維修人員每天都會面臨工安意外。一時不慎便會導致死亡或斷肢。過份疲憊的人可能會不小心走近，或者僅僅被一陣突如其來的狂風吹向旋轉中的螺旋槳。其他受傷聽起來可能更平凡，但卻同樣的痛：手指頭被活板門砸碎、皮膚被鍋爐排出的高熱蒸汽灼傷、腳趾頭被砸爛、頭部猛撞到機翼或槍管。在其中一次尤其戲劇性的意外當中，一架飛機拉斷了一條攔截索，讓它蛇行般越過飛行甲板，直到盤繞在附近一名水兵的脖子後才停了下來。難以置信地，那名水兵存活了下來[57]。

對機組人員來說，情況是更糟的。有些飛機在海中失事，是因為飛行員沒辦法集中精神、燃料耗盡，或者遭遇到技術性故障[58]。但最大的危險發生在起飛，還有特別是降落的時候。當掛載著炸彈或魚雷的時候，飛機經常會在起飛時出現一個棘手的情況，就是飛機會從艦艏下沉，有時候還會在取得高度前先俯衝落海。這個風險對最早起飛的艦載機來說就更大了：停滿飛機的甲板，意味著第一架飛機只有很小的空間能加速起飛。降落時，飛行員面臨著撞上飛行甲板、沒有勾上攔截索並撞上防撞欄、失控撞上艦島，或者單純衝過邊緣後落海。一個對克萊斯來說特別印象深刻的不幸事故發生在一九四二年春天，當他正準備在企業號上降落時，防空砲正在對他開火——操作的砲手不小心把他當成日本軍機了[59]。另一位在企業號上的飛行員培里・塔夫（Perry Teaff）就在起飛時被船艦煙囪排出的廢氣阻礙了視線。他偏離航向後失事墮落海中。幸運的是，他被附近一艘驅逐艦救起[60]。

在海上並沒有比陸上迫降安全多少。一般而言，無畏式在落水幾秒鐘後開始下沉，因此機組員只有極少時間能從機艙內鬆脫。此外，無畏式的安全帶是沒有肩帶的，因此一個經常出現的危險情況，是飛行員在衝擊時向前踉蹌，頭部猛撞向儀表板[61]。其中一個特別讓克萊斯午夜夢迴，就是看著一位親近的朋友，同時也是飛行線同袍，來自明尼阿波里斯（Minneapolis）的比爾・魏施特（Bill West）失事墜落海中。一開始，魏施特神情恍惚，可能已經失去知覺。當海水湧進駕駛艙時，他終於恢復意識並爬上機背。突然之間，無畏式的機鼻進水，然後再衝入水下沉，魏施特的靴子剛好勾住了無線電天線，就此拖著魏施特一起下沉了[62]。對其他人來說，即使是逃脫了也不一定生還。他們之後在海上，漂浮在一艘充氣救生筏當中，他們可能會在波濤洶湧的大海傾覆沉沒，又或者因為沒有及時被救起而在缺水、高溫、受凍，或者是饑餓中逝去。不管怎樣，早在戰爭爆發之前，無論是在船上還是在空中，死亡和受傷在航空母艦上都是家常便飯。

時刻與危險一步之遙，使得航艦生活尤其像在演出，幾乎是戲劇人生。你會經常性被注視及估量。這對飛行員來說，壓力是極為龐大的。他們實際上得在每一次著艦時，在全艦眾目睽睽之下——最起碼看起來是這樣——贏得他們的地位。觀眾會聚集在艦島的走道，希望能看到一次驚人的墜機情景，這個走道因此被稱為「禿鷹巷」（Vultures Row）[63]。降落過程經常都被拍攝成宣傳或訓練教學之用。假如飛行員看到攝影師突然活躍起來，還使勁要取得一個極佳的視角來拍下他接下來的不幸的話，飛行員就知道他的問題大了[64]。

起飛過程也有一套屬於它的排場。按其中一名艦員的說法，「飛行甲板看起來就像由身穿不同顏色衣服的人組成的大型戰舞。」蒙布頭盔及襯衫都有相應的顏色，標示出不同的角色及職責：紅色是軍械士，他們要負責準備及掛載炸彈、魚雷；棕色是飛機長，他們確保飛機在需要起飛前，一切已經備便妥當；綠色是操作攔截索及彈射器的液壓操作士；黃色是降落信號官，他會對排隊降落的艦載機揮動手中的板子，紫色是負責操作油管的加油大兵[65]。

隱藏在這些熱鬧場面之下的就是那些人員本身了。在休息的時候，他們會沿著飛行甲板的邊緣跑圈——通常跑一圈就已經接近三分之一英里。他們會寫信回家。他們會互相爭吵及戲弄對方。他們會抽菸。在越過赤道時，那是一個值得紀念的時刻，而且還會有一個精心策劃的儀式。所有第一次越過赤道的人，不分軍階高低，都會脫到只剩下內衣褲，還要剃光頭，然後再進行盡其羞辱之能事的任務——所有一切都是在一名被指定為「海神」（Neptunus Rex）的水手，還有由其他老兵充當的海神手下的命令下進行的。不過，一般的休閒時間都是進行沒那麼浮誇的活動，例如西洋跳棋及克里比奇紙牌——而且艦上還會有不少以撲克牌及橋牌進行的賭博活動。

在港口或在海上的一般情況下，艦上的生活得遵循著嚴格的作息。來自德州休斯頓的史丹福・李林澤（Stanford Linzey）是約克鎮號軍樂隊的單簧管樂手。他還記得每天早上六時，艦上的擴音器就會開始廣播起床號，緊接著就是水手長以刺耳的聲音大吼道：「起床！給我從床上爬起來再把床收起！清掃兵開始動你們的掃帚！把地板前後清掃乾淨！起床！」在淋浴及剃好鬍子後，李林澤就會在餐廳吃早餐。然後一天的勤務就得開始，直到中午左右才會暫停一下吃午餐。下午四點，另一個軍號會響起並宣佈「自由時間」。在港內，人們能到岸上去，或者在機庫甲板看電影；在海上他們用其他方式來消耗時間。一天在晚上十點正式結束，隨軍牧師透過擴音器唸一段禱文，緊隨而來的就是熄燈號那又慢又深沉的號音了[66]。

餐廳的菜單幾乎不會變化。早餐都是焗豆，有時候有午餐肉或脫水蛋粉料理、穀物片配沖泡奶粉，還有李子乾或其他果乾、罐裝水果，全部都是配上一杯咖啡沖進胃去[67]。午餐及晚餐會是以同樣的材料作變化，通常是焗豆及義大利麵[68]。有時候還會有「馬鈴薯」供應，不過艦員都懷疑那不過是被磨碎的豆子[69]。船艦在海上的日子越久，補給日益減少，食物也會日益變得清淡乏味。

宗教也沒有多少吸引力，至少在正式場合是如此。來自威斯康辛州的比爾．諾爾伯格就記得，企業號上大概只有半打的水兵出席了新教的集會活動[70]。約克鎮號的李林澤就發現，教堂禮拜是如此不足，以至於他開始自行組織讀經小組。他與不少人都會在其中一間飛行員待命室每週聚會一次[71]。不過，聖經倒是無處不在，而且人們在離家時或在海上收到來信時，經常也會收到聖經作禮物。

船上生活的其他主要部分，尤其是在戰爭開始後，就是有關死亡的事了。葬禮將在機庫甲板舉行。經過兩分鐘的禱告後，帆布包裹的遺體就會以海葬的方式投入大海。死亡是嚴肅的，它提醒了人們，他們的工作是如此重要而又使人敬畏。可是，它對於逃過劫難的人來說代表著升遷，經由年輕水兵或航空兵填補空缺[72]。

就很多方面，日本海軍航艦上的生活也極為相似。要人起床工作的手段與流程都是差不多。災難與意外也是相同的。就像在美國，日本也同樣強調訓練及作戰行動的效率。他們同樣有軍官與士兵之間的劃分。前者就像一位赤城號老兵的回憶般，都能享用「精緻」、有三道菜的正餐，而其他人就只能吃那些「沒什麼味道，但是營養豐富」的菜式[73]。牧島貞一，一位派駐到赤城號的民間攝影師，大多數時光都花在與軍官一起。他記得在艦上吃過「湯、刺身、烤魚、燉菜，」而且，在每晚九時準備的特別宵夜，還會有例如「汁粉、蜜豆、水果酥餅、長崎蛋糕以及年糕。」總體來看，牧島說航艦上是「另一個世界。」探索那些充滿嘈音的工場，還有悶不通風的機庫感覺「就像進入了兵工廠的某處。」「唯一沒辦法生產出來的，」牧島對另一名水兵評論道，「就只有女人了。」[74]

不過，在美國與日本的航艦日常作息當中，還是有一些重大的差異。在作業層面，美國人經常在甲板為飛機掛載彈藥及補充燃料，而日本人就習慣在飛行甲板下方的機庫進行這些工作。此外，與美國航艦能打開通風透光的機庫不同，日本航艦的機庫是封閉式的。這種設計能提供更舒適的工作環境，還能提高夜間作戰時的燈火管制，卻讓日本航艦機庫充斥著潛在的可燃性航空油汽。與在行動時身穿長袖衣褲與防閃焰服的美國人不同，日本海軍艦員在熱帶值勤時都是穿短袖短褲的。短褲的確比較舒適，但在戰鬥中卻只能給予有限甚至是完全沒有火災防護[75]。

在文化方面的不同之處同樣很引人注目。很正常不過的是，日本船艦上的宗教是神道教，而不是基督宗教。帝國海軍的航空母艦都習慣在艦上展示昭和天皇的玉照，收藏在艦上的御真影安置室內。赤城號上，天皇玉照被一塊絲綢帷幕覆蓋著，這樣他的影像除了受致敬的時間外，並不會受到褻瀆性的目光所沾污[76]。每一艘航艦上都有金刀比羅宮的分靈，這是保佑艦員的守護神。這個小神社在兩條電蠟燭之間，是船艦乘員能前來膜拜的處所[77]。飛行員在出發執行任務前，也經常會前來參拜[78]。

也許美日兩國航艦之間最顯著的文化差異，就是飛行員與維修人員之間的關係，日方這兩方面的人員都記得他們之間的關係很融洽。儘管飛行員分配到的生活艙室比維修人員好，前者經常把艙室用來與艦員進行社交活動，或者是一同到甲板上吸煙。有時候飛行員與維修人員甚至會一同暢飲。赤城號的古田清人就記得他與「（他的）整備兵曹十分熟稔。[79]」有時候，飛行員甚至會幫忙維修人員進行維護工作。這一種袍澤情誼，很大可能是因為與美軍飛行員不同，很多日軍飛行員是基層士兵，而不是軍官。不管怎樣，這肯定提振了士氣，也提升了凝聚力。與此相反，企業號一名維修人員記得，「很少士兵私底下認識那些軍官，這也代表飛行員的殉職並不會帶起多少個人情感。」「我們會為他們感傷，」他繼續說，「就像球迷為他們支持的球隊輸了一場賽事而傷感一樣。[80]」

一九四一年十二月七日，克萊斯在企業號的訓練，被珍珠港受襲的消息突然打斷了。這次攻擊讓第六偵察機中隊完全措手不及，當時中隊的十八架SBD無畏式正在飛往夏威夷。這些飛行員之中就包括克勞倫斯·迪金森，他當時就在歐胡島的上空，看到他的僚機突然爆炸成一團火球。一瞬間，他目睹四到五架零戰徑直而來，並以機槍及機砲向他開火。那槍口焰令人失神：「它們似乎就在用寶石般的雙眼來向你眨眼，那看起來還挺美麗的。但是你知道每一次眨眼，都是敵方嘗試想讓你死得非常非常透徹。」迪金森感覺到子彈哐啷作響地貫穿進機體內，後座射手發出了一聲慘叫，「一聲極度痛苦的慘叫。[81]」他從正在冒煙的座機棄機逃生，並注意到他的射手已經癱坐在後座，完全沒有反應。降落傘張開，迪金森飄降到歐胡島，並被一對年老夫婦救起來——是奧托·F·海恩先生與太太（Otto F. Heine）——他們當時正在前往效遊的路上。老太太拒絕相信攻擊正在發生。

企業號上，一位隊上的資深軍官試圖引起全員的關注：「珍珠港正遭受日本人的攻擊，這不是開什麼狗屁玩笑！[82]」整個過程超乎現實。另一位無畏式飛行員還記得他不停在收音機轉換頻道，試圖找出一些資訊。當時只有一個廣播電台正在播放《可愛的蕾樂妮》（*Sweet Leilani*）這首歌：「我夢想著兩人的天堂，你使我的天堂變得完美，你讓我的美夢成真。[83]」當中，一架日機從上空呼嘯而過，「以它的機槍為鏟來擦破路面，」並殺死了附近車上的兩人[84]。危險是顯而易見的，但情況還是令人難以致信。

「灰塵佬」克萊斯在當天起飛了兩次，但他既找不到敵方船艦，也找不到敵方飛機，儘管他在無線電聽到了一連串含混不清的報告。第六偵察機中隊總計損失了六架飛機，有六人陣亡及三人受傷[85]。不久之後，企業號回到珍珠港。克萊斯被目光所及的「支離破碎且還悶燒著的」艦隊慘況所震撼[86]。「另一個世界」終於來到了他的面前，他的世界現在充滿了痛苦與暴力。

「當時珍珠港的景況與氣味，到今時今日依然記憶猶新」，說這話的時候，是比爾·諾爾伯格以企業號艦員駛進滿目蒼夷的港口的八十年後[87]。對很多人來說，這些所見所聞已經是開戰的正當理由了。約翰·克勞福德（John Crawford）是約克鎮號的一名砲手，當時被派往收集浮在港內遺體的人員之一。「我們在那裡培養出對我們日本朋友的強烈仇恨，」他在回憶起那次任務時說道[88]。即使是克萊斯這種從不吹牛的人，也誓言他已經「準備好講那些小混蛋們能聽得懂的語言」了[89]。

與此同時，克萊斯尋求方法從「另一個世界」屏護珍，讓她免於受到那個世界的恐懼與苦難的現實所傷，那個世界已經用力地推撞著他了。當珍討論要在戰爭中「恪盡本份」時，克萊斯回以一個非常有騎士精神的答覆。「我想我實在有點老派，」他回答說。「戰爭是男人的行當，而女性的角色是給予愛、鼓勵，回到現實的感覺。」他想珍成為「他想要珍惜的理想對像、期望想要保護，還有他希望達成的夢想。」他很害怕「穿上制服」會讓她忘記「生命中更重大以及更重要的另一面。[90]」

一九四二年二月，第六偵察機中隊終於有機會反擊了。尼米茲派他們去攻擊日本在馬紹爾群島的機場及碼頭。克萊斯預期他的第一次作戰行動就會遇上密集的防空砲火及日軍戰鬥機。這一次突襲行動在美方這邊充滿了混亂及情報不足的問題。他的朋友湯姆．艾佛索所在的第六魚雷機中隊發射的魚雷，連擊沉那一艘在港內停泊的日軍貨輪都辦不到。沒有跡象顯示有任何日軍航艦在附近。不久之後，企業號在威克島及馬庫斯島重施故技，再一次，在戰略層面而言收效甚微。

在所有這些事情之間，克萊斯極為想念珍，但他也承認沒什麼時間拆開珍寄來的書信。他的兩個世界正在迎頭碰撞。「我在今晚很想對你說些美好的事情，」克萊斯在一九四二年二月中寫信給珍時寫道，「但我就是沒辦法。」「我的思緒中滿滿都是在思考該如何殺死那些日本人，」他向珍坦承，「現在可沒有空間去思考任何其他事情了。[91]」

珍珠港的衝擊，產生了一股歇斯底里針對美籍「敵方」後裔的浪潮。這股怒火大多數都直指日裔美國人，他們很快就被送往拘留營，並在整場戰爭中都留在那裡。沒有類似的集體措施被施加在德裔美國人身上，他們很大程度上逃過了一戰時已經體驗過的漫罵。即便如此，一份總統公告仍然是發出了，下令監控在美國領土或管轄區內，「所有十四歲及以上德國出生者、居民、公民或屬民，實質上未歸化」的「敵國僑民」[92]。即使是美國公民也同樣受到調查。克萊斯本人就因為他的德裔背景及姓氏而成為調查目標。在這段期間，多名軍官重覆審訊他，想要知道他到底有沒有與「德意志祖國」保持聯繫，又多次向他提出「誘導性問題」，這些問題都是設計來誘使納粹同情者現身的[93]。還有耳語指出，克萊斯的中隊同袍班・特勒梅爾（Ben Troemel）也遭到類似對待，也許他的和平主義傾向也觸發了官方對其進行調查[94]。不排除情報機關也對第六魚雷機中隊的塞維林・羅巴赫（Severin Rombach）深入審查了一番，羅巴赫在戰前曾經是俄亥俄大學「德國社團」的主席。

在這幾個月，同樣也是美國航艦進行密集訓練及行動的時候。官兵摸熟自己的裝備，還有對攻擊流程進行訓練。克萊斯學會了戴著眼罩操作無畏式飛行，這是一個針對他的視力可能因受傷、濃煙及天氣所妨害時繼續飛行的預防措施[95]。隨著在駕駛艙內的時間越來越多，更精進了他們飛行技術。他們精進了諸如起飛及降落等基本技能。在飛越夏威夷群島的訓練期間，他們也檢測了自身的導航技能及編隊飛行能力。第六偵察機中隊及第六轟炸機中隊的飛行員，透過對歐胡島的伊瓦基地（Ewa Field）附近的地面目標進行演訓，以提升他們的俯衝轟炸技術。移動目標方面，航艦會拖著一個木製浮筏，無畏式就會用煙霧彈來對它進行攻擊。重覆練習是有必要的，這樣飛行員才有辦法在戰鬥的沉重壓力下投擲他們的炸彈。在轟炸過程中忘記一個步驟，將會導致災難性後果。以第六轟炸機中隊的飛行員路・霍普金斯（Lew Hopkins）為例，他在一次俯衝前忘記打開座機的俯衝減速板。結果飛機就以時速四百英里向地面猛衝，比規定速度快了百分之四十。用力把操縱桿向後猛拉之下，他才勉強來得及讓飛機改平。

一年之前，也就是一九四一年，美國海軍的航艦機作戰準則得以更新。海爾賽中將監督了《現行戰術命令及準則，美國海軍艦隊飛機（ＵＳＦ－74）》（*Current Tactical Orders and Doctrine, U.S. Fleet Aircraft (USF-74)*）這份文件的修改及出版。到了冬天，海爾賽就到了企業號，所以很肯定的是，克萊斯跟航空大隊的其他人，都得認真對待這份修改後的文件。「航艦艦載機基本上是攻勢武器，」那份文件是這樣說的，「它們主要的攻擊力量就是重型炸彈。因此，與投擲重型炸彈進行攻擊相比，飛機的其他任務都是次要的。」轟炸如此重要的原因，是因為「取得制空權最確切且最快的手段，就是用炸彈攻擊來毀滅敵方的航空母艦、支援母艦及基地。」換言之，攻擊就是關鍵[96]。

但是，是魚雷轟炸機而不是無畏式，被視為最有效的投彈攻擊的類型。按準則所言，它是「一艘航艦所能裝備的最重型打擊部隊。」這是一個極嚴重的判斷錯誤，原因有二。第一個是投雷的方式——毀滅者式魚雷機水平徑直向目標飛行，僅僅在海平面以上一百英尺左右——是極為危險的。即使按照準則來看，防空火力對俯衝轟炸機及魚雷機而言都是同等的威脅，但明顯不過的是，很多魚雷機在攻擊過程中就會被擊落[97]。其次，正如在實彈演習中顯示，魚雷很少命中目標。它們是幾近於沒效的武器。

USF-74號文件另一個處理的就是指揮與管制的問題。但它沒有清楚解釋到底一個編隊長要怎樣把目標分派給他的飛行員。文件中的其中一個章節就說，當一個編隊的飛機迫近多個目標時，編隊領頭的飛機應該攻擊最遠的目標，讓編隊後方的飛機去攻擊較近的目標。但在較後面的章節，它又說目標分配完全是大隊指揮官的個人職責，而應該「在下令攻擊前就處理妥當。」[98]還有一個從此延伸的問題，多個目標一起出現時呈現的畫面，也許會讓它們看起來全部都是同等距離。

不過，在太平洋戰爭的前幾個月，就驗證了作戰準則的主要思想：「航艦艦載機」的確是海軍作戰中超凡的「攻擊性武器。」而且，海爾賽也在日軍攻擊珍珠港之前理解到這一點，也是這一點讓這份作戰準則得到了廣泛認可。USF-74號文件的另一個重點，與作戰準則本身的目的有關。準則僅是一種學說：那不是任何時間都必須被嚴格遵循的鐵則。在一九四二年，海軍航空特別因為最近發展出來的科技，例如海尼曼的無畏式，而正在急速轉變中。克萊斯在一九四〇年八月開始他的飛行訓練。從那時開始，直到他在一九四一年十二月執行第一個作戰任務為止，他飛過大概七種不同的飛機，整體而言就代表了這段時間在航空科技方面的戲劇性進步。因此，就更有理由把像USF-74這樣的作戰準則視為基礎，再讓幹部能偏離或進行即興改進，尤其是在戰鬥的過程當中。

與此同時，為了填補企業號航空大隊中的空缺，替補的飛行員來報到了。作為新兵，這些新人極其迫切需要訓練，特別是航艦起飛及降落之類的基礎技能訓練。一九四二年三月到五月間，當第六偵察機中隊駐守在珍珠港的福特島時，現在已經成為一個分隊長的克萊斯就負責給予指導。這是新飛行員首次以地面目標進行訓練，觀察它們遠比在海上的目標容易得多了。來自紐澤西州貝永（Bayonne）的理查·「迪克」·貝斯特（Richard "Dick" Best）在當時是第六轟炸機中隊的中隊長。他就認為在這段時間，技術得到了極大的提升。他還可以見見妻子與女兒，她們當時都住在歐胡島[99]。

無畏式飛行員有著形形色色的人物。有些是行動派，不會多加思考自己的任務，或者是以虛張聲勢來掩飾內心的不安。其他人就是很典型的凡人，會沉思戰爭以及殺戮的道德倫理。「戰爭是一項嚴肅的事，」第八魚雷機中隊的華德隆少校如此訓誡其外甥，「這可不是什麼體育活動。[100]」班·特勒梅爾是一位虔誠的路德教派信徒，他就對自己奪取他人生命的權利，有著非常嚴正的疑慮。他對飛行的弟兄們說，「這是不對的，」而這句不打自招很可能讓他從部隊中被汰除[101]。克萊斯是一個會自我反思的人物，但還是得出了一個有點不太搭嘎的結論：「我只是做好我的工作，沒其他的了。[102]」珍珠港事件過後，本身也導出一套邏輯。大多數人已經不太懷疑他們為什麼陷入戰爭中——還有為什麼他們要殺戮，還有在必要時會被殺。美國遭受攻擊，而他們正在保衛自己的國家、家人，還有自己本身。

企業號上的士氣普遍來說是高昂的，但航空大隊內部就有點緊繃。一九四二年三月，克勞倫斯·「韋德」．麥克勞斯基接任航空大隊大隊長。與一個揮之不去的神話相反，麥克勞斯基其實擁有不少俯衝轟炸的經驗，但他的無畏式飛行時數不多：他在三月二十日才第一次飛該機。他最近一段時期都是在飛戰鬥機。在接下來十個禮拜，麥克勞斯基會竭盡全力來讓自己與無畏式混熟，但他從來沒有真的操作過無畏式投下那怕一顆炸彈。[103]

麥克勞斯基與貝斯特的關係不好。這似乎主要是世代隔閡的問題。年近四十歲的麥克勞斯基大概算是處於新一代的「棕皮鞋」海軍飛行員，與舊一代「黑皮鞋」水面艦成員兩個世界之間的人。與他相反，才三十出頭的貝斯特是「棕皮鞋出身」，也從不掩飾他對傳統海軍的質疑論調。「將官們，」他後來評論道，「與我們做的事情可沒有什麼關聯。」[104]

自尊心同樣也扮演了重要角色。像淵田美津雄及源田實這樣的日軍飛行員，他們一直夢寐以求的是透過協同多艘航艦的艦載機發動大規模空襲。而像貝斯特，或者是戰爭後期的喬治．瓦許（George Walsh），個性就更為獨立自主。他們對黑皮鞋成員，或者其他飛行員感到沮喪，他們渴望以俯衝轟炸戰術創出佳績，因為他們視俯衝轟炸為海軍兵工廠裡最重要的武器。儘管當時有嘗試在航空大隊內協調戰鬥機掩護的事宜，但飛機起飛及降落作業，很大程度上是航艦各自為政。飛行員之間也有嚴重的相互較勁傾向。部分是因為這份工作的先天性使然，正如喬治．蓋伊說過：當他踏進中隊，第一眼看到的就是一塊佈滿名字的看板，每個人的名字層層疊疊地掛了上去。當登上所屬的航艦後，飛行員就會經常要被鑑定及評估，競奪升遷機會，還有吹噓自己的權力。這正是海軍航空兵在很多方面的意義——這是一個在朋友間的競爭多於與敵人的競爭。迪金森回憶起在珍珠港事件後那段時間時就寫道，「我看到人們互相問候，很高興看到其他人在襲擊中倖存，這真的十分感人。直到很後來我才開始意識到⋯在某些情況下他們根本不喜歡對方。[105]」差不多兩個月後又故態復萌了。「最近發生了一些事情，」另一個在第六偵察機中隊的飛行員克萊歐・多布森（Cleo Dobson）說，「這讓我討厭這個單位，更糟糕的是，我現在還開始憎恨生命中的任何事物。[106]」

克萊斯興致勃勃地參與了這種競爭。像所有飛行員一樣，他保留了一本日記，並在後來自行出版了（書名為《戰爭日誌》，暫譯，*The Log of the War*）。在這本書之後他又出版了一本更為詳盡的回憶錄，他在回憶錄中就寫道，他的「最大的競爭者是⋯克勞倫斯・厄爾・迪金森。」他隨後又繼續回溯一連串往事，最古早的還上溯到官校時期，那已經是差不多八十多年前的事了[107]。這種競爭也許還通過迪金森的回憶錄而火上加油，那本書首次在一九四三年出版。回憶錄中，迪金森講述了克萊斯如何在檀香山一個簡易機場降落，而得到了他的綽號「灰塵佬」的故事。他座機的螺旋槳激起了大量的塵土飛揚，惹火了塔台的無線電交通管制員以及其他飛行員。在回憶錄較後的部分，迪金森也把克萊斯描繪成一個經常無病呻吟的人[108]。這種寫法暗喻著克萊斯是個笨蛋，而迪金森是個沉靜的專業人士。克萊斯接下來的出版品，似乎成了紙上交鋒的一部份，意圖是指名筆戰，還有要導回正軌。克萊斯就寫道，他第一艘船艦的艦長約翰・格利里・韋恩（John Greeley Winn）是個「奇怪」又「無能」的人。不過，他對於威爾默・厄爾・卡拉漢，一位無畏式飛行員弟兄以及後來的第六偵察機中隊長，就多有讚譽之辭。「我第一眼就喜歡上他了，」克萊斯回憶道。「他無疑是我們中隊真正的天才。[109]」

所有的這些競爭與反思，都意味著克萊斯需要一個出口，某種讓他表達宣洩的方式。對他來說這就是珍，而他也經常寫信給她。「我的心聲都在這些信紙中傾瀉出來了，」他說。他們的通信從克萊斯加入海軍的時候開始，一直到他回到加州，還有求婚時達到高峰[110]。珍保留、回覆了每一封信。她的法裔加拿大雙親很可能也支持了他於戰爭時期在盟軍當中擔任的角色所付出的貢獻。與此同時，雖然他們之間存在宗教上的差異，而且依然還在戰爭時期，但珍也墜入了愛河。

不管飛行員與座機之間發生了什麼事，他們還是與所屬的無畏式建立了緊密的關係。這跟騎兵與他們的軍馬之間的關係沒什麼不同。當然，飛機沒那麼強烈的性格，而飛行員凡是能到手的飛機都會飛。但是，無畏式總體上而言人們對它有著強烈的敬意與鐘愛。正如貝斯特的回憶所言，這款飛機能「在垂直俯衝中穩如泰山，對操縱的反應極為靈敏，而且隨時準備好應對打擊，還能把你帶回家。」貝斯特在企業號上的中隊成員之一，諾曼・范迪維爾（Norman Vandivier），有一次目睹一位弟兄在墜機事故中倖存後，便寫信回家說，「這些飛機在受到打擊之後，卻還能保護機內人員，真太令人驚嘆了。[111]」在海上多個月後，他又說：「我們的飛機在航艦作戰行動中都堅持得非常好。[112]」薩拉托加號的第三轟炸機中隊長麥斯威・列斯利（Max Leslie），稱無畏式為「在堅固度、穩定性、容易維護之間最令人讚歎的結合，（還有）在性能、航速及續航力之間最完美的組合。[113]」「我愛我的無畏式，」克萊斯回憶道，「到一九四二年，無畏式已經取代了戰艦。在我看來，我們所有一切都得歸功於愛德華・H・海尼曼的飛機。」當他在一次飛機得承受驚人的壓力，而機翼卻還好端端地沒有脫落的俯衝行動當中倖存後，克萊斯回想起自己當時的想法，「所有的榮耀都歸於在道格拉斯公司的人們，他們的無畏式實在造得太出色了。[114]」

此外，在太平洋戰爭的前六個月，無畏式在沒有護航的情況下，也能與日本戰鬥機相抗衡這一點是事實。這種堅韌的程度有三個因素。首先，無畏式的設計就是要承受大量攻擊。其次，它搭載了可觀的火力，尤其是雙聯裝的後座機槍。類似史諾登那樣戰技精湛的射手，通常都足夠趕走那些尾隨的日本零戰，讓他們去找其他更容易得手的獵物。第三點，無畏式在俯衝過程中對方幾乎是對其傷害不大，因為那是個防空砲火幾乎無法射擊的角度。零式當然也有問題：沒有俯衝減速板，零戰如果跟隨無畏式進行俯衝的話，它們是沒辦法不飛越過目標的。而在猛衝而過時，他們除了打個照面之外，也沒有什麼事情可以做[115]。

與無畏式相反的是，笨重的毀滅者式魚雷機不但更脆弱，效益也更差。他們需要從舷側九十度低空迫近目標。這項要求讓它們全然缺乏任何奇襲的機會。這也會讓毀滅者式暴露在日軍各式口徑持續且致命的防空砲火當中。它們還要面對來自日軍巡邏戰機的攻擊，這些戰鬥機會向著魚雷機俯衝而下，在它們之間來回交錯飛行。即使美國人有辦法投放它們的「魚」，在美軍魚雷機堅持的低空慢速戰術下，只會讓那些魚雷水平落水，而不是垂直落水*。那衝擊力「是最確切的方法，讓魚雷的方向及定深控制一塌胡塗，讓魚雷沒有按預期方式航向目標。[116]」

一九四二年四月，魚雷機組員聽取一次令人震驚的機密簡報：海軍情報單位估計，在一次攻擊當中，一個包含十五機的中隊只會有五分之一能突破日本海軍的防線並投雷。正如勞合．奇德斯（Lloyd Childers），一位毀滅者式後座射手暨無線電操作員回憶，即使全力淡化，但這項消息在機組員間依然引起了極度焦慮[117]。飛行員「艾比」．亞伯克朗比（"Abbie" Abercrombie）更是稱他所在的第八魚雷機中隊為「棺材中隊」[118]。儘管海軍希望讓人噤聲，但在克萊斯、艾佛索及奇德斯等飛行員之間，這不算什麼秘密。

到一九四二年四月，戰爭開始對克萊斯造成了破壞。他與珍已經一年不曾相見。他告訴珍，他沒有辦法「從事目前的工作持續六到七年。[119]」他已經投入到戰爭中大概六個月了，而他還要做到什麼程度？他狠狠打擊了一些日軍島嶼據點。他已經擊沉了一些小型船艦。他已經看到好友在戰鬥中或意外陣亡了。目前為止，這都不是他受訓要投入的，也不是他們應該要做的。他——還有其他企業號航空大隊的官

＊譯註：早期美國海軍魚雷機需要採用這種低空低速的投雷戰術，是因為海軍認為 Mk 13 航空魚雷只有在五十英尺高，一一〇節航速下投雷，才有辦法正常運作，否則投擲時的衝力有可能損害魚雷控制部件。但日後也改進成「垂直落水」的方式。

兵——都十分嚮往近期在珊瑚海發生的戰役。他還不曾傷及一艘日軍航艦，甚至連見都沒有見過。這樣子是打不贏戰爭的。

五月底，克萊斯的精神突然為之一振。在企業號回到珍珠港後一天，他與另外幾名官兵都受到尼米茲本人親自授勳，以嘉許他們的英勇表現。在這些人之間還有非裔廚師多里斯・米勒，那位在珍珠港內受重創的西維吉尼亞號戰艦上英勇迎戰日軍戰鬥機的水兵，他因此得到與其白人同袍一同授勳的殊榮。克萊斯本人則站在第六戰鬥機中隊羅傑・米洪（Roger Mehle）的下一位。當上將正在把勳章掛在米洪的胸前時，克萊斯也偷聽到上將的談話，「我相信你在接下來幾天，就有機會再取得另一枚勳章了。」當輪到克萊斯的時候，他受到「我這一輩子經歷過最為仔細的觀察。」這就「像是一杯威士忌。」克萊斯的神經在那一刻可以說是繃緊了。「這位領袖，」他回憶道，「讓我重新燃起了鬥志。」[120]

為了攻擊中途島，日軍把他們的艦隊分成四部分。第一支艦隊是兩艘輕型航艦，它們會與支援船艦一起，對阿留申群島島鏈及荷蘭港發動攻擊。第二支艦隊就是航艦機動部隊的本隊，由南雲忠一中將指揮。這支艦隊包括了航艦加賀號、赤城號、蒼龍號及飛龍號。第三支艦隊包括了運送預定對中途島發動搶灘登陸陸軍的運輸船艦。第四支艦隊在機動部隊的大後方，以超級戰艦大和號為中心，在那裡，山本大將會監控著整個作戰行動。

這些艦隊都在不同時間，從不同地點出發。第一部在一九四二年五月二十六日，從日本本州北端的大湊港出發。第二部在一天之後，從日本本州下半部，瀨戶內海的柱島錨地出發航向太平洋。而第三部又在一天之後從更南方的塞班島出發。這個複雜的部隊構成在指揮上極為困難，考慮到他們正在試圖保持無線電靜默，那就使指揮的難度更令人望而生畏了。而且作戰行動的指揮官山本是在大和號上，而不是任何一艘航空母艦。實際上，這損害了他對於其主要攻擊部隊——那些艦載機的管控能力。這同時也讓他的航艦暴露在敵方攻擊之中，因為它們航行在他的座艦大前方。不過，從一個象徵意義的觀點而言，南雲部隊配置帶出了一個強烈的訊息：「中途島計劃」按淵田美津雄的認知，「建立在一個陳舊的概念上…戰艦而非航艦構成了艦隊的主要戰力。[121]」

不過，南雲也有他的原因。第一個原因是他對美軍航空戰力的輕視。就這一點而言，這個觀點來自珊瑚海海戰的報告，當中指出兩艘美軍航艦已經被擊沉了。假如這是真的話，這也意味著美軍已經失去了相近一半在太平洋的航艦。這對日本人而言，是珍珠港之後，日本海軍進一步取得令人震驚的重大勝利。但這份報告是錯誤的，最起碼錯了一部分：萊星頓號沉沒了，但約克鎮號卻猶在。此外，還有淵田美津雄所認為，南雲的「保守主義及被動性。[122]」南雲口頭上很拚勁平靜，但他的計劃看起來就是無謂的複雜、低效率，還要是過時的。對中途島及荷蘭港的攻擊比之攻擊珍珠港，有著頗為不同的目的。珍珠港的重點在於攻擊美國海軍作戰船艦，但後者行動的目的是試圖佔領土地。這種行動有著隨之而來的責任：成功並不是由攻擊所決定，甚至也不是透過大膽行動，而是透過後勤。這可不是適合海軍航空兵的戰鬥模式。

南雲同時以高估的態度來看待日本當前的狀況。直到一九四二年為止，他不曾有一艘船艦損失在美國人的手上，他麾下也只有六十架飛機被擊落。由於那不是他指揮的，南雲也忽視了珊瑚海海戰。「我們已經確立了一個不敗的戰略位置，」南雲在研究完對中途島攻擊的計劃後，在五月初對他手下的軍官們說道。「為了持久地守住，我們必須繼續保持對敵方的弱點窮追猛打。[123]」但從淵田的觀點而言，這就是「我們在戰爭早期的勝利所產生的狂妄自大與過份自信。[124]」

南雲的個人特質與對戰爭勢態的評估結果，就是他沒有投入足夠的重視在偵察方向的原因。例如，對中途島的攻擊在執行時，應該還要有一道日軍潛艦哨戒線——意思是，應該要把潛艦部署在航向中途島的多條航線上。當美軍船艦在日軍攻擊前後抵達，這些潛艦都能對它們發動攻擊。但潛艦的部署被延誤了：大多數在六月四日才抵達作戰位置，美軍船艦在此時已經就定位[125]。因此，南雲能動用的其他種類的偵察手段就只有偵察機，但這卻是另一種妥協下的手段。日本人執行偵察任務時並不是派出航艦偵察機，而是把水上飛機從巡洋艦上吊放到水面，這樣做很麻煩*。而且，天氣又是另一個問題。六月二日當日本偷偷向中途島迫近時，他們發現自己處於濃霧當中。這些濃霧會屏護他們的艦隊於美國海軍船艦或飛機，但這也意味著南雲沒有辦法派出他的飛機。由於他的潛艦沒有就位，他當時就處於一個要準備對中途島發動攻擊，但卻對周邊，以及沿著最有可能的進擊路線之間的情勢，完全沒有情報的情況。

美軍飛行員都察覺到，有些事情在蘊釀當中，但是什麼事情呢？還有，在哪裡發生？他們對於戰爭時期有什麼事情即將要發生只有非常稀少的資訊。當從珊瑚海回到珍珠港、在他們再次出港前，只有僅僅四十八小時。理論上，「企業號的飛行員⋯在船艦繫泊好後，便立即到岸上去，並在威基基的酒店瘋狂大吃大喝。[126]」他們二月從吉爾伯特及馬紹爾群島突襲回航後，毫無疑問也做過同樣的事。但迪金森不記得五月有過這樣的瘋狂派對：「我們有了新飛機，幾個菜鳥飛行員，還有瘋狂地幹活，以讓他們融入中隊。[127]」克萊斯只記得當時那期待的感覺：「我們預估即將要大幹一場了。[128]」

克萊歐·多布森有寫日記的關係，而不是靠事後回顧，他說在抵達後沒多久，中隊官兵就出發前往

* 譯註：實際上當時日軍已經有火藥式彈射器了，但返回降落母艦的過程，反而是降落的水面後再吊運回艦上。

探訪比爾・魏施特的遺孀南希（Nancy）。「我們告訴了她事情的來龍去脈，」多布森寫道，「而她也問了我們很多有關比爾的問題。在差不多兩小時的時間裡，我們就坐在她周圍，試圖安撫她。」不過，似乎沒什麼辦法能幫得上忙。因為想要做點什麼的原因，所以這些人就把南希帶了出去走走，還買了一份三明治及一杯奶昔給她。多布森第二天還再去探望她，而且還因為中隊弟兄沒有人與他同行而感到十分憤怒。有一位飛行員說：「需要去尋花問柳，」而其他人也各有托詞[129]。諾曼・范迪維爾寫了封信回家，試圖安撫自己的家人。四月，一位同鄉老友，威爾伯・「湯米」・湯普森（Wilbur "Tommy" Thompson）最後也來到了第六轟炸機中隊，卻因為他的無畏式與編隊時與另一機相撞而殉職。湯普森是後座射手，他試圖在飛機落水之前棄機的行動，最終以失敗告終。湯普森的母親寫了兩封信給范迪維爾。「她想要知道湯米座機的飛行員名字，而我不知道該怎麼辦，」范迪維爾告訴雙親說，「所有可能做的事情都已經做了。」[130]

大黃蜂號航空大隊飛抵伊瓦基地。大隊長史丹普・林恩下令他們待在基地內不得外出[131]。喬治・蓋伊與第八魚雷機中隊官兵，窮盡所能達成慶祝：清空了一個個一加侖的醃製罐，然後用冰、威士忌及可口可樂把它們填滿。然後他們就把這些罐子在房間內傳來傳去，每個人都要啜一口，直到罐子全部清空為止。最終引發醉酒鬧事。很多人都被打到鼻青臉腫，但沒有人受到嚴重傷害[132]。

顯然他們的晚上過得比尼米茲還要好。負責指揮第十六及第十七特遣艦隊的資深軍官是海爾賽中將，他是第十六特遣艦隊的指揮官。可是，當他回到珍珠港時，很明顯是病了。他的體重下降了差不多快二十磅，而且全身都長滿牛皮癬。過去數個月的海上作戰，已經對他造成了傷害。尼米茲必須在艦隊出航前夕指派替代人選。他最終決定選擇雷蒙德．史普魯恩斯少將，一位來自馬里蘭州巴爾的摩，沉穩且專業的軍官。史普魯恩斯有一個優勢，他是由海爾賽推薦給尼米茲的；他在過去數月的戰鬥當中，負責指揮為航艦護航的巡洋艦時，表現十分出色。不過史普魯恩斯卻是個「黑皮鞋」。第十七特遣艦隊指揮官，來自愛荷華州馬紹爾城（Marshalltown）的法蘭克．傑克．佛萊契少將將會成為上述兩個特遣艦隊的戰術指揮官，同樣也是個「黑皮鞋」。結果是，兩位執掌美國海軍最強大海軍航空部隊的人，既然沒有任何一位是飛行員出身的[133]。

五月二十八日，華德隆少校拿出他配發的四五手槍。周圍都是第八魚雷機中隊的飛行員及機組員，在伊瓦基地的一個機庫內正睡得鼾聲如雷。伸出他的手臂後，華德隆向著門外，對著附近一塊甘蔗田射光了手槍內的子彈。喬治．蓋伊還記得那一刻，「我差點就被嚇個半死。」子彈打光後，他聽到黃銅彈殼掉在機庫混凝土地面時嘎嘎作響的聲音。「快起床，」華德隆咆哮道，「我們有正事要辦！[134]」

當天，第十六特遣艦隊，包括企業號及大黃蜂號在內，都從珍珠港出發了。第二天早上，五月二十九日，史普魯恩斯與他的資深飛行員召開了一次會議，當中還包括中隊長迪克．貝斯特。「日本人正在計劃攻擊中途島，」史普魯恩斯告訴他們。他隨後繼續講述作戰行動：六月三日，日本人將會攻擊阿留申群島，但這不過是一次「牽制佯攻」。他們的主要攻勢會發生在六月四日，當天四艘航空母艦——赤城、加賀、蒼龍及飛龍——會攻擊中途島。貝斯特還記得，「這些內容真的令人難以想像。」他覺得這聽起來令人難以置信。「萬一他們不攻擊中途島？」他問，「假如他們繼續向東，又一次攻擊珍珠港，甚至是檀香山？」史普魯恩斯的參謀官打斷了他的提問並回答：「嗯，我們只能希望他們別這樣。」說得太多的話，就可能會冒上洩漏海軍的情報來源的風險了。所有能說的，就只有在六月四日當天，飛行員會一路向西，獵殺四艘日本航空母艦[135]。

五月三十日，包括約克鎮號在內的第十七特遣艦隊出海了，約克鎮號可說是維修到最後一刻[136]。出航時樂隊演奏的是「加利福尼亞，我來了」（*California, Here I Come*），讓有些人認為這是針對港內潛在的日本特務的欺敵措施。但正如史丹福．李林澤所言，「我們可沒有這麼笨。」他們同樣也感覺得到，某一件比西岸巡弋更為重要的事情差不多要登場了。約克鎮號航空大隊在第二天飛到與航艦會合，同行的還包括來自薩拉托加號的多個飛行中隊，他們是用於替補之前的戰損。有很多飛行員都是菜鳥，這是他們第一次進行航艦降落。有一架來自這機群的戰鬥機飛行員，降落速度太快，還在飛行甲板上彈跳了一下，徑直撞上了前方的另一架格魯曼F4F戰鬥機，撞死了在裡面的飛行員[137]。當約克鎮號離開歐胡島，通過考艾島（Kauai）再駛進公海之後，耳語傳遍了所有官兵之間，按李林澤寫道，「我們正要前往中途島與艦隊會合，我們準備讓日本人執行下一次計劃時大吃一驚」。這一次驚人的維修時間，還有在如此短時間內讓所有人再次出海，尼米茲承諾結束後，約克鎮號將會進行一年期的整修。從擴音器聽到這句話時，李林澤記得整艘船的歡呼聲都響徹了雲霄[138]。

到了海上，各艘航艦都會執行例行性作業。每一天艦隊內的一艘航艦，都會負責派出無畏式進行四小時的偵察巡邏。這些飛機都會按照既定的飛行模式，在這支聯合特遣艦隊四周飛行，以尋找日本人的蹤跡。不管找不找得到什麼，這個任務對飛行員來說還是很難受的，特別是那些菜鳥。約克鎮號上，來自密蘇里州布藍茲維（Brunswick）的保羅．「左撇子」．荷柏格（Paul "Lefty" Holmberg），就覺得這難以忍受。他在差不多兩個月之前加入該中隊，對於從航艦上起飛感到十分擔憂，更何況在一次四小時飛行後還要降落，戰鬥任務就更不用說了。企業號上也同樣有菜鳥。光是第六偵察機中隊的十七名飛行員當中，就僅有七人之前有投過實彈[139]。

如果他們沒有飛行的話，飛行員都會在待命室等候。企業號上，卡拉漢就對所屬下了一個特殊命令。他叫他們去練習調整歸向裝置，這樣他們就能以極快速度找到企業號發出的訊號。隨後，他又與飛行員討論中隊該如何接近日軍艦隊：透過先從西南向中途島飛，然後再轉向西北，這樣就能從日本人眼中隱藏美軍航艦的確切位置。卡拉漢還說，在某個指定的日子不會有偵察機起飛。這次任務與大多數的都不同。當發現敵方艦隊時，整支打擊部隊都會升空作戰。為了消磨時間，第六偵察機中隊找來了一大堆日軍作戰船艦的比例模型，當中就包括日軍航艦，將模型放在地上後，飛行員站在椅子上，模仿從兩萬英尺高空俯瞰向目標船艦，還有在攻擊高度上辨識它們[140]。迪金森說，這是他們的「巫毒」法術，是一個讓他們的幻想降臨在現實的魔法。

假如這是飛行員預期事態發展方向的話，他們同樣有多個重要的戰術議題待解決。按克萊斯所言，在海爾賽掛病號前，他曾親自與卡拉漢交談。海爾賽希望能讓野貓式戰鬥機保衛航艦，然後只派無畏式前往攻擊，讓毀滅者式魚雷機待在機庫。這是基於海爾賽認為魚雷沒用。卡拉漢將這個想法傳遞了出去。「就算部署魚雷機作戰，如果有的話，」他說，「也只會用作隨機短程偵察。[141]」這場戰役會由最快找出敵人，然後最先作出打擊的一方獲勝。這兩個任務都將會由無畏式來執行。尼米茲預計戰鬥已經迫在眼前，而他肯定海軍已經準備好了。他在六月二日晚上寫道，「又是忙碌的一天。」「又是焦慮地等待某些事情發生，而我們比過去任何時候準備得更為充足。[142]」

超過一個星期，中途島上的飛機每天都執行每日偵察巡邏任務，每一次都超過十二小時。這些飛行任務都是由ＰＢＹ卡特琳娜水上飛機（PBY Catalina）執行的，一型有七名機組人員的大型飛機，設計用於執行一大堆任務，包括攻擊及救援行動。來自肯塔基州帕迪尤卡（Paducah）的傑克・里德少尉（Jack

Reid），是負責六月三日早上飛行的飛行員，而他才剛剛抵達偵搜任務的中途標記點。他現在身處中途島以西大概七百英里的位置，也差不多要返航了，但他的組員卻要求更多時間，希望能遇上駐在威克島的日軍飛機。里德很願意再徘徊半小時，看看會發生什麼事。隨後，他在地平線看到一些斑點。這已經是一段長程飛行後了——這是擋風玻璃上的污漬嗎？他拿一塊破布擦了擦。「我的天啊，」他告訴副駕駛說。「水平線上那些不會是船吧？我相信我們中了頭獎。」早上九時二十五分，他透過無線電回報說，「發現敵方主力。」這是「一份使得我們航艦上每一個人都為之一振的報告，」迪金森回憶道。「我們的感覺是：終於！是期待已久的接敵。[143]」

尼米茲心裡有數。他在位於夏威夷的總部收到報告後，他就透過無線電通知在約克鎮號的佛萊契少將。尼米茲說，「主力，並不是，重覆，不是，敵方的特遣艦隊。」尼米茲正確地辨識出這是登陸艦隊——換言之，並不是危害性高的航空母艦所在的機動部隊。尼米茲然後又發出一則訊息給在中途島，以及周遭的部隊：「事態正如預想般發展。我們最重要的目標，航空母艦，應該很快就能被定位了。明天也許就是你們對他們動手的日子。[144]」

一九四二年六月三日一整天，緊張氣氛開始在美軍航艦上醞釀成形。喬治．蓋伊正在大黃蜂號第八魚雷機中隊的待命室內等待。前一天，史丹普．林恩說服了他的中隊長們，告訴他們將要應對什麼：當發現日本人後，在早上派出一波攻擊，然後在中午再重複攻擊一次。由戰鬥機護航的無畏式，會在高空領頭，而第八魚雷機中隊的毀滅者式，就會在低空擔任後隊[145]。但到了傍晚，華德隆進入了待命室，不發一言地遞出了一條打字的訊息。它的語氣在鼓舞與無奈之間交錯著。「我覺得我們全都準備好了，」他寫道。「在最為嚴重的困難」之下「我們已經辦到了人類所能達致的程度了。」此外，他又希望能有「一個有利的戰術態勢。」但「如果在最壞的時候，卻又出現了最糟糕的情況，」華德隆繼續寫道，「假如只有一架魚雷機能倖存進行最後的投彈，我希望那個人能飛進去然後命中目標。」當他的飛行員還在閱讀這則訊息時，華德隆宣佈，「接下來的戰鬥，將會是戰爭爆發以來規模最大的，而且也很可能會是一個轉捩點。」他說，「這會被稱為中途島會戰。[146]」

企業號上也舉行了同樣的會議。史普魯恩斯少將召集了韋德．麥克勞斯基少校，還有企業號艦長喬治．莫瑞（George Murray）到他的艙間。這是麥克勞斯基首次得知海爾賽生病，還有由其他人接替的消息。在那裡，麥克勞斯基授權閱覽尼米茲下達的命令，當中就包括了日軍艦隊的預期規模及配置的詳盡情報[147]。據信中途島即將遭受四到五艘從西北方迫近的日軍航艦攻擊[148]。

在第六偵察機中隊的待命室裡，飛行員都焦躁不安地等待著資訊。少數人睡著了，但大多數人都保持清醒，「來回踱步，討論事態的各種可能性。」在那裡當然一片緊張，但同樣也有某種程度上的滿足感。「這是一種榮幸，」迪金森說，「與你的飛官弟兄相視傻笑，這樣的微笑無聲勝有聲地表達出，我們有多喜歡這個在我們的基地附近海上逮到了日本人的想法。」[149]那是一種報復心態，一種希望能對日本人施以痛擊，讓他們飽嘗攻擊珍珠港應有的懲罰。那還有一種惡作劇心態。迪金森對卡拉漢微笑，因為他們都是共謀者，很榮幸能共享共同的命運。

每個人都在參與作戰前的準備。阿爾文．科楠還記得，他有好幾個小時都在把機槍子彈裝進彈帶裡。這些彈帶稍後就會裝填上無畏式，供它們的五〇機槍在戰鬥中使用。這些彈藥運抵時，都還裝在硬紙板箱子中，留著它們將會是潛在的火災源頭。科楠及另一名水兵在六月三日晚上，授命把這些硬紙板都送到焚化爐去，以準備第二天的戰鬥。焚化爐是在一間很小的艙室裡，室內溫度之高，讓人們不得不脫到只剩下內衣褲的程度，一個人負責打開火爐的門，另一個人就負責把硬紙板送進爐內。三不五時，一發因疏忽而被留在硬紙盒裡的子彈，就會在火中因過熱而炸開。他們工作了一整夜，科楠還記得，「在那令人沸騰的高溫之中，充滿了汙濁的垃圾氣味，火光還會怪異地照亮那個小空間。」[150]

與此同時，約克鎮號上那三個預定要領隊攻擊日本航艦的中隊長們——第三轟炸機中隊的麥斯威．列斯利、第三魚雷機中隊的勞倫斯．「萊姆」．梅西（Lawrence "Lem" Massey），還有第三戰鬥機中隊的「吉米」．薩奇——聚首一堂討論戰術。討論的主題是，他們要拿戰鬥機怎麼辦。那並沒有足夠的戰鬥機能同時為無畏式及毀滅者式提供掩護。他們三人軍階相同，都是少校，而且沒有任何一人像大黃蜂號的華德隆性格那樣，對計劃總是堅持己見。因為騎士精神或逞能冒險，全部人都拒絕了戰鬥機掩護：列斯利及梅西兩人都堅持戰鬥機應該為對方護航。而從珊瑚海海戰的經驗來看，由於魚雷機擊中所造成的傷害甚多，薩奇決定他會為梅西護航。不過，他預料隔天他至少應該有八架戰鬥機能調遣運用[151]。而在同一天晚上，第三戰鬥機中隊的迪克·克倫威爾上尉（Dick Cromwell）就強調了即將來臨的戰役的重要性。「美國的命運，」他告訴集合的飛行員、無線電手及射手們，「現在就掌握在二四〇名飛行員的手中，」他是指三艘航艦航空大隊的總和[152]。

所有官兵——並不只是航空人員——極度需要這樣的鼓舞。與另外兩艘航艦的艦員不同的是，約克鎮號官兵疲憊不堪。過去一〇一天，他們不是在作戰，就是在準備作戰。第三魚雷機中隊的待命室中，飛行員威廉·「比爾」·艾德斯（Wilhelm "Bill" Esders）正在默記被指派的攻擊目標[153]。李林澤覺得「一種恐懼的氣氛盤旋在約克鎮號上…一種不祥之兆的感覺。」儘管已經從珊瑚海那樣糟糕的情況下挺過來了，還是有這種感覺。「有一些飛行員，」最起碼對他來說是這樣，「有著因為焦慮而生的神經質般的搞笑心態。」他們探討自己的境況，然後哈哈大笑。但李林澤並不苟同。他在漆黑之中躺在自己的床鋪上，久久不能入眠。「我害怕，」他之後寫道，「一種恐怖的，使人無法動彈的恐懼抓住了我——動物本能的恐懼，狂野的恐懼…它正在扼殺我…我孤身一人躺在這片黑暗之中，被我自身對即將來臨的恐懼所吞噬。[154]」

三艘美軍航艦上的官兵正與他們的家人，還有他們的神平靜相處。第六戰鬥機中隊詹姆士·格雷中隊長回憶道，「我很懷疑在六月三日的晚上，企業號上還有沒有無神論者。[155]」大黃蜂號上，華德隆正在寫信給他的妻子阿德萊德，「我們正處於要執行一項很重要工作的前夕。」儘管他把一段很正面的訊息打字出來，分發給他的部下，他太清楚這當中的風險了。「如果我回不來的話，」華德隆告訴阿德萊德，「你與小女孩們都要了解到，這個中隊為了海軍作戰上最崇高的目標作出打擊——為了擊沉敵人。」儘管他很愛他的家人，而且也長久渴望著與她們同在，他說，他的「工作就在這裡作戰。」隨後，他又轉回去「魚雷攻擊的事情」上。「我知道，」他說，「我們需要有一段休息的時間了。[156]」

六月三日，克萊斯獨自沉思的時間，是自珍珠港攻擊以來最久的一次。坐在他所屬中隊的待命室，他看了看其他飛行員，還有在板上的地圖，然後發現將要締造歷史的意識讓他感到口乾舌燥。他在日誌中寫道：「明天似乎是一個大日子。」那天晚上，他拿出了一張紙，開始寫信給珍。他發現自己正試圖寫下他的「生命觀與海軍事業觀。」首先，他發現自己有不祥的感覺，這種感覺很熟悉。畢竟，在過去五個月中，他已經從三場戰役當中倖存了下來。不管在中途島再發生什麼事，那也是再重複一遍而已。那當中還帶有一絲的懊悔。「我在擔憂接下來的這一場戰鬥。我明天會死嗎？我懊惱的是，我也許沒辦法活著回家與珍結婚。我最初的不情不願，已經愧疚地侵蝕盡去了。」現在已經別無他法了，唯一能做的就只有在明天好好表現。他寫完這封給珍的信後，就睡覺去了。

機動部隊的官兵之間，類似的情況也在發生著。日本人沒有預期會在幾天之內遇上美軍航艦，但他們知道迫在眉睫的中途島作戰，明天就要開始了。森拾三，其中一位將會用一千七百磅炸彈把中途島機場跑道砸出一個大坑洞的日軍飛行員，正在試圖休息。但是，如他所回憶道，「既潮濕又汙濁的空氣，還有對於接下來任務的興奮之情，使得要睡著根本不可能，」最起碼在一開始是這樣。躺在他的床鋪上，森聽到飛行員弟兄在整裝備戰時的玩笑聲。「我說，」有個人一邊摺起一塊布料一邊說，「如果我明天死了，把這個放到我的骨灰罈裡。」慢慢地，交談聲漸漸減少，最後一個人也上床睡覺了，而森最後也在那些鼾聲如雷的同袍之中，不知不覺睡著了[157]。

這裡是一個冰冷又無情的世界，是克萊斯所害怕的「另一個世界。」這是一個他與他的中隊成員在飛行著的世界。不知不覺，他們從這個世界抽走了自己的青春，而且現在還向著暴力奔馳，向著混亂與暴怒奔去。這會是他們盡心盡力造就的暴力。這是他們被訓練來執行及忍受的暴力。「這樣子說很奇怪，」克萊斯承認，「太平洋戰爭的命運似乎就壓在了我們的肩膀上。」

# 第二部　會戰期間

# 第四章　大戰迫近

六月四日，當日本海軍機動部隊的艦上響起起床號時，天空還是漆黑一片。南雲忠一中將與他的參謀們聚集在赤城號的艦橋上。那是一個很小的房間，大概十五乘十二英尺的地方，是位於飛行甲板之上好幾層的空間，裡面有一張海圖桌、一個海圖櫃，還有數個安裝在旋座上的雙筒望遠鏡。這個艦橋站滿五名軍官之後就很擁擠了；南雲只能與他的部下肩並肩地站著。

剛過去的夜晚，沒有出現什麼驚人的事情發生。夏威夷附近的潛艦哨戒線沒有傳來什麼報告——南雲認為這意味著美軍艦隊仍在港內。而機動部隊這時正在波濤洶湧的大海乘風破浪，穩定向前航行，已經來到中途島西北大概二二〇英里左右了。凝視著黑夜，南雲已經看到濃霧散去，但低空中的厚雲層依然讓星空抹上了一團團汙漬似的。不久之後，中途島就會進入打擊範圍。目前為止，一切都如山本五十六大將的計劃想定般發展著。

飛行甲板下方，人們從清晨〇一三〇時就開始工作了。在封閉式機庫內，地勤人員正在把攻擊中途島用的觸發式引信炸彈掛載到飛機上。這些炸彈在命中地面設施時，就會在接觸那刻引爆。每一艘航艦都會派出機隊執行這個任務，因此打擊部隊總戰力有一〇八架飛機，還有戰鬥機護航。

這些飛行員當中的其中一人，就是蒼龍號的森拾三。他還記得在經過一夜好眠後被喚醒的經過，而且還覺得精力充沛。「我感到信心十足，」他說，「我一定能妥當地執行我的任務。」當天的早餐是赤飯，這是一種在特殊場合食用，把白米與紅豆混在一起烹煮的主食。然後，森便換上了他的飛行服，並在艦上神社參拜祈福，祈求「武運長久」。除了記事本及地圖外，他兩手空空：艦攻機中隊是不會帶降落傘的，他們認為被俘虜是一種恥辱[1]。

在機庫甲板，森拾三協助地勤把飛機推上升降機，然後再上去飛行甲板與之會合。海風令人心曠神怡，當蒼龍號乘風破浪時，浪花便會灑落在甲板上。森在黑暗中深深吸了一口氣，發現鹹味的海風與浪花使人精力充沛。他只能清楚看見眼前數英尺的景象。人們在黑暗中互相呼叫著對方，船艦在腳下晃來晃去的同時，把飛機推向預定位置。森找到了他的飛機，一輛推車正在座機掛載炸彈的下方，讓他測試確認投彈釋放機制。那只是一個簡單的動作，但仍然是個複雜的行動：他就在自己的座機旁被黑暗所吞噬。為了安撫自己的緊張感，他吸了一口菸，然後就是出發前最後簡報的時間了。飛行員及機組員聚集在一起，把手錶對時，並記下蒼龍號的確切位置。中途島現在就剛好在一八〇英里外。戰鬥將在不到一個小時之內展開。

擴音器中傳來命令：「所有人員至起飛位置。」當飛行員已經安坐在駕駛艙內：「啟動引擎。」飛機彷彿有了生命般咆吼起來，四艘在箱型隊形內的航空母艦轉向迎風航行，這種航向能讓飛機更容易起飛。在十分鐘的暖機期間，森檢查了機上的儀表，還有聆聽發動機的聲響。他把嘴巴靠在傳聲管前，呼叫他的導航員及後座射手。他們已經準備就緒。隨即他打開了機翼燈，示意「準備好起飛。」接著，艦橋宣佈「開始起飛，」訊號官把手上的綠色訊號燈揮動成一個大圈。甲板人員檢查了甲板狀況以進行起飛，那些在船舷兩側的砲座內的官兵，發出響亮的歡呼聲，在零戰及其後的轟炸機沿著甲板急馳向黑暗中起飛時，向它們揮帽致意[2]。

十五分鐘之內，一二二架飛機升空了。十二架是為機動部隊提供戰鬥空中巡邏的零戰。兩架是支援偵察巡邏的魚雷機。剩下總數一〇八架轟炸機，將會在淵田美津雄的替補人選，友永丈市大尉擔任總指揮帶領攻擊中途島。友永丈夫是一位能力出眾的飛行員，也是對華作戰的老兵。這是他第一次在太平洋執行作戰任務。在他的指揮之下，日本攻擊機群組成編隊並向南進發。

可是，正如淵田微妙地指出的那樣，友永當時所率領的並不是「第一流」的飛行員。按照山本五十六的計劃，南雲把他最好的飛行員留作預備隊，以應付美軍航艦比預期中還要更早出現的狀況。與中途島打擊部隊不同的是，這些飛機都在飛行甲板下方機庫待命，並掛載了魚雷及對艦用的延時引信炸彈[3]。與此同時，南雲也設置好一個標準的戰鬥巡邏任務：每艘航艦都要派出一群飛機，或稱小隊來負責機動部隊上空不同的扇形區。它們有一半在四千英尺高度，另一半在兩千英尺高度。這個戰鬥巡邏總共只有十二架零戰，對於如此大的空域來說是極小的數字。四艘日軍航艦以一個佔海面二十五平方英里的箱型隊形在海上航行，支援船艦就擴散得更遠了[4]。

原田要是一位從蒼龍號上起飛，擔任戰鬥巡邏之一的零戰飛行員。在珍珠港時，他已經被指派去擔任戰鬥巡邏了。他討厭這個任務，並希望他能執行攻擊作戰[5]。日軍飛行員都厭惡戰鬥巡邏。與進攻性的空襲相比，戰鬥巡邏是一項平淡無奇的工作，特別像今天，敵機預計好幾個小時，甚至更要長的時間都不會出現。原田在起飛時預料，今天又會是個平靜的一天[6]。

赤城號上，淵田可沒有那麼自信滿滿。因為盲腸炎手術過後還在休養的他，使盡辦法來到了艦橋下方的飛行管制台。在起飛的嘈音及壯觀的畫面當中，發現自己的自豪感已經被持續增長的不安所取代。低雲層為機動部隊提供了掩護，但同樣也會掩護任何可能已經抵達上空的美軍飛機。淵田不禁懷疑，假如戰鬥巡邏是有必要的話，十二架飛機足夠嗎？他同樣對於偵察機才剛起飛一事感到擔憂。這些飛機還得先飛行好幾個小時，才能夠進行有意義的偵察。與此同時，雲層下的航艦是如此容易受創。至於為何，他說不上。這種不安，再加上身體不適，突然使他感到暈眩，進而返回甲板下方休息去了[7]。

美軍航艦正在日軍機動部隊以東二〇〇英里處。在友永及其弟兄起飛前一個小時，大黃蜂號上響起了「就戰鬥部署」的號令，然而很多飛行員一早已經在中隊待命室內候命了。一開始，這只是重複著前一天的行程。與很多其他船艦一樣，第八魚雷機中隊的待命室是一個由低矮天花板及粉刷過的鋼製隔艙壁所組成的狹小空間。這個空間被一個三平方英尺的投影布幕所佔據，電傳打字機接收到的訊息會投放在上面。飛行員躺在皮製躺椅上，有些在睡覺，有些在與其他人閒聊。他們全部人都有紙筆在手。任何時候，電傳打字機都可能突然活過來，很快地投影出日軍艦隊的航向及距離。不過，目前來說，那個機器還是很安靜，而室內也充滿著坐立不安的氣氛[8]。

美軍其他航艦上的情況也差不多。企業號上，當起床號響起後，水兵及航空大隊人員開始聚集吃早餐。每個人都有自己一套吃法。對某些人來說，這是一件悶悶不樂的時光。無畏式飛行員路・霍普金斯就記得這種緊張的氣氛。「我不認為大家都很餓，」他回憶道，「他們基本上只是把餐盤上的蛋推來推去。[9]」但當時還是有其他人吃起來就像克勞倫斯・迪金森那樣，「表現毫不做作，看起來就像是在大海上的另一個日子。[10]」飛行員隨後前往各自的中隊待命室，在那裡研讀地圖、玩卡牌遊戲，或者是打盹。有些人像厄爾・卡拉漢那樣，覺得胃裡就像有隻「蝴蝶」，這不是恐懼，而是因為不確定性而感到忐忑不安[11]。就飛行位置及就戰鬥部署的命令，在早上已經發出過好幾次，當太陽已經直射美國航艦上空時，還是沒有發出起飛命令[12]。

「灰塵佬」．克萊斯已經準備好了。吃完早餐後，他就換好了自己的飛行裝備：一件長袖的卡其色襯衣及卡其色褲子。在襯衣下方，他穿上了一件珍寄過來的毛衣。然後，再三檢查所有個人裝備。上左臂口袋裡是一枝標繪航向必不可缺的鉛筆。胸袋裡是一枝手電筒，還有兩瓶口紅筆大小的容器，一瓶是凡士林，另一瓶是麻黃素。在他的褲袋裡，有一個後備手電筒、新的電池，還有兩塊羊毛破布——一塊是用來抹他的繪圖板，而另一塊是用來清潔座艙擋風玻璃的。圍繞著頸部的是救生衣，而掛在背後的就是降落傘。他其中一隻手還拿著頭盔及護目鏡[13]。

當往下走進機庫甲板時，他很驚訝地看到毀滅者式魚雷機正在掛載彈藥[14]。他的老朋友湯姆．艾佛索也在附近。艾佛索看起來一臉擔憂，他告訴克萊斯，他的中隊將會被派去與打擊部隊一同行動。他們兩人握手並互祝對方好運。這是一個很短暫的交流，因為已經沒有時間詳談了。知道艾佛索很可能沒法從攻擊任務中倖存的克萊斯，突然感到情緒激動起來。當眼淚湧出他的雙眼時，他的好朋友的面貌也開始變得模糊[15]。

從當天〇四〇〇時開始，美軍的卡特琳娜偵察機就開始對海上進行搜索。他們從中途島開始以扇形對外輻射，就是為了找出日軍機動部隊的位置。〇五二〇時，其中一架卡特琳娜發現了一架日軍飛機，然後還有一艘日軍航艦。然後，透過雲層間的縫隙，一個令人震驚的畫面出現在眼前。霍華德・艾迪（Howard Ady）透過無線電回報，他看到了「兩艘航艦及主力艦隊」以及「很多很多飛機。」這些報告一封接一封，很快速地傳回來。史普魯恩斯接收到這些無線電報告後，向他的參謀長下令道：「在盡可能快的情況下派出你手上的所有飛機，以及打擊敵方的航空母艦。」[16]

這對南雲來說是十分沉重的打擊。卡特琳娜偵察機逃過了一劫，日本人知道自己已經喪失了奇襲的契機。日本人還截聽到它發出了一份很長的無線電報告。任何在美軍飛機還停留在地面時對中途島施以打擊的期望，現在都只能放棄了。[17]

當飛機還在飛向中途島，海上的作戰已經一早開始了。由威廉・波克曼（William Brockman）指揮的美國海軍鸚鵡螺號潛艦（USS *Nautilus*, SS-168）在〇五三〇時接到「大量飛機」的報告後，便前往這些飛機可能的源頭進行調查。不久後，波克曼便看見空中出現飛機編隊。當中的一架零戰猛撲而下，以機槍開火射擊。波克曼隨即指揮潛艦下潛至一〇〇英尺深度。數分鐘後，他返回潛望鏡深度，並發現了「一個四艦編隊」，是機動部隊的前衛。在準備趕到前方進行攻擊時，波克曼又遭到一架零戰從上空掃射。然後又有一輪深水炸彈進行攻擊。他只能下潛到九十英尺深度，並期待日本人會駛離。

到〇五五五時，中途島上的雷達探測到「極大數量的不明飛機。[18]」八分鐘後，第十六特遣艦隊收到從卡特琳娜偵察機發來的更多訊息：「兩艘航艦及戰艦，方位三二〇，距離一八〇，航向一三五，航速二五。[19]」現在可得要瘋狂地快速動員中途島上的飛機，讓它們趕在日軍開始攻擊中途島前全部起飛了。

來自華盛頓特區，當時負責駕駛其中一架自中途島起飛的卡特琳娜水上飛機，阿倫．羅森博格（Allen Rothenberg）還記得，「在大概早上六點左右，天色開始變亮。[20]」隨著白天來臨，中途島機場的飛機也開始活絡起來，並發出發動機啟動機運作時的砰砰聲。首先起飛的，是一個中隊共二十七架的布留斯特F2A「水牛式」戰鬥機（Buffalo），它們是用於保衛中途島的。然後是一個打擊機群，某程度上，那算是一個由多種不同飛機，臨時湊合的機群，當中包括魚雷機、重型高空轟炸機，還有俯衝轟炸機，當中不少是無畏式俯衝轟炸機。包括戰鬥巡邏在內，這些飛機總計有八十四架，是日軍部隊的三分之二戰力。

〇六一五時，友永發出訊號，「目視目標。[21]」兩分鐘之後，他的飛行員開始組成攻擊隊形。在這些人員當中就包括了森拾三，「所有人都緊張了起來，而且準備好開始戰鬥。」中途島就在他們下方等著，看起來毫無防範。頓時，在森前方的俯衝轟炸機突然爆炸成一團火球，並且從編隊中墜落。佛洛伊德．「紅髮」．帕克斯少校（Floyd "Red" Parks）還有他麾下的戰鬥機來到了現場。「該死！」森立即想到，「他們起飛並在這裡等候我們了。」這是一個匆忙混亂的場景。大約一百架飛機壓桿橫飛，試圖尋找角度來朝對方發動攻擊。這種混亂場面，可以說是敵我難分。帕克斯少校也被擊落了，儘管成功棄機逃生，但他在降傘時卻遭一架零戰以機槍命中。友永與他麾下的飛機繼續進場，並在數分鐘之內重整編隊，彷彿什麼事都沒有發生過似的。

對中途島的攻擊在〇六三〇時開始[22]。對於在地面上，那些已經因為友方戰鬥機迅速起飛而震驚的人們來說，日軍攻擊部隊帶來了很可怕的畫面，部分畫面還被約翰·福特以影片拍攝下來。福特的攝影機記錄了空襲警報器淒厲聲響、機槍開火的哐啷聲，還有空襲斷斷續續的轟隆聲。森拾三無視那些出乎意料的重型防空砲火。「你永遠都不可能用那種差勁的射擊來命中我們的，」森這樣想道[23]。人們向各個方向奔走逃命，試圖尋找掩護。

到最後，陸戰隊統計有「十四枚炸彈投在東島（Eastern Island）上。」戰鬥機也持續對島上的砲位進行掃射。島上的發電廠已經被摧毀。油料管線也被炸斷。醫療室及工兵營帳也受損。更糟的是，指揮所、餐廳及營站都被摧毀[24]。日軍伊一六八號潛艦艦長田邊彌八從潛望鏡向中途島觀望時，便發現「那座島已經變成一團團的紅紅烈火」，而且還被「一層又厚又黑的濃煙」所覆蓋[25]。美軍飛行員承受了極沉重的損失：十四架戰鬥機被擊落，是接近一半的戰鬥巡邏戰力。十三位飛行員在戰鬥中失蹤，一人確實陣亡，還有四人在戰鬥中受傷。這座島在日軍攻擊之後，實際上已經毫無防禦能力，而日本人只損失了六架飛機。

不過從戰術上而言，這次攻擊可以說是失敗的。日軍僅僅在跑道上留下了幾個小洞：中途島仍然是一個能運作的機場，而且還能繼續對機動部隊發動攻擊。尼米茲仍然保有能動用實際上等同第四艘航空母艦的中途島空中戰力。遠遠早在友永在集合區域重新集結日軍飛機回航之前，他已經透過無線電向南雲報告：「有必要進行第二輪轟擊。[26]」

差不多同一時間，企業號終於接到起飛命令。擴音器中傳出「飛行員，登機就位。」卡拉漢胃裡的「蝴蝶」一下子就消失了。他現在「有任務要執行。[27]」出人意料，韋德．麥克倫斯沒有與他的中隊長們召開飛行前會議，以協調各中隊間的行動。因為那時出現了人事上的臨時改動。麥克勞斯基原來的後座射手在一次意外中不小心摔破了他的眼鏡，所以麥克勞斯基只能找另一個人，華特．考查留斯克（Walter Chochalousek）接替[28]。第六魚雷機中隊的塞維林．羅巴赫同樣接收了另一個後座射手。不過，大多數人還是與他們熟識的射手一同升空。他們都會執行一個透過訓練而熟能生巧的任務。

當時飛行甲板上溫度已高，而當機組人員出現在空曠的飛行甲板時，他們便被刺眼的陽光照得暫時失明。他們要做的第一件事就是檢查座機，還有出於迷信，踢了踢輪胎[29]。來自加州斯托克頓（Stockton），年僅十八歲的後座射手唐・霍夫（Don Hoff）在登上無畏式的機翼時，雙腿正在發抖。當他扶住機身以便在艙內坐下時，發現自己的手也在顫抖。這可是他第一次參與戰鬥[30]。其他人覺得興奮激動。迪克・貝斯特爬進他的無畏式時，就看了看已經坐在後座的射手，來自加州洛杉磯的詹姆士・莫里（James Murray）。「莫里，是時候了，」貝斯特說。「就像電影那樣。[31]」

阿爾文・科楠在這個時候已經完成垃圾焚燒工作。他已經筋疲力盡，但仍然決定要協助把彈藥掛載到將要參與戰鬥的艦載機上。換了一套乾淨的衣服後，他穿上了紅色背心及紅布頭盔，然後爬上了一連串能把他帶到飛行甲板上的舷梯群。他與另外一名軍械士在一個炸彈升降機旁等候著，那是一個很狹窄，只有三乘四英尺的井狀通道，從飛行甲板一直向下延伸到彈藥庫。彈藥庫是一個接近龍骨的艙間，彈藥都集中在那裡。當科楠沿著那井狀通道，一直向下望去船艦數百英尺深處，一顆亮黃色的炸彈被滾動到升降機上。它開始向上升，穩定地徐徐變大，最後猛然地浮現在陽光之下，準備好被掛載到無畏式的投彈架上[32]。

飛機已經由維修人員推到定點——意思是，由他們安排及準備好在飛行甲板上。這就像某種拼圖——大概六十架飛機就安排從飛行甲板末端開始，機翼接機翼地緊密放在一起，所以甲板餘下的空間就能用作起飛。當飛機停泊妥當後，就會在飛機之間快速移動，確保各機完全加滿油料，還有掛載需要的武裝。科楠與他的紅頭盔軍械士，會兩兩一組去檢查每一架飛機。帶著一輛特殊的手推車，他們會把正確的彈藥移動到每一架飛機下，再把彈藥掛載上去。當固定妥當後，就會在炸彈前端插上引信，然後把一條很長的銅製備炸線路穿過引信保險葉片上的洞口[33]。炸彈酬載量及引信設定部分由任務性質決定，部分由可供選擇使用的彈藥決定，還有部分由飛機在甲板上的位置決定：起飛距離越短，裝載的炸彈重量就越少。偵察機中隊的無畏式配發的是機體下方一枚五百磅炸彈，以及機翼下方兩枚一百磅炸彈；其餘的無畏式都一律掛載一枚一千磅炸彈。比較大的炸彈有延時引信，在穿透目標後再引爆；較小的會用在觸碰到目標時引爆的觸發引信。毀滅者式機體下方掛載的魚雷，同樣設定成在觸碰到目標時引爆[34]。

現在飛機全部都在飛行甲板上排列妥當，彈藥掛載完畢，油料也補充完畢，起飛的時刻來臨了。飛機長會用曲柄啟動慣性起動器*，這會讓發動機及螺旋槳轉動至足夠讓發動機啟動的程度[35]。克萊斯將目鏡戴好，往後一瞥後座射手約翰．史諾登，然後在座位上坐好。發動機跑順了。那聲音——克萊斯還記得是「三十三個憤怒的電鋸組成的合唱團」——可說是震耳欲聾[36]。

一架接一架，無畏式開始在飛行甲板上飛馳。麥克勞斯基首先起飛。迪克．貝斯特那一架掛載了一千磅炸彈的飛機，在猛衝出甲板後向下俯降。他的射手詹姆士．莫里留意到，水兵們都跑到艦艏去看看他們到底發生什麼事，不過貝斯特已經離開水面，然後保持在低空飛行，慢慢爬升以獲得高度[37]。其中一位在貝斯特之後起飛的路．霍普金斯感到惴惴不安。這是他第一次掛實彈起飛[38]。他的緊張情緒對他的射手來說一定很明顯。坐在飛機另一端的射手，為了他的寶貴生命，準備在最壞情況下棄機逃生。事實上，他們兩人很快就安全升空了。他們的擔憂，同樣見諸於眾多菜鳥飛官之間，包括麥克勞斯基的兩位僚機飛行員。在第六偵察機中隊當中，十六位飛行員就有超過一半都是菜鳥，而且很多人沒有經歷過實彈任務[39]。儘管如此，起飛期間並沒有人遇上什麼不幸事故。不久之後，克萊斯也升空了。不過，幾乎在起飛後沒多久，克萊斯的其中一名僚機，艾爾多・「羅迪」・羅當堡（Eldor "Rodey" Rodenburg）發現座機發動機出現故障，被迫回到企業號[40]。

當他們爬升過一萬四千英尺後，飛行員都啟用了供氧系統[41]。第六轟炸機中隊貝斯特中隊長立刻就注意到問題。他的喉嚨及肺部出現灼燒的感覺。這是由他的面罩提供的氧氣所致，但他挪不開它：在這個高度，沒有其他方法能正常呼吸。後來貝斯特發現，座機上其中一瓶氧氣瓶有缺陷。用於去除空氣中濕氣的氫氧化鈉粉塵，滲透進入了他的呼吸管。貝斯特在接下來的五分鐘都在吸這些充滿塵埃的空氣，對他的肺部造成了可怕的傷害[42]。他一度考慮要不要回到航艦上接受治療，但他決定留下來與他的中隊一起——這將是一個對於當天早上的戰鬥，有著重要結果的決定。

大概四十分鐘之後，貝斯特與他的飛官弟兄仍然在企業號上方盤旋。他們一直在等待航空大隊其他成員的加入，好發起協同攻擊。「我們就待在那裡，待在那裡，」其中一位無畏式飛行員東尼・薛內度

---

＊編註：plane captain，負責對飛機進行最終檢查並引導艦載機駛向起飛位置的人員。

（Tony Schneider）回憶道，「好像直到永遠。[43]」護航的戰鬥機，還有魚雷機，彷彿要等到天荒地老才能放飛。最後，史普魯恩斯接到一份可能的日軍目視報告，而且開始變得不耐煩。他決定放棄作戰準則要求的協同攻擊，決定讓在空機先行出發，以免浪費更多的油料。他用燈號打出麥克勞斯基那裡所有人期待已久的訊息：「繼續進行指派的任務。[44]」

第六偵察機中隊及第六轟炸機機中隊編成下階隊形。第六偵察機中隊領頭，它的飛機以六架一組，每一組都在稍低及偏向側翼的位置。這樣，當他們被日軍戰鬥機突襲時，每一架無畏式的射手都能擁有一個不受阻擋的視野及射界。在他們後方是第六轟炸機中隊，由於他們掛載的炸彈較重，因此也較耗油。在編隊後方飛行，得以讓他們在第六偵察機中隊的氣流中飛行。當他們抵達目標後，這個編隊也能讓每一架飛機輕易離隊進行俯衝[45]。

第六魚雷機中隊是最後離艦的，因為毀滅者式需要一整個飛行甲板的長度才能順利升空。而他們因為中隊長傑納・林賽（Gene Lindsey）數日前在一次降落意外中嚴重受傷，不得不靠一位機械士把他抬進駕駛艙去，更進一步延遲了行程[46]。林賽無視所有乞求他不出任務的要求。林賽是努力促成了這一局的人，現在他想要看到打擊的當下。

從大黃蜂號上起飛的過程，也是差不多的毫無章法。第八魚雷機中隊約翰・華德隆中隊長完全理解他的毀滅者式魚雷機有多脆弱，而且也懇求能有戰鬥機護航。可是大黃蜂號航空大隊史丹普・林恩大隊長，還有該艦艦長馬克·「皮特」·密茲契（Marc "Pete" Mitscher）並不同意。他們認為，在珊瑚海海戰中被打得很慘的俯衝轟炸機更為脆弱。華隆德直到人員登機的命令下達時，仍然在艦橋與長官爭論。飛官喬治·蓋伊遇到了從艦橋下來的華德隆，雙方還有一段很激烈的言語交換。華德隆誓言保證林恩所知的日本航艦位置是錯誤的，而他，華德隆，會獨自帶領魚雷機群到達日本航艦的位置[47]。

與企業號的做法不同，當天早上大黃蜂號並沒有預設的起飛順序，艦載機是按照他們被飛行甲板人員就定位的順序放飛。機緣巧合之下，蓋伊是第一個離艦。意外的是，這是他第一次掛載魚雷登場。他在回憶錄裡坦承，「我們從來不曾實做過。」機身下方額外的一千磅重量，使得起飛更為困難，但他還是辦到了。航空大隊所有飛機升空後，他們就向西飛往林恩預期會找到日本航艦的地方[48]。把兩個航空大隊的飛機合算，總共有九十三架艦載機正前往攻擊機動部隊。

與此同時，第一架從中途島起飛的飛機，已經抵達機動部隊上空了。當赤城號整備兵曹鈴木弘聽到艦上廣播敵軍正在迫近的消息時，他還在吃早餐的飯糰，緊隨其後就是宣告敵機迫近的軍號聲了[49]。〇七一〇時，來自中途島的六架ＴＢＦ復仇者式轟炸機（Avenger），在蘭登·「費比」·費比靈（Langdon

"Fieb" Fieberling)的指揮下，對日軍艦隊發動攻擊，緊接著還有四架陸軍的中型轟炸機[50]。他們受到了日軍在空戰鬥巡邏的三十架戰鬥機的迎擊，立即就被宰殺了。美軍飛機太早投下魚雷，結果連一點損傷都沒有造成。其中一架陸軍飛機差一點就撞上了赤城號的艦橋，如果成功的話，那肯定會殺死南雲。然而，事實上，最終還是功敗垂成，機動部隊繼續毫髮未傷地前行。

不過，費比靈的犧牲，暴露了日本戰鬥機防空系統的一大不足。在雷達還未出現的年代，對空哨戒只能全靠目視確認。結果是，日軍沒有辦法在一定距離外攔截美軍空襲，而只能在迫近時，或者已經來到機動部隊上空時才能接戰。由於有額外的零戰升空支援，才使得南雲的在空戰鬥巡邏戰力急增，但他們只有很少時間能完成任務。由於日軍艦隊也在迎戰美軍空襲，所以這些零戰還得躲避友軍的防空砲火[51]。

也許是基於以上的不足，南雲選擇站在友永丈市的那一邊：中途島的空中作戰能力仍然是個威脅，第二波攻擊是必須的。因此，在〇七一五時，他下令那些原本待命迎擊隨時可能出現的美軍航艦的艦載機，換裝觸發引信炸彈。差不多在這個時候，在蒼龍號上降落的森拾三發現航艦變成「完全狂亂的瘋人院。」一飛行甲板人員正急急忙忙把他的飛機推上升降機，以下降到機庫再武裝。而在機庫內，魚雷已經掛載好了，但南雲發動第二波攻擊的命令下達後，又開始了一次需時甚久的換裝彈藥作業。因應魚雷與炸彈在外型上不同，因此也有不同的掛架。因此，地勤得先慢慢把魚雷卸載並以推車運走後，把魚雷掛架換成觸發引信炸彈專用，再把炸彈掛載上去。所有彈藥都是透過升降機從彈藥庫運上機庫甲板。由於換裝彈藥在急忙中進行，那些魚雷從飛機卸下後，也沒有立即放回彈藥庫。相反，這些十七英尺長的魚雷還在機庫裡堆積如山[52]。

同時間，那些指派為機動部隊提供空中掩護的飛機也在持續輪替中。到〇七三〇時，零戰飛行員原田要與兩架僚機回到蒼龍號。他們對著費比靈那些不幸的魚雷機做過好幾次的阻擊，但擊落的功勞卻被其他人搶走了。在經過三小時相對平淡無奇的巡邏後，他們除了早餐之外，已經沒什麼好期待的了[53]。

不過，南雲已經開始察覺到執行海戰對決的機會了。在美軍第一波攻擊後半小時，他接收到其中一架偵察機的報告。在中途島外二四〇英里處，有十艘水面船艦正以二十節速度航行[54]。令人惱怒的是，這份報告完全沒有提及船艦的種類。如果它們是巡洋艦或驅逐艦，那完全沒有什麼攻擊的價值。但如果那個美軍單位包括航艦在內，那南雲就找到他期待已久的戰鬥了。

南雲中將的沉思，在八分鐘後就被霧島號戰艦突然發射的煙霧給打斷了*。那是一個代表目視發現敵方飛機的訊號。這是來自中途島的另一群攻擊機，這一次是由洛弗頓·亨德森（Lofton Henderson）率領的無畏式俯衝轟炸機[55]。日本人對於亨德森從中等高度，而不是俯衝轟炸機常用的高空，或者是魚雷機

* 譯註：日本海軍在一九三一年六月一日起，把四艘金剛級的類別從巡洋戰艦更改為戰艦。

採用的低空突入感到十分不解。由於亨德森擔心他的飛行員在垂直俯衝方面的經驗不足，因此便帶領他的中隊執行滑翔轟炸。這個戰術比俯衝轟炸更危險，也更不精確：飛行員需要在瞄準時把炸彈的橫向動向計算在內，還有在緩緩下降時抵受敵方防空砲火及空中巡邏的攻擊。大部分由亨德森率領的飛機都被擊落了，儘管還有小部分得以對飛龍號投彈，造成了不少讓人驚歎的近失彈。在十六架無畏式當中，只有八架得以返航，而且全部都受到嚴重損傷[56]。有一架由丹尼爾・艾佛森（Daniel Iverson）駕駛的飛機，被命中不少於二百一十九次後仍然能安然返航，又一次證明了海尼曼的設計有多堅實[57]。

很短時間之內，機動部隊又一次受到奇襲。淵田美津雄爬到甲板上時，正好遇上了赤城號被很多「灰色間歇泉般的水柱」環繞著。蒼龍號上，他也看到同樣的情境。他立即採取防禦姿勢應對衝擊，但什麼事情都沒有發生。所有炸彈都沒有命中。在他無法辨識飛機型號的高度，他能看到飛機的輪廓。感到困惑之下，查找了一下飛機識別表，辨認出那是B－17，是美國陸軍最現代化的轟炸機[58]。他們是從中途島飛來的。而對日本人來說很幸運的是，美軍飛機在兩萬英尺高空飛行，這高度對於要精確瞄準投彈來說實在是太高了。赤城號整備兵曹鈴木弘一度認為，被水花完全包圍的蒼龍號一定嚴重受創——但水柱消失後，蒼龍號繼續毫髮未傷地航行著[59]。美國陸軍高空轟炸能達到的傲人成就，就只有拍下一場海面上船艦在瘋狂地機動著的經典高空照片。

到現在為止，機動部隊周圍海域有許多在戰鬥中被擊落的美日雙方飛行員。當時的海水既平靜又溫暖，讓飛行員有很大機會能存活——對於美國人來說，被日本人救起來剛好相反。當天至少有兩人被處決。對其他人來說，日本的監獄也跟死刑相差無幾。赤城號的鈴木發現，他能透過游泳姿勢來分辨美、日飛行員[60]。

到這一時候，南雲與他的參謀從接近美軍艦隊的偵察機接到了兩份重要報告。第一份在〇八一一時收到，內容是「敵方艦隊由五艘巡洋艦及五艘驅逐艦組成。」隨後，不到十分鐘，偵察機又傳來另一份前後矛盾的訊息：「敵方艦隊有一艘疑似是航艦同行。[61]」

南雲現在該如何是好？如果現在立即攻擊的話，他的攻勢只能由一支戰力不平均的部隊發動，因為他沒有足夠的戰鬥機護航。無論如何，南雲現在都沒有備妥且能立即出動的飛機。原本被保留起來應付美軍航艦的打擊部隊，現在都換裝了觸發引信炸彈來去掃蕩中途島。然後還有友永丈市的部隊，他從中途島返航的飛機很快就會油料見低，當中有不少座機已經受損，或者是有機組人員受傷。他們需要立即降落，且無法在其他飛機起飛時這麼做。況且，南雲也沒有辦法在航艦規避敵方攻擊時派出飛機：高速機動對航空作業來說太過危險[62]。

波克曼的鸚鵡螺號潛艦現在接近了水面。據他回憶，當前看到的景象：「船艦正在向各個方向高速駛離，還有在旋轉航行以避開潛艦。[63]」機警的日本人看到了他的潛望鏡，但波克曼還是有辦法發射了一枚魚雷，但沒有擊中目標。當護航船艦在迎戰波克曼時，日本艦隊正在向各個方向散開迴避。儘管受到接二連三的深水炸彈攻擊，鸚鵡螺號仍然努力保持在波濤之下，拒絕離開[64]。

機動部隊躲避完敵方的魚雷攻擊後沒多久，他們又一次受到了攻擊，這一次是由班傑明・諾里斯少校（Benjamin Norris）帶領，來自中途島的一個中隊共十二架ＳＢ2Ｕ辯護者式俯衝轟炸機（Vindicator）發起的。辯護者式是很老舊落伍的飛機——很緩慢，蒙布結構——諾里斯帶領機群從四千五百英尺高度開始進行滑翔轟炸。他們是如此容易應付的目標，就連防空砲手都有辦法擊中部分的飛機。諾里斯大難不死，但他的中隊卻被殲滅了[65]。

赤城號上，南雲及參謀軍官正在爭論下一步的行動。當時是〇八三〇時，友永的機群已經在機動部隊上空準備降落了，但有些軍官仍然主張應該發動攻擊。飛龍號的山口多聞少將向南雲發訊說：「建議立即派出攻擊部隊。」淵田美津雄對此也同意，雖然當時他保留了這個意見。他當時正利用戰鬥間的平靜時間，躺在飛行指揮所外的地板，那個房間就在赤城號艦橋的正下方。歷史學家因此把這段時間稱為「南雲的兩難」或「南雲的嚴峻考驗。[66]」

「當時的感覺」，源田實——當天早上在南雲身邊的其中一名參謀軍官還記得，「我們被敵方設伏，這讓大家滿腦子都是要盡一切手段與敵方艦隊進行決戰的念頭。」當接到有一艘美軍航艦現身的偵察報告時，草鹿龍之介——當時艦橋上的另一位參謀軍官，正在近距離看著南雲。「有一刻，他很可能受到驚嚇，」草鹿如此描述南雲。「但我認為，任何人面對這種意料之外的可能局面時，都無可避免會感到震驚好一陣子。」[67]在數分鐘內，南雲下定了決心。遂行決定性作戰的最佳手段，就是一次大規模的空襲，而這需要戰鬥機來保護他的轟炸機群。他對友永下令，讓飛機開始降落[68]。

在這個時間點，南雲的對手也在約克鎮號上作出了決定。艦員從清晨○三○○時就已經起床，但佛萊契少將不放飛。與偏好大規模攻擊的南雲不同，佛萊契情願讓航空大隊交錯抵達。現在，佛萊契下令他們起飛[69]。

可是，這個延後卻讓佛萊契手下官兵焦慮不安。第三轟炸機中隊的其中一位無畏式飛官「左撇子」．荷柏格一直坐在待命室，聽著弟兄討論當前的情勢。到目前為止，企業號及大黃蜂號的飛機應該已經抵達機動部隊了——為什麼他們還沒有回報說業已接敵？有很多人假設最壞的情況：那些人迷路了，或者他們全都被日軍殲滅了。

第三戰鬥機中隊吉米．薩奇中隊長在攻擊時的責任，是同時要保護魚雷機及俯衝轟炸機。考慮到這些飛機在接敵時會有一萬五千英尺的高度落差，是一個很困難的任務。但在當天早上，薩奇發現他手頭上只有六架戰鬥機，而不是一般情況下的八架。他手下的兩架戰鬥機被保留了起來，以便在日本人發動反擊時保衛約克鎮號。薩奇花了很長時間作徒勞無功的爭辯，希望能使上級撤回這個決定，換來他只有數分鐘的時間對部下解釋接下來的戰略。薩奇告訴弟兄，「無論任何情況都要緊靠在一起，」還有要求他們保護魚雷轟炸機[70]。

當起飛的命令在〇八四〇時下達，飛行員在夏日刺眼的陽光下爬上飛行甲板。荷柏格立即發現，他的無畏式跟往常有點不同：機身下方掛載了一枚一千磅航空炸彈。如果他能做得到的話，這將會是他第一次掛載著那種體積的彈藥起飛。中隊長麥斯威．列斯利領頭起飛，然後就到荷柏格了。儘管滿懷焦慮，他還是穩下來，駕著無畏式飛到天上去。

在最後一刻，佛萊契決定保留十七架剩餘的無畏式。他希望這些充當預備隊的無畏式，能發起一次後續攻擊，這是準備在日本人發現他們的位置時，能夠防禦特遣艦隊。所有已經升空的飛機都在編隊，準備向西尋找敵軍艦隊。當他們出發時，阿斯托利亞號重巡洋艦（USS *Astoria*, CA-34）向他們發出訊號：「祝順利及安全回航。[71]」

到〇九〇五時，所有預定起飛的美軍艦載機業已升空。這一次攻擊行動並沒有指派一位總指揮。按照年資的話，林恩是三個航空大隊當中最資深的飛行員，但他在當天的行動當中並沒有行使什麼指揮管制。不過以事態最終結果來說，這可能也是一件好事。美軍各艦派出艦載機的方式，就與他們過去數個月對抗日本人的情況差不多：各自為戰[72]。現在有一二八美軍艦載機飛向日軍，當中有八十五架都是海尼曼的無畏式俯衝轟炸機[73]。

當美軍飛機迫近機動部隊時，日軍艦載機起飛時的激烈與混亂仍然在延續。企業號航空大隊也有不少問題。無畏式起飛後花了差不多一個小時的燃料，僅僅為了等待出發命令，這使得它們當時處於不利的狀態。當命令下達時，魚雷機及戰鬥機還沒有全數起飛。航空大隊當時正處於亂七八糟的狀態：無畏式與魚雷機將沒有辦法一同攻擊。在路上，麥克勞斯基將他的發動機急增到時速二一八英里，遠遠高於一般巡航時的一八五英里。克萊斯皺眉蹙額，知道這麼快的速度會讓本來已經捉襟見肘的燃料消耗得更快[74]。為了終結混亂，企業號戰鬥機與魚雷機也分開了。詹姆士・格雷的第六戰鬥機中隊把華德隆的第八魚雷機中隊誤認成艾佛索所屬的第六魚雷機中隊，結果就跟著華德隆跑了。

大黃蜂號的航空大隊雖然是一起出發的，但很快編隊也變得零零落落。他們同樣把寶貴的燃料浪費在等待全大隊起飛完畢，而且不少飛行員一早已經在擔心他們回不來了。接著，在出發大概半小時後，華德隆與林恩之間就爆發了一番爭論。華德隆希望能改變航向，但林恩無視他。接下來，整個中隊都透過無線電聽到他們之間的唇槍舌劍。

華德隆：「我知道那該死的艦隊在哪。」

「你跟著我們一起飛，」林恩回答說，「我在帶領這個編隊，你得跟著我們。」

華德隆沉思了幾分鐘，然後公然說，「見鬼去。」然後就和第八魚雷機中隊脫離編隊往西南方去了。這是一個令人震驚的抗命行為。

不久之後，華德隆就讓他的機隊散開組成「偵察線」，*也就是他們呈橫隊飛行。這樣他就能掃描更為廣闊的海面了。但這個隊形有一個風險，盡頭兩端的飛機可能會偏航而失散，尤其是在穿過雲層的時候。這個風險可不值得，所以華德隆下令要部下進入較為緊密的隊形。他下令後不久，第八魚雷機中隊就目視到地平線出現一團團煙霧[75]。這就是日本艦隊了。華德隆是對的。當下的問題是，他現在能不能夠把握這個他在給妻子的最後一封信中提及，一直期盼著的機遇。

大黃蜂號航空大隊其餘的機隊，繼續堅持在指派的航線。大約三十分鐘之後，他們已經在空中超過一個小時了。林恩麾下精力耗盡的部隊，全然看不到機動部隊的蹤跡。戰鬥機剩下的燃料已經不多了。兩個比較年輕的飛行員可能因為驚慌失措，在沒有取得允許的情況下回航了。看到這裡，護航中隊指揮官，第八戰鬥機中隊的塞謬爾・G・「帕特」・米契爾少校（Samuel G. "Pat" Mitchell）也跟著回航了。現在只能依賴自己的轟炸機組員的士氣也為之低落。即使他的部隊已經在分崩離析，林恩還是維持航向堅持下去。但他與部下所飛航向，卻是後世所稱的「哪都去不了的編隊」。[76]

只有約克鎮號的飛行員仍然能維持部隊的向心力。無可否認，他們的表現並非完美。麥斯威．列斯利直到升空之後才發現，他麾下半數的無畏式都被留在艦上[77]。即便如此，該艦的航空大隊是以魚雷機、俯衝轟炸機及戰鬥機組成，浩浩蕩蕩向著目標進發的大部隊。轟炸機在一萬五千英尺高空飛行，魚雷機在一千五百英尺[78]。薩奇把他的護航戰鬥機部署在兩者之間，並進行S型轉彎來防止他座機較快的飛行速度，把他帶離沉重緩慢移動中的護航對象[79]。他們將會是所有在尋找日軍機動部隊的美軍部隊當中，唯一還有能力發動協同攻擊的。此外，與另外兩個航空大隊不同的是，約克鎮號的飛機多多少少可以說是直接飛向目標的機隊。

約克鎮號航空大隊面對的威脅，並不是部隊向心力或差劣的導航，而是不完美的科技。在飛行了兩個小時之後，後座射手勞合．奇德斯急於要上小號。靠向排尿管時，他被右方海面上的龐大水花所驚嚇。隨即，海面上又出現另一個水花。完全沒看到有任何敵方飛機，奇德斯猜想他們正遭受日軍長程砲火攻擊。然後，他又看到另一個水花[80]。荷柏格是第一個發現發生了什麼事的人：「大隊長、列斯利上校下令備妥炸彈引信，」他回憶道，「我看著他傾身橫過駕駛艙，然後按下電子備彈開關。接著讓我大吃一驚，我看到炸彈從掛架釋放，很明顯從機翼落下了。」這些飛機裝備了一個新的電子備彈系統，而有些飛機

* 編註：scouting line，執行偵察任務所部署之一條直線或曲線。

上的線路並沒有被正確接上。結果備彈按鍵就成了啟動投彈鈕了。荷柏格的開關運作正常，但是他能看到在他旁邊飛行的列斯利對結果極為憤怒[81]。另一個失去了炸彈的飛官馬克斯・連恩（Max Lane）就說：「我非常難過⋯⋯覺得被騙了，而且就在給日本人施以沉重打擊的機會來臨的時刻一下子變得無力，感到十分挫折。」現在約克鎮號的十七架無畏式當中，只餘下十三枚炸彈了[82]。

在這時候，鸚鵡螺號又一次在日本艦隊之間浮上水面。透過潛望鏡觀察，波克曼艦長能看到一艘日軍航艦就在十英里外。它們正在持續改變航向，儘管看起來沒有受損，但天空中卻布滿了防空砲火的黑煙。在更接近的地方還有一艘日軍驅逐艦嵐號。波克曼向嵐號發射了一枚魚雷，然後深潛到二〇〇英尺，希望能拉近與航艦的距離[83]。

到〇九一〇時，友永機隊的最後一架飛機已經著艦了。蒼龍號上，飛行員都聚集在艦橋下方作任務歸詢。森拾三還記得，當時船上變成「完全狂亂地的瘋人院。」飛行甲板人員正在飛機之間蜂湧移動，把它們轉移回機庫重新武裝及加油。任務歸詢不停被升降機在機庫及飛行甲板之間上上下下時叮噹作響的鈴聲打斷。在所有的匆忙之中，這卻是一項急不來的工作。森被排定在下一輪攻擊中掛載魚雷上陣，但這些魚雷都得一枚枚地個別掛載上去[84]。

不久後，南雲改變艦隊航向，以拉近與敵方之間的距離。他現在可以考慮派出打擊部隊的時機了。要這樣做的話，航艦飛行甲板就要清空，還要有時間讓打擊部隊升空。這兩項要素他都沒有。改變航向後一分鐘，一批新的襲擊者又臨空。護航的巡洋艦開始放出煙霧，除了要警告機動部隊其他船艦外，還有混淆敵人的目標。更多零戰趕緊升空攔截，使得飛行甲板更為混亂[85]。

第八魚雷機中隊來了[86]。華德隆發現獵物完全就在預想的位置。他下令部下散開並包夾最靠近的航艦。他們當時距離水面數百英尺，飛行速度只有稍高於每小時二〇〇英里，在這樣密集的防空火力之下，機組人員也只能翻滾著接近目標。零戰猛撲而下，以機槍及機砲向他們開火。美軍戰鬥機完全不見蹤影。華德隆在數分鐘前與戰鬥機失去了聯繫，但現在正是最需要後者的時刻。他以無線電求援，但完全沒有回應。他的飛機很快被打至起火。華德隆在駕駛艙內站起來，想要跳機逃生，但為時已晚：飛機就這樣墜落在海面上。

喬治・蓋伊的毀滅者式魚雷機上的後座射手鮑伯・亨廷頓（Bob Huntington）見狀就說：「我們回去拯救他們吧，長官。」

「見鬼去，」蓋伊說。「我們有任務在身。」就某種意義而言，蓋伊的回應並沒有經過考慮。現在的情況已經超出了他能理解的程度了。「我沒有辦法告訴你在飛機被擊落為止事情的先後順序，」他在多年之後說，「所有過程都在同一時間發生，但我還是有意識地經歷這些事。」機槍火力從他的肩膀穿過，噴灑在他的儀表板及擋風玻璃上。他只能蜷伏在座位，但仍然繼續操縱著飛機。

「他們擊中我了！」亨廷頓透過機內通話說。

「傷勢嚴重嗎？」蓋伊問道。他從肩膀往後望，亨廷頓已經倒在座椅上，毫無知覺。蓋伊開始緊急轉向，雖然他仍然在迫近加賀號的航向。零戰又開始下一輪攻擊，他感到子彈噹噹地打進機身。左臂被什麼東西敲了一下，低頭一看時發現衣袖有破洞，還有手上的鮮血。更為貼近的感覺，應該是皮膚下多了腫塊。他像擠粉刺那樣一擠，結果一發子彈就被彈了出來。蓋伊望著它，不知道該拿它怎麼辦。這是一件寶物，一個差點失去性命的紀念品，但他能把它放到哪？因為他的降落傘套帶、口袋都沒用了。為了讓這個紀念品安穩無虞，他決定把他放進嘴裡[87]。

環顧四周，蓋伊發現他的座機是唯一一架存活下來的。航艦正在急轉彎，試圖使自己成為一個難以擊中的目標。蓋伊把飛機下降到離水面八十英尺，然後調節節流閥減速。他需要減慢飛機的速度才能投放魚雷。他使勁拉了一下魚雷投放桿，但由於座機已經受損，他沒有辦法分辨投放機制是不是還能運作。瞬間，他正快速接近加賀號，能看到載滿「飛機及人員⋯炸彈、魚雷、加油管，還有各種各樣器材」的飛行甲板。當他飛馳而去時，零戰又出現了，還終於擊中了他的發動機。他就這樣落海，衝擊力之大，連他口中的子彈都衝口而出[88]。

與此同時，來自企業號的第六轟炸機大隊及第六偵察機大隊，正在按照建議的航向飛行。當麥克勞斯基於〇九二〇時抵達預計的攔截點時，他卻發現「海面上空空如也。」當時的雲層稀疏，不管任何方位都有五十英里的能見度。目視範圍沒有敵蹤。麥克勞斯基肯定自己沒有在路上錯過日本艦隊，也同樣肯定日本人沒有在他與中途島之間潛藏。機動部隊一定是在他右方的半圓範圍內。

麥克勞斯基作出了一個關鍵的決定，他決定先往西再往西北，而不是在燃料指針逐漸下降的時候應該採取的回航。這並不是經常所聲稱的那樣，是他的猜測或直覺所致[89]。麥克勞斯基知道日本人在那裡。他很清楚當中的風險，因為他的座機剩下的燃料已經不多了，而那些在他後方的飛機——由於需要經常調整發動機來維持在編隊中的位置而需要消耗更多油料——更所剩無幾了。假如麥克勞斯基沒有在短時間內找出機動部隊，兩個無畏式中隊——企業號全部的俯衝轟炸機部隊——都將無法返回母艦了。

這是一個令企業號俯衝轟炸機群焦慮不安的時刻。這不單單因為他們燃料不多了，還因為他們已經在空中超過兩小時，機組員可以說是吃力地讓自己保持精神。克萊斯很努力讓後座射手史諾登保持警覺[90]。飛行員也開始要宣洩他們的挫敗不滿了。「該死的，」其中一位爆發了。「那些混蛋在哪裡？[91]」即使低空很溫暖，對於當時的事態也沒什麼幫助，因為在兩萬英尺高空的氣溫實在冷得驚人。唐·霍夫的雙腿又一次在發抖了，而這一次是因為寒冷多於恐懼。為了取暖，他用雙手拍打機身側面，但那聲音干擾到前座飛行員，不得不停止[92]。他在第六轟炸機中隊的射手弟兄艾德．安德森（Ed Anderson）同樣也冷到快結冰了。他忘記了帶上冬季飛行靴。他感到一陣不能自制、想要小便的生理需要。在這種情況解開拉鍊——中隊隨時都有可能遭受日軍戰鬥機攻擊——是一件很微妙的事。但安德森還是完成了這項不得不為的事，然後回去繼續操作他的機槍[93]。

有些飛機開始故障。由於他們需要保持嚴格的無線電靜默，與其他飛行員／射手溝通的唯一管道，就是飛到他們旁邊，用手勢進行交流。東尼．薛內度飛到貝斯特旁邊，並告知說他們的發動機有問題，還有燃料消耗過甚。不久之後，愛德溫．克勒格（Edwin Kroeger）也來到跟前。他的射手蓋爾．哈特曼（Gail Halterman）以手勢發出摩斯密碼，稱他的供氧系統出現問題。沒有氧氣的高空飛行是很危險的，那會使人陷入昏睡。為了使他放心，貝斯特脫下了他的供氧面罩，並把高度下降至一萬五千英尺，這能讓部下們更自在地呼吸[94]。這兩個轟炸機中隊繼續飛行，焦躁不安地尋找機動部隊的身影。

南雲才剛剛擊退華德隆的攻勢，又受到了攻擊。淵田從赤城號艦橋上的觀察哨收到警報。「敵方魚雷機群，」他喊道，「右舷三十度，正在低空迫近。」儘管背傷未癒，傑納・林賽還是把來自企業號的第六魚雷機中隊帶到距目標不到三十英里。看到在地平線的煙霧後，他開始慢速飛行迫近機動部隊。由於當時中隊正被零戰輾壓，這過程中還得忍受一段極其討厭的追尾。十四架魚雷機當中的九架被擊落。林賽本人最終戰死。陣亡的同樣有克萊斯的摯友湯姆・艾佛索。連塞維林・羅巴赫也陣亡了。他們投下的魚雷沒有一枚有造成任何的改變。

從日本航艦上人員的視角來看，這可是一場好戲。他們看著林賽被開膛破肚時，可是帶著「狂野的歡呼聲與口哨聲」，在美軍魚雷機一架接一架被擊落時還持續著[95]。但第六魚雷機中隊的結局，也同樣掩蓋了日軍的一大弱點，這不光是在日軍之中普遍所見，且積非成是。又一次，正如一位倖存的資深指揮官羅伯特・勞伯（Robert Laub）在他的行動後報告中便提出，日軍的防空砲火是完全無效率的[96]。又一次，美軍在被發現之前，已經飛到很接近的距離，而且在遭遇日軍在空戰鬥巡邏的攔截前還能飛得更深入。又一次，敵方的主要飛行編隊的存在——詹姆士・格雷那些在雲層上方盤旋的戰鬥機群——完全沒有引起日軍的注意。此外，很多零戰都把它們的機砲彈藥用在華德隆的魚雷機上，只剩下小口徑機槍能對抗林賽的機隊。這也解釋了為什麼他們花了如此之多的時間來解決第六魚雷機中隊[97]。這同樣說明了，正如勞伯所提到的，為什麼很多日本飛行員出乎意料地、勉為其難地將來襲攻擊給打退的原因。

即使日軍的戰鬥巡邏部署有如此瑕疵，它還是有效發揮了。或者說，它目前還是能在對抗美軍雜亂無章但英勇無比的攻擊時發揮效果。過去兩小時，機動部隊已經承受了超過一百架不同種類的美軍飛機的攻擊，而且還擊落了當中的大多數。這些事情都是在日軍正在攻擊中途島及發現美軍艦隊的存在期間發生的事情。現在，南雲已經著手準備一支龐大的部隊，也許是太平洋現存最強的戰力，去打擊一艘美軍航空母艦——那艘在珍珠港避開了他的獵物。

南雲攻擊中途島，是希望誘導美軍回應，然後南雲就能徹底擊敗他們。到目前為此，山本的作戰計劃看起來執行得極為順利。美國人的出現，儘管比他所預期的要早得多。此外，他也追求一場與對馬海戰相似的決定性海戰。這種與「美軍主力艦隊」的對抗，早在一九四一年十一月開始就成為日本人的戰略了。以上種種都說明，日本人是樂見於一支美軍艦隊突然現身的。就像機動部逮住敵人那樣，南雲也即將要被逮到了。

# 第五章　攻擊

「地獄俯衝者！」有人驚呼道。淵田美津雄從他位於飛行甲板上方的位置望向天際，他看到「三架暗色的敵方飛機」尺寸越來越大。與前幾次在早上遇到的，自海平面而來的攻擊不同，這些飛機是徑直向著赤城號俯降而下。如淵田所見，「很多暗色物體頓時怪異恐怖地從它們的機翼飄動起來。」他知道這意味著什麼。他立即趴在甲板上，並匍匐前進到一塊金屬護盾後方。

✪

一九四二年六月四日標誌著日本在二戰期間擴張的最高峰。過去六個月，大日本帝國軍隊摧毀了美軍在珍珠港的艦隊，佔領了香港、馬來亞、菲律賓，還有荷屬東印度。過去幾小時，日本帝國似乎也要贏得了中途島戰役。機動部隊痛擊了一波又一波各種不同型號美軍轟炸機的攻擊。他們可以繼續痛擊再多三個小時，但實際上還能更持久。但在當地時間一〇二二時，他們的勢頭被遏止了。接下來發生的事件並不是單純的數量轉向到品質的問題，也不是厄運或疲勞的詛咒，而是某種全然不同的狀況。

〇九五五時，韋德．麥克勞斯基的毅力終於得到回報。在他下方，原本沒有任何航跡的海面，有一道日軍船艦全速航行所留下的白色浪跡。麥克勞斯基認為那是一艘巡洋艦，但實際上那是剛與鸚鵡螺號潛艦交過手，正在返回本隊的日本海軍嵐號驅逐艦。判斷這艘船會把他帶到主力艦隊那裡去，麥克勞斯基決定要追上去。儘管在三千英尺高度有一道破碎的雲帶橫跨海面，但在他飛行中的兩萬英尺高空上能見度是極佳。麥克勞斯基眼盯著這片雲帶，一路跟隨著嵐號。三分鐘之後，他就看到機動部隊的輪廓了。「這是麥克勞斯基，」他以無線電告知他的兩個中隊及特遣艦隊。「目視到敵人了。[1]」

在這個距離，兩個無畏式中隊能看到有兩艘戰艦、兩艘重巡洋艦、一艘輕巡洋艦、十一艘驅逐艦、多艘油料補給艦，還有至今為止，三艘航空母艦——第四艘被雲層掩蔽了。其中一名無畏式後座射手詹姆士．莫里，能看到日軍航艦正在「狂亂地機動」以規避第六魚雷機中隊的攻擊。即使這些毀滅者式已經被零戰「狠狠地痛宰」，日軍航艦仍然十分慌張。當那些魚雷機受到攻擊時，它們一架接著一架起火，並「像車輪般翻滾」墜落海裡。透過無線電，莫里還能聽到他們發瘋地召喚戰鬥機的保護。戰役後數十年，莫里仍然記得「那是令人難受的場景。[2]」

編隊的另一處，東尼．薛內度也在擔憂。無畏式的發動機發出劈啪聲後就停了下來：燃料耗盡了。他很快轉頭離開日本艦隊並朝向中途島，不停地在油箱之間切換，希望還能找到一些汽油。麥克勞斯基及其他企業號的無畏式飛行員，看著他脫離編隊漂向海面[3]。

當薛內度向下墜時，克萊斯也瞥了一眼他的手錶。他已經在空中超過三個小時了，假如儀錶板是對的話，他的油箱也超過一半是空的了。這個任務看來越來越像是有去無回的攻擊，而在距離日本人如此接近的海面迫降，幾乎就意味著被俘及被處決。但他下定決心要繼續。過去五個月，克萊斯已經執行了八次俯衝轟炸任務，當中有三次是發生在戰鬥中[4]。如他所說，「我們已經訓練得太多、太久，現在可沒辦法退出了。」[5]

本能地，克萊斯開始準備攻擊。他俯身向下，手動啟動了炸彈引信。透過機內通話系統，他下令射手約翰・史諾登開啟「無線電導航」。這是一個能夠讓他們接收到企業號所在位置的歸向裝置。數分鐘之後，史諾登回報接收到的座標。克萊斯把座標標繪到地圖上後，便開始規劃攻擊完成後的相應航向。為了隱藏美軍航艦的位置，他會採取折角航行——先向南飛，然後再轉向東北飛向目的地。

麥克勞斯基開始把目標分派給他的兩個中隊。根據作戰準則敦促指揮官避免「分散攻擊」的原則，他決定集中火力在前方的兩艘航艦——加賀號及赤城號[6]。兩艘航艦的距離都是一樣的，一艘在機群左方，一艘在機群右方。從麥克勞斯基的觀點看來，他的命令是再清楚不過了。「厄爾・卡拉漢，」麥克勞斯基在無線電說，「你攻擊左方的航艦；貝斯特，你攻擊右方的航艦。厄爾，你跟著我下去。」換言之，貝斯特及第六轟炸機中隊將會攻擊赤城號，麥克勞斯基、卡拉漢及第六偵察機中隊將會攻擊加賀號[7]。可是，貝斯特完全錯過了這段訊息——可能因為他在忙、無線電故障，又或者是他在試圖發出訊息。戰場在他眼裡是完全不同的。由於氧氣問題而在較低的高度尾隨，貝斯特判斷加賀號比較靠近，因此將會是他的目標。因此，他透過無線電通知麥克勞斯基，「我將按照作戰準則展開攻擊。」但麥克勞斯基全然沒有聽到這段有點不自然的訊息，而且似乎其他大多數飛行員也沒收到[8]。其結果，三十架無畏式都準備攻擊同一航艦——加賀號[9]。

同一時間，麥斯威・列斯利與約克鎮號航空大隊在另一個方向打量著日軍艦隊。儘管企業號的飛機在轉向朝著日軍航艦前先往南飛，但約克鎮號的飛機約略從東北方徑直飛向目標。他們同樣享有兩項優勢：他們的飛機比麥克勞斯基跟林恩的機隊擁有更多的燃料；而且約克鎮號的航空大隊仍然聚集在一起。

不過，列斯利同樣得面對本身的難題。首先，那個有缺陷的電子備炸裝置已經浪費了一定數量的炸彈了。而且，列斯利的機群同樣比他認知中的還要小規模。他用無線電呼叫第五偵察機中隊的華特・索迪（Walter Short），「不如你攻擊左方的目標，我來攻擊右方的目標？」但列斯利完全收不到回覆。列斯利同樣希望聯繫上他在低空的毀滅者式中隊，但同樣沒有回音[10]。他在戰鬥結束之前都不會知道，原來第五偵察機中隊被留在約克鎮號上充當預備隊了。至於毀滅者式中隊，即使他們真的收到列斯利的訊息，他們也早就處於與日軍的交戰當中了。列斯利決定以手頭上的兵力發起攻擊。他把機頭往左邊一點以向部下發出訊號，告訴他們將會攻擊該方向最接近的航艦[11]。這個時候，十七架無畏式正對準蒼龍號開始俯衝。

其中一個看到列斯利訊號的是「左撇子」・荷柏格。對他來說，整個早上看起來是如此平常。多年之後，他說，「在飛向目標的路上，我完全不記得自己有什麼『緊張不安』或『蝴蝶』。整個攻擊就如同我們在訓練時演練的那樣。[12]」與克萊斯一樣，他也準備好執行自己的任務了。日軍戰鬥機仍然不見蹤影，算是幫了大忙。過去數小時，天空就像大海一樣都是空空如也。這種空虛感對飛行員的影響各有不同。克萊斯可以說是「鬆了一口氣。」他得以集中精神在地圖及座機上[13]。克勞倫斯・迪金森卻認為，非常不安：「我完全不明白，為什麼我們都飛這麼久了，居然還沒有戰鬥機在我們上空及周圍像是胡蜂般蜂擁而上。[14]」在經歷了如此之多的風險及不確定性，現在這一刻看來實在太平靜，太稀鬆平常了。

他們更進一步接近目標，無畏式飛行員得以好好看清楚敵人的艦隊。機動部隊呈現出一個顯著且相當美妙的景色。「海面都被船艦覆蓋了，」卡拉漢在剛好五十年後回憶道，「這是個絕佳的畫面。[15]」迪金森覺得景色十分「迷人」。與太平洋的深藍色海面相比，是日本平頂木甲板上的黃色長方形。當迪金森想到即將發生的事情時，他的情緒激動不已。迪金森說，「這就是我們的希望與夢想的最頂點了。[16]」這是讓日本人為他們對珍珠港的所作所為付出代價的機會，也是為那些在過去數個月陣亡的人們討回公道的時刻[17]。這同時是對飛行員能力的試煉，評估他們在敵方火力下會有什麼表現、到底誰會命中目標，誰會倖存、誰會陣亡的冒險。除了討回公道及互相競爭之外，還有就是破壞的激動：很快，他們就會在這片風景下留下了自己的標記。他們會摧毀，或者試圖摧毀日本海軍的驕傲——當時世上最大型航空母艦的部分戰力。「我們已經深深著迷在下方的畫面，」克萊斯說，「那些未受染指的航艦上。[18]」

日本航艦上的氣氛十分放鬆，幾乎可以說是充滿節日喜慶感。零戰來來去去，不是為了燃料，而是為了重新裝填彈藥，特別是那些以極快速度消耗在來襲美軍身上的機砲彈藥。飛龍號指揮防空火砲的長友安邦就記得「在防空砲座的我們，還有（那些）在飛行甲板的人，是怎樣稱讚及祝賀身邊的人。」「我們的戰鬥機攻擊實在太華麗了。[19]」淵田還記得，赤城號的維修人員「對著歸航的飛行員歡呼，拍了拍他們的肩膀，口中還呼喊出激勵之辭。」當飛機完成整補，飛行員點了點頭、用力猛推油門，然後咆哮著飛向天空。淵田還記得，這是一個「不停地重覆著的情境。[20]」機動部隊的飛行甲板亦因此處於被持續使用的情況。

其中一個落艦、來自千葉縣的是吉野治男一飛曹。他把整個平淡無奇的早上，都花在執行偵察任務，並在大概一〇〇五時回到加賀號[21]。當進場降落時，他意識到艦隊正在遭受攻擊。在靠近水面飛行時，他看著空中巡邏的零戰，正在擊落第六魚雷機中隊的毀滅者式魚雷機。這時候，有三十九架零戰在空中。理論上，它們應該分配成兩隊：一隊在二千英尺，負責應付低空威脅；另一隊在四千英尺，負責應付高空威脅。可是，在這一刻，零戰機隊卻從一個目標湧至另一個目標，攻擊任何戰機正在攻擊的目標、共同行動。這使得日軍迅速解決那些毀滅者式，卻讓日本戰機都集中在低空的戰鬥。他們並沒有真正意義上的指揮管制，因此也沒有真正意義上的作戰紀律[22]。他們同樣受到科技的限制。零戰要不缺少無線電，要不收發品質不佳。因此，日軍飛行員都依靠手勢，或者是他們自身的狀態意識，在戰場機動及尋找目標。由於機動部隊缺乏雷達，而且完全依賴目視偵察，因此零戰的注意力被分散，對日軍來說就尤為危險了。可是，對於吉野而言，所有事情似乎都在掌握之中。「我們由於艦隊的安全無虞、毫髮未傷而感到放心，」他看著倖存的毀滅者式向東逃去。他降落到加賀號，並立即前去尋找艦上的飛行長天谷孝久中佐報告[23]。

南雲忠一中將同樣充分利用了戰事中的空檔。他需要那些時間來完成艦載機攻擊美軍航艦的重新武裝作業。不過，與坊間流傳說法相反，機動部隊完全不是處於將近完成出擊準備的狀況[24]。俯衝轟炸機及魚雷機都還在飛行甲板下方的機庫裡，等待進行魚雷掛載作業，因為當時飛行甲板上正忙於處理空中巡邏的整補作業。要把那些飛機從機庫升到飛行甲板，再把它們移動到準備發艦的位置，最少還需要四十五分鐘。

儘管並非有意為之，但當時卻日軍促成，在加賀號及赤城號艦內堆積了數量令人不寒而慄的易燃物。兩艘航艦都搭載了魚雷轟炸機，而日本人是在機庫內吊掛武器，這與他們在飛行甲板為俯衝轟炸機掛載彈藥的方式不同。在準備攻擊中途島的時候，他們把觸發引信炸彈掛載在魚雷機上。當美軍艦隊被日軍發現後，這些炸彈就改裝成魚雷了。這是一個耗時費力的工作，需要大量人力。以赤城號為例，古田清人一飛曹就命令年輕的飛行員下去機庫幫忙。機庫內的高溫是令人難以忍受的，小窗戶都被打開來通風，但效果很有限。十七架飛機重新掛彈了，而且在忙亂之際，並沒有時間把那些觸發引信炸彈送回去下層艙間妥善保存。到當天早上十點，機庫已經擠滿了三十八架裝滿燃料的艦載機，當中有十七架還是掛載魚雷的——總計八千八百磅的爆裂物。然後，那還有新近卸下的炸彈——又是三千五百磅的爆裂物。而在艦載機更多的加賀號，情況變得更糟糕：接近一萬九千磅的爆裂物，以極不安全的方式堆積在機庫內。

✪

在這時，赤城號的一個瞭望哨發現了一個新威脅。另一個美軍魚雷機中隊正從東北方迫近。長友安邦在一〇〇九時目視到它們。一分鐘後，筑摩號重巡洋艦開火射擊，以標示出不速之客的位置。一〇一一時，赤城號開始採取規避行動，將艦艉轉向美軍魚雷機中隊[25]。很快，全數四艘航艦已經轉向背對這些新的攻擊者，又一次追尾狀況要上演了。加賀號上，吉野飛曹被告知他現在不能跟飛行長通話，因為「敵機正在迫近。」[26]他往下回到自己的中隊待命室，等待更適當的時機。這將會是吉野最後一次看到熟悉的飛行甲板仍然是完好無損的模樣了。

這些新的不速之客，是來自約克鎮號，由萊姆．梅西率領的第三魚雷機中隊。又一次，這些美國人以熟悉的低空慢速，穩定地迫近著。但這一次，他們是由吉米．薩奇的戰鬥機護航。他指派了兩架戰鬥機對毀滅者式進行近身掩護，把其餘的戰鬥機帶往迎擊日軍零戰。這些新中隊的出現，對於已經攻擊完畢並準備撤退的第六魚雷機中隊的殘部而言，可是極為受到歡迎的援兵[27]。零戰決定讓第六魚雷機中隊的殘兵離去，轉頭回去保衛他們的母艦。

由於第八、第六，以及現在由第三魚雷機中隊上演的戲劇性發展，使得機動部隊絕大多數人都把視線放在海平面上。美軍飛機出現時，就像是地平線上的斑點，然後身影變得越來越大。從距離目標大概十英里開始，這些魚雷機就會分成兩組發動鉗形攻擊，又或是分成多個小隊進行連續攻擊。對艦上人員而言，這是一個令人著迷以及難以抗拒的畫面。直到敵機真的發起攻擊為止，預想的攻擊目標為何，永遠都是一個謎。這正是現在第三魚雷機中隊的情況，它們正在貼近海面徐徐行進迫近日軍艦隊，吸引了所有人的注意。

這正是梅西對本次作戰走向的關鍵貢獻[28]。他漫長的攻擊飛行路徑提供了重要的擾敵行動以分散日軍注意力，這是俯衝轟炸機極為需要的。第八魚雷機中隊在一個小時前的犧牲已經是過去的事情、成為歷史了，儘管成為傳奇，但喬治・蓋伊極可能不會看到大部分接下來將要上演的好戲，因為在他墜機後，日軍艦隊已經轉移了位置。同樣地，第六魚雷機中隊不久前的攻擊同樣也被擊退了。在部分日軍戰鬥機毫不猶豫地繼續追擊倖存者的時候，大部分戰鬥巡邏的飛行員，有可能已經返回他們在機動部隊上空的戰鬥位置了。

梅西確保這種情況不會出現，讓零戰都飛下來應對來襲的第三魚雷機中隊，而不是留在較高的空域巡邏。實際上，所有在空的零戰都趕了過來，而且接下來的十二分鐘，它們全都集中在那十四架毀滅者式魚雷機，還有護航的六架野貓式戰鬥機身上[29]。薩奇一數之下，發現有大概二十架敵方戰鬥機，而且讓他很驚訝的是，很多敵機都選擇攻擊他及所屬的野貓式戰鬥機，而不是直接飛向那些魚雷機。然後又有一大群零戰「接連」越過了他，去迎擊梅西的機隊[30]。又一次，日軍戰鬥機讓機動部隊的門戶又洞開了。

在這次戰鬥當中，其中一架毀滅者式是由來自密西根州薩吉諾（Saginaw）的哈利・科爾（Harry Corl）駕駛。他的射手勞合・奇德斯坐在後座。當零戰向他們迎頭衝來時，奇德斯按下了他的蝴蝶形扳機，卻什麼都沒有發生。他忘了開保險，這是在激烈的戰鬥中很常見的失誤。他在「一切都亂成一團」時準備再次開火。即使零戰仍然在掃射他們的編隊，日軍防空砲火還是出現在他們四方八面。科爾俯衝到一百英尺，希望這能使自己成為一個較難命中的目標，但沒什麼效果。很快他的升降舵控制被擊毀，發動機也故障。不過，他沒有回頭。第三魚雷機中隊的所有飛行員，如奇德斯所回憶，「多多少少都是在軋軋響著直直前進的。[31]」

如果不是薩奇跟他的野貓式戰鬥機的話，美軍將會承受更大的損失。薩奇在這場戰役前幾個月，發展出他的雙機互掩戰術。在「薩奇剪」中，兩架並肩野貓式的飛行路徑會和另一機交錯，然後轉向飛走。這個動作會不停重復，這樣的話，兩架戰鬥機就會交錯在一起，並且彼此都能掩護到另一架的機尾。他們還沒有在戰鬥中檢驗過這個飛行動作，但現在是最佳時刻了。當零戰向著科爾及第三魚雷機中隊的其他成員猛撲而下時，薩奇回憶道，「天空就像個蜂巢。」薩奇對他的僚機羅伯特．A．M．「公羊」．迪比（Robert A.M. "Ram" Dibb）發出了訊號，然後他們就開始交替——飛行路線交錯，然後又轉向分開。一架零戰很快就飛到迪比的背後，而當迪比飛到薩奇面前時，薩奇就以機上的兩挺五〇機槍開火，零戰便炸成一團火球。沒有時間看著它爆裂成碎片了，因為另一架零戰很快又飛到迪比的背後。「薩奇剪」又一次發揮效果。薩奇也開始在他的膝板上記下了每一次的擊殺[32]。

到一〇二〇時，來自約克鎮號的野貓式及毀滅者式距離日本航艦大概只有十英里。奇德斯從他受損的座機往下看，發現一艘日軍巡洋艦的甲板。「那個情境，」他回憶道，是「令人恐懼的，」敵軍突然變得比他意識到的距離更為接近。往前看，科爾似乎在自言自語。「我們應該活不過這一趟了，」科爾說，而奇德斯回應道，「投完彈就快點離開這該死的鬼地方吧！[33]」

當第三魚雷機中隊繼續非常緩慢地迫近時，在機動部隊的艦上，很多人都專心地觀看著。然後，某些令人擔憂的東西在正上方被發現了。一〇一九時，一個飛龍號的水兵，發現有飛機正從高空迫近加賀號。他立即向艦橋報告，隨即飛龍號燈號一閃：「敵方俯衝轟炸機在你艦上方！[34]」

這時候，前田武二飛曹同樣看到那些無畏式。前田當時正站在加賀號的飛行甲板上，並注意到「有一個閃亮的東西在反射著陽光。」「我知道它們是俯衝轟炸機，」前田回憶道，而他同樣知道，它們沒有戰鬥機在掩護[35]。他跑向艦橋回報。接著，其中一名瞭望也發現敵人。這兩人以及飛龍號的報告一定在差不多時間抵達艦橋。加賀號的砲終於開始升起，速度緩慢得令人難以忍受。

在加賀號的待命室，一個正正位於一門防空砲下方的地方，仍然在等待著向飛行長報告的吉野少尉，聽到防空砲開火的聲音。他跑出通道，一開始只看到艦上機槍迎戰敵方魚雷機群。突然間，吉野看到其中一名砲長大喊著把指揮棒指向天空。往上一看，他看到很多架美軍俯衝轟炸機正向著他的航艦「俯衝而下。[36]」最接近的，「就像一隻掛在網絲上的蜘蛛徑直向我們而來。[37]」對前田少尉來說，這些飛機俯衝得如此之陡直，看起來他們就像是「上下顛倒而來的。[38]」

帶領著第六偵察機中隊以七〇度角俯衝的，正是麥克勞斯基[39]。跟在他後方的是菜鳥理察・潔卡德（Richard Jaccard），由於太焦慮緊張之故，一開始先是放下了起落架，而非打開俯衝襟翼[40]。潔卡德後面的是比爾・彼特曼（Bill Pittman），這同樣是他第一次參與實戰。當他開始俯衝之後，他的無線電—機射手佛洛伊德・阿金斯（Floyd Adkins）驚恐地看著雙聯裝三〇機槍從滑架上鬆脫，並開始從機上掉落。一般來說，每一挺機槍大概重一七五磅，得三個人才能把它搬到位置上。現在那個平均體型，而且由於在俯衝當中而背靠在座椅上的阿金斯，在座機向著加賀號俯衝而下時，只能靠他一己之力來穩住那些機槍[41]。

帶領第六轟炸機中隊的迪克・貝斯特同樣準備向加賀號俯衝。當麥克勞斯基與他的中隊從高空傾瀉而下時，貝斯特才剛剛打開他的俯衝襟翼。在意識到兩個中隊都準備攻擊同一艘航艦後，他中斷了俯衝流程飛走，並希望他的部下會跟上。只有兩架無畏式跟隨他。餘下為數二十六架無畏式都跟隨著麥克勞斯基呼嘯而去了[42]。

加賀號上大多數官兵仍然沒有意識到，有什麼東西正準備命中他們。吉野及前田看到了那些俯衝轟炸機，但大多數人都在飛行甲板下方。機庫內，最後一批魚雷機的重新武裝作業仍在進行中。而在待命室內，飛行員仍然在進行攻擊美軍航艦行動的最後一分鐘準備。例如在攻擊行動前夕，赤松勇二少尉就在要前往待命室的路上。魚雷機森永隆義飛曹長同樣也在等待起飛的命令[43]。

由於無畏式從如此高空而下，加賀號上只有一種火砲能迎擊它們。這就是八九式、一種每分鐘射速十四發的五吋砲。在仰角調整完成後，艦上所有十六門五吋砲都開始把五〇磅的砲彈射向空中[44]。儘管聽起來令人敬畏，但每門砲只能射擊好幾發[45]。麥克勞斯基還記得，直到他已經俯衝到一半了，那些防空砲才開火射擊；有些飛行員全然沒有注意到它們[46]。美國人的攻擊，成功讓加賀號完全猝不及防。艦上的砲手現在所能寄望的，就只有幸運的一擊，或者是砲火讓飛行員的瞄準失誤。

俯衝了大概四十秒後，麥克勞斯基在一千八百英尺釋放了炸彈：一枚五百磅以及兩枚一百磅炸彈[47]。不久之後，他的兩架僚機也做了同樣的事。正在忙於與日軍戰鬥機扭鬥的吉米．薩奇，轉頭望向「太陽中的閃光」，然後就看到無畏式俯衝而下，陽光從它們的翼端反射。對他而言，它們「看來儼然是一道漂亮的銀色瀑布。[48]」

現在的加賀號只看到了恐懼。當這些飛機呼嘯而下時，那尖叫聲變得越來越刺耳。艦上的通信參謀水戶屋瀨洲（音譯 Sesu Mitoya），正站在艦橋附近的飛行甲板。聽到聲音之後，他往上一看：「很小的黑斑點從飛機上脫離，」他說，而且「那些黑點開始越來越大。」如同在赤城號的淵田，水戶屋也能看到那些炸彈落下。他回憶說：「我迅速趴在飛行甲板上。」

麥克勞斯基、潔卡德，以及彼特曼全部都在幾秒之內開始爬升。從多方面而言，這都是他們最危險的時刻。他們現在處於加賀號，以及機動部隊其他支援船艦的防空砲火能輕易命中的射程之內。更糟的是，他們現在身處於海平面，那個滿佈零戰的高度。有些零戰把注意力轉移到俯衝轟炸機身上，而其他人則繼續屠殺第三魚雷機中隊，這可能因為他們沒有看到新來的敵機，也可能因為他們認為毀滅者式是更有價值的獵物。

麥克勞斯基將座機帶到伸手能觸及海浪的高度，並瞄向處在他與寬廣海域之間的軍艦陣列。他選擇了一個狹隘的空隙後，便全速衝刺過去。目前為止，他都沒有被零戰盯上。但在另一方面，彼特曼的機尾已經被某人追上了。他發誓那是一架（德國的）Bf109F，儘管那完全不可能是零戰以外的機型。後座的一七五磅重的機槍仍然壓在他的射手阿金斯的膝蓋上。阿金斯把它們舉起擱在機身，然後一手握住槍管，另一手握著槍尾，等候零戰擺動飛過。等到目標後，他射出一陣連發，並將它送進海裡[49]。

麥克勞斯基、彼特曼以及潔卡德投下的炸彈都沒有命中，儘管也沒有歪了多少。克斯萊對麥克勞斯基的俯衝轟炸技巧有意見，說麥克勞斯基的準頭不怎麼樣。但迪金森就寫說他們「就像冰人的鉗子一樣攫住（加賀號）。[50]」麥克勞斯基似乎只投歪了約十碼。不管怎樣，第一枚炸彈已經是接近到足以讓艦上人員受傷——前田的大腿就被破片擊中——還讓碎片灑滿艦橋[51]。

下一次打擊就更準了。厄爾．卡拉漢完成了一次後來被他稱為「完美俯衝」的攻擊——從太陽在他背後的位置順風俯衝而下。觀察了此前的失誤之後，卡拉漢調整了他的準頭。如他回憶所說，在下降並釋放炸彈前「他敢飛多低就飛多低。[52]」然後卡拉漢做了一件他經常訓誡部下不能做的非常之舉：他把飛機拉高，以便欣賞自己的傑作。他的五百磅炸彈擊中了飛行甲板上的一架零戰，完全摧毀了它，然後再貫穿進機庫甲板起爆[53]。兩枚較小的燃燒彈在接近該艦艦艉的燃料槽中爆炸。「天殺的，」他的後座射手驚呼，「這可真漂亮啊，長官。[54]」

對卡拉漢來說，這是個特別令人心酸的時刻。這是為了他在第六偵察機大隊的飛官弟兄、在珍珠港上空被擊落的強尼．佛格茲（Johnny Vogt）報的仇。這是為了回敬亞利桑那號戰艦當日所承受的打擊，卡拉漢目睹了事後他永遠都不會忘記的滿目瘡痍。「亞利桑那啊，」他對自己，還有那枚正中目標的炸彈說，「我會記得你。[55]」

水戶屋仍然躺在飛行甲板接近艦橋的地方。森永飛曹長同樣也在飛行甲板上更後方的位置，與一群大約十名官兵在一起。他蹲下來並摀住雙耳，但風爆還是把他給擊倒了，他是艦上三組倖存者之一[56]。山崎虎雄大佐遇到了所有人當中最為可怕的命運。在炸彈起爆引起風爆時，他正跑向艦橋，結果就被撕成碎塊[57]。即使那些在甲板下方的人也被波及。正在前往飛行員待命室的赤松少尉，因為爆炸的衝擊波而眼前一黑[58]。

卡拉漢之後投彈的是瑞德．史東少尉（Reid Stone），他的炸彈沒中。再下一位是約翰．昆西．羅伯茲少尉（John Quincy Roberts），他曾誓言在必要的時候，會帶著炸彈撞進敵方航艦。不過，在他俯衝的過程中，日軍防空砲火擊中了他的座機，然後就墜到了海上。他要嘛沒炸中，要嘛是沒有投下炸彈。在三個航空大隊當中，他是唯一一架在當天早上的攻擊過程中被擊落的無畏式。前後座都當場陣亡[59]。

同時間，迪克．貝斯特的三架無畏式，正在一萬四千英尺高度全速向著赤城號衝去。他的射手莫里已經把座位調整朝後，恢復對敵方戰鬥機的警戒[60]。他什麼都沒看見，也許是因為無畏式藏在雲層之中，又或者更可能是因為痛宰第三魚雷機中隊這一件事，把日軍戰鬥巡邏的注意力分散了[61]。沒有任何一個在日軍旗艦上的人看得到貝斯特正在迫近，他們都被附近友艦所遭受的攻擊嚇到呆若木雞了。民間攝影師牧島貞一是當中的代表——站在赤城號對著加賀號的攻擊錄影，顯然對於他所在船艦即將到來的命運毫無察覺[62]。

現在輪到克萊斯上場了。他跑了一遍俯衝前的檢查事項清單。首先，他調整好發動機以準備後續的改平：調整燃料混合及增壓器，好讓發動機可以在海平面吸入更多的空氣。然後調整好發動機以應付俯衝的壓力：把螺旋槳轉速調至「最大」，並把整流罩及機油冷卻器開口關上。清單上最後一項是俯衝襟翼，他用右手把它們調到「開啟」的位置[63]。當液壓系統把機翼上下方的襟翼打開時，克萊斯拿出他的麻黃素噴霧，每次朝一個鼻孔噴氣。藥物清空了他的鼻腔，這樣在俯衝期間急速下降的氣壓就不會讓耳膜迸裂。他把麻黃素收起來後，就將座艙罩砰地一聲向後拉，如果墜機的話，就不用擔心座艙罩卡住無法打開。接著他把機翼上下晃動，發出他即將要俯衝的訊號。最後，他把操縱桿推到最前，將無畏式機首朝向大海、進入了俯衝。「要活下來，」他跟自己說。「要活下來。」[64]

加賀號長方型般的艦體正在順時針轉向。艦體後半部已經在「五十英尺高的火焰之中，」這很可能是由卡拉漢的炸彈在油庫中爆炸所造成的。不過，艦體的另一半還是完整的。克萊斯還記得那時候，「那個有著紅色大圓圈的艦艏還是完好無缺。[65]」那是一個極為龐大的旭日標誌。克萊斯在整整四十秒中，都盯著那個紅色旭日的位置，並以它為瞄準點。防空砲火現在變得更激烈了，黑煙霧在天空中綻放。「活下來，」克萊斯重覆說著，風狠狠地拍在他的臉上[66]。他俯衝超過一萬英尺了，那個紅色圓圈繼續擺動進入位置當中。座機加速到時速二四〇節。他的調整——左肘的配平控制、雙腳的方向舵踏板、操縱桿——全部都十分微小。到四千英尺，他俯身向前，費力地看進投彈瞄準鏡，並以左膝抵近投彈桿。通過二千五百英尺，那是建議的炸彈投放點，但還繼續俯衝。他下定決心要俯衝到一千五百英尺，確保一次正中目標。他以左手把投彈桿設定成「齊射」模式，釋放了五百磅通用炸彈。一秒之後，再投出兩枚一百磅燃燒彈[67]。然後，他把操縱桿往後一拉，從俯衝中改成爬升。

克萊斯從無畏式投下的，是一個裝滿二六四磅三硝基甲苯——又稱TNT烈性炸藥的金屬容器。那個炸彈的外觀，有著尖弧形彈頭，圓柱型彈身及四片尾翼。從彈頭纏繞到彈尾的，是炸彈的備炸線路。當這個裝著爆裂物的容器離開飛機後，備炸線路也會脫離，啟動彈頭尖端的炸備旋翼。這個旋翼會在風中旋轉，由於時速會超過每小時三百英里，炸備旋翼便會完全旋轉，讓炸彈引信完全進入備炸狀態。三秒鐘之後，它擊中了加賀號的甲板。引信的上半部便會相撞嵌進下半部，讓撞針刺進底火。百分之一秒之後，當彈體進入機庫內，底火便會啟動雷管，然後再引爆TNT裝藥。頃刻之間，TNT便會轉化成一種高熱氣體。這股氣體會猛烈地膨漲起來，向四方八面發出一道衝擊波[68]。

在改平過程中，克萊斯的飛行高度之低，連海水都能飛濺到座機的擋風玻璃上。從肩膀往後望，他能看到「在巨大的紅色圓圈上發生中的爆炸，或者說，一個很大的，還有一個較小但更為強烈的爆炸。[69]」較大的炸彈命中了前方升降機，並把艦橋所有舷窗都吹飛了[70]。而克萊斯的炸彈所引起的火勢與卡拉漢點燃的火災合流，使得「整艘船都籠罩在一百英尺高的烈火之中。[71]」從飛行甲板站起來的水戶屋急忙跑上前往艦橋的樓梯。艦橋裡，加賀號艦長岡田次作大佐就在繪圖桌旁，很明顯受到衝擊的他，「半夢半醒的，就像個在夢遊的人般」站著。另一個人，也就是艦上的其中一位損管官，報告說大火已經擴散到艦內各處。「除非我們現在棄艦，」他說，「她會把我們全部人都沉下去。」「大佐茫然地搖了搖頭，」水戶屋回憶道。然後他說，「我會留下來陪著我的船。[72]」水戶屋想說有些事情是需要做的。他前往下層甲板想找艦內電話聯繫輪機艙以了解戰損狀況。當拾梯而下時，他聽到更多無畏式的尖銳呼嘯聲。

正在衝著加賀號而來的，是詹姆士·德斯特（James Dexter）及他的射手唐·霍夫。德斯特拖了太久才俯衝下來，因此他只能以超過九十度的陡峭角度來彌補。所有沒固定的物品都開始從機上漂起並飛走。霍夫也從座位上漂了起來，他使勁地拉著腰部的安全帶，並且震驚地看著雙聯裝機槍的彈鏈從彈藥箱滾出，「像兩條從籃子升起的眼鏡蛇。」他現在只能透過對講機使勁喊出當前高度，並發狂似地試圖把彈鏈都塞回去彈藥箱。接著，德斯特投放了炸彈，並把操縱桿往後一拉以免直衝入水中。而在從俯衝過程改平的短暫黑暈過去的霍夫，剛好來得及恢復意識，看到了投彈後產生的巨大爆炸[73]。它完全摧毀了加賀的艦橋，殺死了岡田大佐及所有在上面的人[74]。

直到從俯衝改平後，克萊斯才遇上他當天的第一架零戰。那戰鬥機對他來了一輪掃射，但克萊斯的反應太快了。他把座機壓向側面，然後史諾登射出一串連發。零戰就這樣脫離了，要不是被擊傷就是沒有彈藥了。也許他之前就把彈藥花光在不走運的魚雷機上。克萊斯現在需要從日本護衛船艦當中殺出一條血路，那些船艦都在對他猛烈射擊，使他不得不壓坡和急轉向來規避砲火[75]。在克萊斯之後不久就開始拉升的德斯特，同樣受到日軍戰鬥機攻擊，也許是同一架。情況相同的是，攻擊者在霍夫開火後就離開了[76]。德斯特現在也開始回航了。

下一個分隊的無畏式，已經在俯降下來的路上了。就在麥克勞斯基及卡拉漢開始俯衝後幾秒鐘，迪金森也反覆晃動機翼，示意他要開始攻擊了。隨後，把機首抬升，當飛機開始顫抖著要進入失速時，他打開了俯衝襟翼。機首翻過來之後，他帶領著分隊向下方的航艦衝去。他後來寫道，這是他「有史以來最好的一次俯衝。」一向著目標猛衝時，他看到第一枚炸彈投下，還有零戰準備在跑道上加速起飛的畫面。透過訓練，他知道那個有著黃色甲板及艦橋置於右舷是哪一艘航艦：加賀號。如他所言，那艘船艦「象徵了我們的訓練所要摧毀的一切。[77]」

當通過一萬二千英尺時，迪金森能夠看到所有在他前方的飛機。九架俯衝而下的無畏式大概各自相隔了一千英尺。迪金森從加賀號的左方迫近，稍微接近艦艉的位置。「目標讓人極為滿意，」他回憶道。「中隊的俯衝也很完美。這是當然的。在此之後，我覺得再說什麼也是掃興話了。」就像克萊斯，迪金森也瞄準了艦艏的紅色太陽。投放炸彈前，迪金森也從望遠鏡式投彈瞄準鏡費力瞄準。他小心翼翼調整飛行路線，把瞄具的準星保持在剛好與紅色太陽有一點距離。當他準備投彈時，德斯特的炸彈命中了，使得飛行甲板向外炸裂開來，展露出下方機庫的大部分。數秒之後，迪金森也投彈了。他保持了飛行路線一段時間——防止炸彈失了準頭——然後才開始爬升。

跟卡拉漢一樣，迪金森也違反規定，回望了他的成果。把操縱桿往後拉時，他在與加賀號甲板齊高的位置失速，那正好是五百磅炸彈命中艦橋右方，還有兩枚一百磅炸彈在飛行甲板前方停泊的飛機當中爆炸的時刻。那爆炸的威力讓他開始懷疑自己能不能存活。他收起俯衝襟翼、把機首朝下，以獲得速度逃離這個區域。兩架零戰從他的無畏式下方飛過，但讓他驚訝的是，它們沒有向他開火，而是去追擊其他飛機。第三架零戰有試圖迎戰他，但迪金森的後座射手約瑟夫·F·德盧卡（Joseph F. DeLuca）很快便開火還擊。那架零戰就此脫離了。[78]

這距離麥克勞斯基投彈後不過兩分鐘。在差不多同樣長度的時間內，另外十七架無畏式也向加賀號投彈。不過似乎沒有其他炸彈命中了。[79] 一名目擊者稱，即使在攻擊仍然進行中的時候，「因為艦島冒出濃煙，你無法看到它前方的情況。……還有噴射到空中的火焰及殘骸碎片。[80]」仍然在用眼角餘光掃視的薩奇後來寫道，他「從來沒有見過如此一流的俯衝轟炸。」對他來說，以較為樂觀的角度來說，就像「幾乎每一枚炸彈都命中了。」不過在這一刻，他最為全神貫注的事情，仍然是閃避零戰的攻擊，還有保護第三魚雷機中隊那些仍然緩慢地飛向機動部隊的魚雷機[81]。

美國人對加賀號攻擊的影響是立竿見影且具毀滅性的。在數秒之內，這艘航艦就從一個庇護所轉變成了墳墓。飛行甲板上的飛機都被摧毀了，橘紅色的火焰與黑煙，就如水戶屋所回憶道，「就像從煙囪般從機尾冒出。」那一塊由薄鋼板組成並覆以木板的飛行甲板，現在成為了「瘋狂混亂被撕破的金屬」，已經破壞到無法修復的程度。水戶屋帶著憤怒、悲痛及沮喪的心情落淚[82]。

當天早上的手舞足蹈——對中途島的打擊，以及大大削減美軍魚雷機中隊的戰力——突然變成了一片愁雲慘霧。蒼龍號的擴音器發出空襲警報，甲板上的所有官兵的注意力，也突然從盯著梅西的行動，變成看向加賀號不斷噴出的黑煙[83]。飛行甲板下方，當魚雷機飛行員森拾三聽到空襲警報時，他正在待命室吃飯糰。有些飛行員跑到上方去了，但他仍然繼續用餐，因為他知道他的飛機在短時間內不會備好起飛了。「現在最好還是先吃點東西，」他自言自語說道[84]。與森相反的是，當警報響起時，戰鬥機飛行員原田要正等待著他的零式完成重新裝彈作業。聽到警報後，他便立即跳進他的零戰內，並開始起飛[85]。飛龍號上，官兵們因為加賀號受到的苦難，感到極為羞愧難受。「看著這般龐大的航艦彈指之間就被解決掉，」艦上航海官回憶道，「就像一個慢動作的惡夢。[86]」

赤城號上，古田清人在機庫臨時兼差幫忙艦載機裝彈作業後，正在外面納涼降溫。看到炸彈命中加賀號，他自言自語，「天啊，」然後跑向最接近的廁所。他預計自己很快就會被派往進行反擊任務，因此有必需先去小解[87]。在日本旗艦上的另一名觀察者就簡單直白地評論道，「加賀號最後還是被擊垮了。[88]」這些人不知道的是，他們的苦難差不多要開始了。

突然間，蒼龍號上的一名瞭望哨大喊道，「敵方俯衝轟炸機——在雲間洞隙。[89]」與另外兩個中隊不同，約克鎮號的第三轟炸機中隊在高空迫近時就被目視發現了。不過，這也只是中隊長麥斯威．列斯利壓下機頭前數秒鐘的事情。他的座機沒有炸彈，已經意外投落在茫茫大海上，但他不管怎樣仍然想要俯衝帶領部下攻擊。列斯利與他的中隊就這樣俯衝進他後來在行動後報告所描述的，來自航艦上的防空砲火所傾瀉的「滿滿的火環」當中[90]。另一位目擊者稱，那些防空砲火看起來就像在日軍航艦飛行甲板的「邊緣周圍一閃一閃的燈泡。[91]」但當蒼龍號開始迎擊那些來自右方的攻擊者時，那些從左方及後方對著航艦俯衝而下的攻擊機仍然沒有被發現[92]。原田要現在已經升空，但要阻止那些無畏式為時已晚。「它們就像石頭一樣向下墜，」他回憶道，「直接往下方的航艦而去。它們像閃電般飛越我們。完全無從能攔截。」[93]

俯衝在最前方的是左撇子．荷柏格，日軍防空砲火打在他的座機「就像石頭敲在鐵皮屋頂上。」[94]儘管還是個菜鳥，他實際上是第一位對著蒼龍號投彈的無畏式飛官。他的炸彈就落在飛行甲板的正中央，剛好在前升降機的前方，然後在下方的機庫引爆。在飛行甲板後方的日軍艦載機立即就炸毀，正如有目擊者所言，「一片火海，」還有一架在起飛過程中的戰鬥機，被爆風吹落航艦舷側。一秒鐘之後，第三枚炸彈擊中後方兩個升降機之間的飛行甲板。爆炸產生的衝擊，還讓蒼龍號的輪機暫時停止運作。列斯利機隊的攻擊總計三分鐘左右。這時是一〇二八時[95]。

第一枚炸彈引爆時產生的爆風，把蒼龍號副長小原尚撞倒在地上。小原當時在艦橋，並在他人協助下站了起來，他覺得那感覺不過就像是桑拿浴。可是，其他人卻紛紛趕過來，並以毛巾覆蓋著他的臉。他整個人都被嚴重燒傷。蒼龍號砲術長金尾瀧一同樣嚴重燒傷，尤其是雙手，他覺得雙手皮膚好像都被剝了下來。不過，小原及鹿野都是幸運的人，因為身邊其他人幾乎全都被炸死了。真正的影響還在上層甲板下方，那炸彈在森拾三四十英尺開外的地方引爆。爆炸的火焰像噴射流般射進飛行員待命室，也就是森拾三正在吃飯糰的地方。他只能被迫逃命去了[96]。

海平面上，現在不但滿佈美軍的魚雷機，還有正在窮追不捨的零戰，以及那些正在尋路出逃的無畏式俯衝轟炸機。路・霍普金斯在脫離俯衝，以及把高度降至有多低就有多低，低到快要與海水觸碰的時候，就被一架零戰盯上。他的後座射手不停催促他，甚至到有點囉唆了，叫他「快點離開這個該死的地方。」[97]類似的對話，幾乎在這場短兵相接的戰場隨處上演。日本船艦的防空砲手全醒了過來。面對一艘日本驅逐艦的防空火力，迪金森不得不在每一發砲火來臨時，先爬升再朝海面猛壓低機頭，希望能藉此讓日軍砲手失去射擊準頭。對迪金森來說十分幸運的是，那些零戰主要仍然集中在第三魚雷機中隊上。他看到這些零戰的其中一架飛到他的右邊，然後再飛越他，「死纏爛打」著一群與他的飛行路線交錯的毀滅者式魚雷機[98]。迪金森瞄準了其中一架，但隨後就猶豫了。「如果我沒射中他，」他這樣想，「他就會注意到我，然後極度瘋狂地盯著我不放。」但這個誘惑實在太巨大，迪金森發射了一串紮實的連發並逮住對方：那架零戰旋轉、失去控制，並撞落海面。

與此同時，迪克・貝斯特的三架飛機也未被察覺，在一萬四千英尺高度來到赤城號[99]。貝斯特不得不讓他的無畏式減慢到足以打開俯衝襟翼的速度。後座，詹姆士・莫里又一次把座椅調到向前，準備喊出俯衝時的高度。貝斯特現在把他的操縱桿往前一推，開始進入七十度的急速俯衝，愛德溫・克勒格及佛雷德・韋伯（Fred Weber）在兩側尾隨。這個「V」字型編隊的準頭會比以縱隊進行俯衝來得更低，但它能把奇襲效果最大化。在下方，莫里能看到戰鬥機從看起來是被一個又大又紅的「肉丸」佔據的「骯髒的黃色甲板」上起飛。像當天的其他美國人一樣，他的思緒回到了珍珠港，而且他還在好奇「那些日本飛行員有沒有想過，這樣的事情也可能發生在他們的船上。[100]」

數秒之後，他們被發現了。赤城號的一個瞭望哨大喊示警：「地獄俯衝者！」淵田往上看，就像兩分鐘前的吉野，他看到三架暗色的飛機向他俯衝過來。又一次，日軍的防空砲火沒什麼效果。只有少數砲彈向著莫里而來。他看著它們飛越其左翼過去。俯衝過程中，他以每一千英尺為基準喊出高度變化，這樣貝斯特就能集中在把飛機對準目標上。當他們通過兩千英尺時，莫里就調整成每一百英尺的變量。全數三架飛機都大約在二千至一千五百英尺之間同步投彈[101]。淵田看到炸彈向著赤城號掉落，趴下尋找掩護。

開始爬升時，莫里被重力吸往他的座位去。當無畏式飛過赤城號往下看，他能看到赤城號官兵在四周「亂竄」。他立即就把座位再次轉向後方，以面對潛在的零戰攻擊，但一架都沒有出現。不遠處，莫里及貝斯特還能看到兩艘航艦在燃燒中，那是加賀號及蒼龍號。在他們下方，還看到第三魚雷機中隊——貝斯特還記得，他們「仍然維持緊密的隊形」，正在緩慢飛行——正在遭受沉重的防空砲火打擊，還受到「一群」零戰追擊。莫里向其中一架開火，讓敵方戰鬥機轉向離開他的視野[102]。

淵田在俯衝轟炸機開始下降時，就聽到它們的呼嘯聲。緊接而來的就是第一枚炸彈重擊在飛行甲板上，隨後就是「一道令人眩目的閃光。」差不多立即緊接著出現的就是「第二次爆炸，還比第一次要響亮很多。[103]」一位目擊者看到「一道由炸彈引起的橘色閃光」在赤城號的飛行甲板上，接踵而來就是「在艦舯水線部分的爆炸，一陣轟隆響亮、綠黃色的火球，似乎在艦體深處開出一個破洞。[104]」淵田感覺到由「奇怪的爆炸」所產生的一團暖空氣，然後是另一輪衝擊——儘管沒那麼暴力。他重新站穩之後再往上看，天空已經空空如也。剛剛一直在艱苦奮戰的赤城號防空砲組也安靜了下來。再也沒有什麼目標可以射擊。貝斯特與另外兩架僚機早就在回家的路上。

三架轟炸機之中，只有一架真的命中了赤城號，另外兩架的攻擊是非常接近的近失彈，而其中之一產生了第二次比較和緩的衝擊波，就是讓淵田大為搖晃的那一次。不過最起碼他還能有點預警，甲板下的其他人就沒有這個機會了。不幸的古田清人，當他被來自甲板上的衝擊波劇烈晃動時，他仍然在廁所裡。之後他近乎是立即受到第二次衝擊——實際上是擊中艦艉附近的兩枚近失彈之一。古田終於辦完事來到飛行甲板。下山要兵曹（音譯 Shimoyama Kaname）也有類似的經驗。他當時在飛行甲板下方的魚雷調整室內往舷窗一看，還能看到第三魚雷機中隊正在攻擊，但他對赤城號被俯衝轟炸機攻擊一事完全不知情[105]。

飛行甲板上，淵田被炸彈造成的損害所震驚。炸彈在中部升降機後的甲板炸出了一個大洞，「往下彎」到完全扭曲變形，「就像溶化掉的玻璃」一樣落入下方的機庫裡。飛行甲板上的艦載機當中，有些被爆風弄翻了。其他都被翻到以機尾佇立著，「不停冒出狂怒的火焰及烏黑的濃煙。[106]」「在四處散落著的，」一位日本歷史學家寫道，還有「只剩下軀幹的屍體，還有四散著的人體四肢。[107]」飛行甲板已經被嚴重破壞。再也沒有飛機能從上面起飛。就像水戶屋，淵田也是個硬漢，但他流出絕望的眼淚。

飛龍號是當前唯一沒有受傷的航艦，日本人正驚恐地看著眼前發生的事。其中飛行員丸山泰輔少尉，在聽到遭受攻擊的消息時正在待命室等候。往上走到飛行甲板，他可以說是大受打擊：「看到我們的船艦受損的可怕景象，我完全無法相信自己的雙眼。」[108] 其他紛紛衝去找一個更好的位置來觀察剛剛降臨在機動部隊頭上災難的飛行員，也有相似的沮喪感。飛龍號艦橋上，副長鹿江隆中佐幾乎被嚇到呆若木雞。他輕聲納悶地問道，「我們到底會落得什麼下場？[109]」

當天早上，有兩艘日本航艦幾乎是同一時間被擊潰。對赤城號的攻擊是同時且短暫：三架飛機同時俯衝，也同時脫離。可是，對加賀號及蒼龍號的攻擊卻是連續且為時甚久：有很多飛機以長縱隊進行俯衝，每一架飛機都作出了貢獻，如果不是擊中目標，那也是對目標造成混亂。對蒼龍號的攻擊持續了大概三分鐘；對加賀號的攻擊時間，大概是那兩倍長。

無畏式飛行員以戰技完成了這項暴力行為，並沒有投下多少炸彈，但卻像導引飛彈般有效。二十七名飛行員攻擊加賀號，命中了四次；三名飛官攻擊赤城號並命中了一次。九架攻擊蒼龍號，命中了三次。

總計來說，這些攻擊的平均成功率是百分之二十一。每五枚炸彈就有一枚擊中目標。

當天早上，差不多所有成功擊中機動部隊的飛行員，都是在戰前加入美國海軍、受過高度訓練的人員：迪克・貝斯特、厄爾・卡拉漢、灰塵佬・克萊斯、詹姆士・德斯特、克勞倫斯・迪金森、左撇子・荷柏格、哈羅德・博頓利（Harold Bottomley），以及迪威特・森威（DeWitt Shumway）[110]。除了一人（德斯特）之外，上述所有人都是美國海軍官校校友。路・霍普金斯是當天其中一位沒擊中目標的人。「那些經驗豐富的老兵們，」他回憶道，「在中途島對日本航艦的傷害，絕大多數都是由他們一手包辦的。」[111]灰塵佬・克萊斯本人就代表了老兵們的經驗及訓練。當他在當天早上爬進他的無畏式準備起飛時，他已經在駕駛艙內花了八百二十六小時了。而他對加賀號的作為，更在那一年重複實施了八次，這還沒有將其他的訓練計算在內。俯衝轟炸是他的維生之道，而他也極為精於此。

不到幾分鐘時間，海上形勢已經急遽變換。現在海面上充斥了三座火葬堆，加賀號、蒼龍號及赤城號全部都在噴出黑煙。對於那些目擊者——不管是機動部隊官兵還是在天空中的美軍飛行員——這個景象永世難忘。日本人能看出加賀號老早已經沒救了，蒼龍號很可能也差不多。赤城號看來似乎是受傷最輕微的，因為它沒有被燃燒彈攻擊。但在艦體深處，赤城號的內部早就受到可怕的損害。很明顯，這場仗對日軍已經不利了。這對他們來說是極為糟糕的時刻。「這個景象，」淵田回憶道，「實在恐怖得令人難以正視。[112]」「那實在令人無法置信，」水戶屋寫道。「不出數秒，我們無敵的航艦部隊就變成一堆破碎的殘骸。[113]」現正在日軍艦隊上空盤旋的克萊斯，看待這件事的態度卻截然不同。對他來說，那三艘被打殘的航艦「是幅美麗的風景。[114]」

# 第三部　會戰過後

# 第六章　火海

儘管還沒有美國人亦或者是日本人知曉，但中途島海戰的結局已經再明顯不過了。韋德・麥克勞斯基及麥斯威・列斯利的轟炸機所點燃的大火，只有在日軍航艦沉入太平洋的海水時才會被熄滅。在接下來數個小時，它們的乘員以破釜沉舟般的勇氣去對抗必然的命運，但日本艦隊對抗氣、火及水三種元素的戰鬥，最終以失敗及大量傷亡劃上句號。無畏式的到來證明是決定性的結果。它們組成的銀色狂潮帶來了一片火海，而這片火海很快就會吞噬絕大部分的日軍機動部隊。

航艦機庫內，有不少東西是可燃性的。那些飛機都是滿載汽油（一架九七式艦上攻擊機就有大概一八〇加侖的油料）。而且，爆風還切斷了燃油管線，它們持續把汽油抽到機庫。在沒有通風的情況下，那些汽油及四散遍地、無人管理的彈藥，開始產生出潛在的油氣混合彈。彈藥，如一名日軍爆裂物專家所寫道，「是一種有機產物，即使是由我們所創造，它仍經常堅持其本身的獨立性，有時還會背叛我們愚蠢的期望。」[1] 機動部隊的航艦機庫甲板上堆積如山的炸彈及魚雷都已經組裝好，以備攻擊美軍船艦之用，現在它們差不多要展現自我本色的時候了。

加賀號飛行員待命室外的吉野治男一飛曹，與其他人一同被第一枚炸彈起爆的爆風導致失去知覺。「當我恢復意識並環視四周，」他還記得，「不久前還在的每一個人都消失了。只有一個比我晚一期的同僚跟我還在那裡。」[2] 其他人一早被爆風吹到海裡去了。

國定義男大尉同樣在機庫附近。他正從梯間一路往下，帶領一群志願者協助撲滅火災，就在此時，一陣爆風把他擊倒在地上。艦內的照明系統熄滅了。其中一人說，「我被擊中了。」國定把手電筒打開。他找到那名受傷的水兵，對方的腳被扭曲至一個奇怪的角度。國定抱起他之後，開始把傷者拖進側面的艙室，而在這個時候，一陣像是由油汽混合彈所產生的爆風襲來。就像吉野一樣，國定也被擊倒昏迷了。[3]

為了逃離大火，吉野與他的同伴繼續沿著舷側的通道前進。這條通道把他們帶回一處還未被大火波及的甲板，但這裡仍然是不安全，可以聽到從機庫內部傳來的爆炸聲。在過去六個月，加賀號都是吉野的家。但現在他除了逃離此處之外別無所求。[4]

在第二次爆炸開始的時候，水戶屋瀨洲正在下層甲板。他立即沿著樓梯衝上艦橋來接收命令。當爬到日光能照射到的地方，他被眼前的景象所震撼：「那已經沒有什麼艦橋了。一次直接命中，已經把艦上的樞紐給粉碎了。」從那破壞程度而言，艦長及很多水戶屋的朋友應該都已經陣亡。「加賀號現在已經是一片火海，」水戶屋回憶道，「充滿著被燒焦、燻黑的人們，在無助的混亂中震驚踉蹌著。[5]」

前田武二飛曹在一位同袍協助下，抵達在加賀號艦艉附近的救生艇集結區。在那裡，他躺下來以舒緩身上傷口的痛楚，而且還因為飢餓而變得十分衰弱——他在早餐之後就再沒有進食了。其他從火海中逃生的官兵也在艦艉與他會合。透過雙肩，他似乎能感到這艘船已經快要四分五裂了。爆炸又產生了一陣「突如其來的顛簸。」然後傳來了所有聲音中最為不祥的一種：寂靜無聲。船上的輪機已經停擺了[6]。

蒼龍號的狀況也差不多。一枚炸彈貫穿後，最遠抵達了下層機庫甲板，在那裡，它在保修人員之間造成了巨大傷亡。在其下方的輪機艙，爆風把火焰吹進通風管道裡[7]。

下方的右舷輪機艙裡，那些負責照料鍋爐的人員發現他們被困住了，艙口的螺栓已經融化成一塊。有一位倖存者還記得「四處都是高溫與濃煙。」那些人試圖用船底的水來為自己降溫，但那些水也變得很熱。有些人死了，其他人發狂了[8]。

艦橋上，蒼龍號艦長柳本柳作大佐發現所有傳聲管、電話，以及所以俥鐘全部都失去作用。他完全沒辦法與他的參謀聯絡，也不能接收訊息或發令，他變成了在自己艦上的一名旁觀者。他的副手小原尚中佐嚴重燒傷，但仍然堅持在下一層甲板開設新的指揮所。可是，當小原尚奮力一試後，他發現這是徒勞無功的——與艦上其他位置取得聯繫仍然是不可能的任務。小原尚下到去飛行甲板，然後就筋疲力盡而昏倒了[9]。

當蒼龍號被命中時，上等整備兵曹元木茂男剛好在飛行甲板。第二枚炸彈把他擊倒了，進而發現自己身處火海。他想要用繩子爬到側邊下方一座防空砲，但是沒有抓穩而往下掉了大概十英尺，還摔傷了臀部。他最後終於排除萬難來到下層甲板，恰巧在這個時候，發生了誘爆。「假如我留在一開始的位置，」他在多年後說，「我應該立即就被殺死了。[10]」

這是一連串爆炸的開始，持續了數分鐘，跟加賀號發生的情況相似。最終逃出待命室的森拾三，剛好在被爆風吞噬之前抵達飛行甲板。「飛機的碎片，」他回憶說，「正在上空不停地飛舞，」那邊還有「一道火場衝著他而來。」因為風向的突變，才使他撿回一命。接下來還有兩次「雷霆般的爆炸」從機庫傳來。人們正在用管線引入海水救火，但收效甚微[11]。其他成功逃到飛行甲板的官兵，例如小原尚中佐就被爆風吹到海裡[12]。

這次爆炸搞不好是救了小原一命。海水使他清醒過來，而且在一時之間，將他與大火分隔。數十名官兵跟他一樣，已經在海面上了。遠處，他能看到陷入火海的加賀號，是三艘航艦中受損最嚴重的一艘，正在不停噴出黑煙。他的人生跑馬燈被一條來自前船錨甲板的繩子所打斷。即使艦上火災正在惡化，剩下的官兵還是把人員拖回艦上。糊里糊塗且嚴重受傷的小原接受了他們放下的繩子，然後把背靠在船上。

他偷偷聽到砲術長向旗艦發出以下訊息：「艦長陣亡，副長失去意識。請問本艦該如何處置？[13]」赤城號沒有回應。

表面上，赤城號的狀況遠遠優於加賀號及蒼龍號。赤城號只有被一枚炸彈擊中。這枚炸彈在上機庫甲板的中央引爆，造成了大量的損害，但火勢看來是受控了。艦隊司令部副官西林少佐被派往下方調查。

赤城號最迫在眉睫的問題是指揮管制。通訊線路的破壞，讓南雲忠一中將沒有辦法與外界聯絡[14]。參謀長草鹿龍之介敦促他把將旗轉移到長良號巡洋艦上。草鹿主張這是必要的，這樣南雲才能繼續指揮整支部隊。但南雲的反應很遲緩，多少展示出他也許受驚了。一位目擊者形容南雲的回應是一個「不情不願的點頭示意。」草鹿繼續懇求著。「長官，」他解釋道，「我們絕大多數船艦仍然是完好無缺。你必須繼續指揮作戰。」但南雲仍然留在赤城號上[15]。

不過，在許多官兵眼中，情況看起來卻截然不同。民間攝影師牧島貞一從他躺了好一會的飛行甲板站起來，就發現「升降機已經被撕破了，那鐵板扭曲得就像糖果。在各處都有黃黃紅紅的火焰燒起來。」在機庫，他可以看到艦載機的殘體以及支離破碎的人體部分——分散各處的手手腳腳。「在這些殘骸與殘肢之中，」牧島說道，他「能聽到傷者的呻吟，還有惡魔的吶喊。[16]」

牧島往下跑到飛行員待命室。淵田美津雄及其他人已經在那裡聚集了。「蒼龍號也被擊沉了，」其中一名軍官說。沒有人說話。有一名受傷的整備兵被抬了進來，頭部及腹部正在流血。他的臉也變成深藍色了，而且還出現呼吸困難。他因為傷痛而發出的呻吟聲，成為了艙間內唯一的聲音。

很多人被困在下層甲板。失去動力之後，照明系統也停止運作，而沒有照明的話，就很難在其中辨別方向、打開艙門、攀爬樓梯，以及在隔艙間移動。在迪克．貝斯特的炸彈命中時，正在飛行甲板下方魚雷調整室的下山要兵曹，就說那個艙室在失去照明後變得漆黑一片。有些人已經無法保持冷靜，機庫就在旁邊，而誘爆既強大又頻繁。下山還記得，「我覺得我們的航艦將隨時會沉沒。」但他聽從了長官的命令，後者一直叫喊著「舷窗，舷窗」。下山找到了在隔艙上的舷窗，並開始擰鬆蓋板。這再怎麼樣也是完全不夠快的。「即使到今天，」他在超過半世紀後說道，「我仍然無法忘記，那時候所感受到的無助感。[17]」

日本海軍損管系統的毫無準備，更使得當時的混亂火上添油[18]。對航艦的攻擊可以說是完全出乎意料的，因此當時日本人也沒有時間能排除燃料管線內的汽油。正如在加賀號上的情況，赤城號被切斷的油管線也把汽油抽到機庫甲板，為火勢推波助瀾。這三艘航艦面對的另一個問題，是爆炸使得緊急發電機受損。失去了動力，抽水機沒有辦法運作。結果這就像《古舟子詠》（*The Rime of the Ancient Mariner*）所言：除了需要水的地方外，到處都有水。這些航艦都在太平洋的中央，但就完全沒有辦法能把水抽上來滅火[19]。

日本航艦上的指揮架構也同樣不適合進行損管行動。不同於美國船艦指派一名高階軍官負責，日本海軍把損管任務指派給相對低階的軍官。這使得在危機到來時，人員及資源的分配調遣十分困難[20]。再加上，日本人傾向只對四分之一的船員進行損管技術的訓練，而美國人就把除了飛行員以外的官兵，都包括在損管系統之內。不管哪一套做法都是困難重重的。假如大火沒有殺死你，還有濃煙在等著你。在戰爭後期，美軍引入一種能在濃煙狀態下呼吸的特殊面具，還有在這種情況下照明用的全封閉式束光燈。但這些裝備同樣有其局限。面具只能提供足夠使用四十五分鐘的氧氣，而全封閉式束光燈只能照亮數英尺範圍。而在中途島，日本人並沒有這兩項裝備。他們只能被烈火焚燒，還有被濃煙阻隔視線以及透不過氣來[21]。

一連串誘爆出現在赤城號上各處。很多人現在都擔心這艘船差不多要沉了。赤城號艦長青木泰二郎大佐立即下令對前方彈藥庫注水，防止該處的爆裂物被火勢波及而爆炸[22]。

大約在機動部隊五英里外的灰塵佬・克萊斯轉過頭來，從肩膀最後一次望向後方的日軍船艦，他看到那些航艦「燒得像是堪薩斯州的稻草堆。」赤城號的大火已經高達三百英尺，艦上鋼材已「熱得發紅。」轉去加賀號，克萊斯看到一個「災難性的大爆炸，把航艦前半部的艦體都淘空了。」巨大的升降機被拋至半空。「像火箭般的火舌還有鋼材的碎片，被快速噴至大概三至四千英尺高，」克萊斯說。就像「把火舌噴到空中的高空煙火。」一整艘航艦都被濃煙所籠罩[23]。克勞倫斯・迪金森也觀察到同樣的情境。「我看到加賀號艦體中央發生爆炸，」他寫到，就像「一團堅實的火球徑直被噴出來，」而這一個大火球「穿過了像羊毛般的低空雲層」到水面上一千二百英尺，甚至更高。有些爆炸的火球是由艦上油料所造成的，但迪金森是在得知事情的全貌之前寫下了這些文字，他認為爆炸主要由「被日本人放置在機庫，以準備隨時讓艦載機重新武裝的炸彈」所造成的[24]。

到大約一〇三〇時左右，克萊斯及其他企業號的飛行員已經完成了向中途島的第一階段折線飛行，這是精心策劃來掩飾它們是航艦艦載機的行動[25]。是時候轉向東北方向回母艦了。

飛行員當時已經被迫至臨界點、緊張不已：絕大多數人都是獨自飛行，他們的編隊在攻擊時已經打散，而且還處在敵方空中巡邏的範圍內。他們的擔憂並非空穴來風。在設定好航線後，數架零戰就出現了。麥克勞斯基的肩膀被擊中，不過他的後座射手華特．考查留斯克擊落了一架，又趕跑了另一架。克萊斯同樣受到攻擊，但他最後毫髮未傷地逃脫了。前方，他發現有一些中隊弟兄的飛機，但當他試圖前去會合時，他們卻飛馳而去，很可能是把他誤認成另一架零戰了吧。他逐漸停止了燃料混合功能，希望能省下越多的燃料來飛回母艦越好。如果他找得到的話，企業號差不多就在地平線外一百英里。

不久之後，又一架零戰攻擊了克萊斯，而約翰．史諾登又一次趕跑了它。「如果我這輩子有作出了一個明智決定的話，」克萊斯後來反思道，「那就是我選擇了約翰來當我的後座射手。[26]」對於那些獨自飛行，最好情況下也只有後座射手作伴的人而言，返回航艦是一趟很漫長的飛行。克萊斯後來寫道，歷史「不太會關心那些勝利的飛行員有誰能返回基地，」但對每一個人來說，那當然極為重要[27]。好生照料著油量表，焦慮地掃視著天空，還有經常得處理戰鬥損傷及嚴重的傷患，無畏式機組員們正在艱難前進中。

第三魚雷機中隊的倖存者當中，沒有任何人記得曾目睹過加賀號的爆炸，但這並不令人意外，因為當時他們仍然在殺出一條血路前往攻擊機動部隊。這個中隊大體上是完好無缺的[28]。中隊內十二架魚雷機正準備攻擊飛龍號，該艦北方是燃起烈焰的蒼龍號，它在南邊陷入火海的赤城號與加賀號之間[29]。按照作戰準則，中隊兵分兩路以展開砧型攻擊。這使得敵方船艦同時受到來自兩舷的攻勢，因此不管它轉向哪一邊，都會很容易受到魚雷齊放的傷害。派屈克・哈特（Patrick Hart）的分隊去了其中一邊，而「萊姆」・梅西的分隊去了另外一邊，所有人在這段期間都遭受了防空砲火的持續射擊，以及零戰的連番掃射。

哈利・科爾的升降舵很快就被擊中，座機也開始向水面滑翔下去。他極其需要重新獲得高度，當他投下了掛載的「錫魚」後，科爾成功讓機首保持在一個足夠繼續飛行的高度上。他的發動機正在漏油，而且機上其中一個溫度計也被擊中了，但他仍然成功操縱飛機，並且重新加入編隊[30]。

隨後，令中隊恐懼萬分的事出現了，梅西的座機在距飛龍號大概一英里的距離爆炸成一團火球[31]。「看看中隊長，」科爾大喊道。往左一瞥，勞合・奇德斯看到梅西已經墜入水中[32]。在這一刻，日軍的戰鬥巡邏已經增加至四十三架零戰，而飛龍號上的防空砲組正在以「打光所有彈藥」的方式開火。不管怎樣，第三魚雷機中隊仍然繼續前進[33]。

長友安邦少尉負責指揮飛龍號右舷的六門防空砲作戰。從他的位置，他能看到毀滅者式正逐漸迫近。當距離飛龍號少於半哩時，它們投下魚雷了。每一枚魚雷都有十三英尺長，呈黑色外型的它們能夠以三十節（每小時三十四英里）的速度航行。其中一枚魚雷以一個會失效的角度入水，而另一枚魚雷則「像一艘高速快艇般」在水面飛馳著。三枚魚雷在正確定深航行，與右舷極為接近地游過。這段時間，長友說，「我當時冷汗直流，雙手握緊地看著。」根據一位美軍飛官的說法，只有五枚魚雷被投放。而長友卻說有十一枚，那是一個不可能的數字。「有一段時間，」他說，「我完全是靠本能反應與喊口令。」當時他正在導引防空砲火力，試圖在那些魚雷機殺害他們之前，先擊落對方。其中一架毀滅者式徑直往飛行甲板而來，在它爬升及騰空飛越之前，看起來就像是「要撞在船上自爆」[34]。

假如威利・索迪（Wally Short）的轟炸機在場的話，飛龍號也許在此時此刻就被擊沉了——但第三魚雷機中隊仍然為會戰作出了關鍵的貢獻。即便如此多的攻擊，對這一艘日本航艦來說儼如抓癢，但梅西的部下仍然吸引了日軍戰鬥巡邏的注意力。不管他們的魚雷是如何地不完美，他們的魚雷攻擊也意味著無畏式能在無人阻撓的情況下迫近目標，也能在撤退時更為從容。但這個擾亂是有代價的。第三魚雷機中隊的十二架魚雷機當中，只有科爾及「比爾」・艾德斯的魚雷機得以全身而退。

科爾及艾德斯在攻擊後便開始返回母艦，在接下來的大概十五分鐘仍然持續受到防空火力及零戰的攻擊[35]。吉米・薩奇及他的野貓式戰鬥機組織了強固的防禦，但他們同樣被日軍所淹沒。每當一架零戰被擊落，薩奇都會在他膝板做下記號，認真計算那些僅在「實實在在的紅紅烈火」中被吞沒的目標。「然後我意識到，這樣做有點愚蠢，」他回憶道，「為什麼我要在上面做記號，而我的膝板根本回不了航艦？」[36]在會戰的這個階段，薩奇認為他的中隊沒有任何一個人能存活下來。任何時候，他的座機也可能被擊中起火，然後旋轉著掉落大海。

科爾的後座射手奇德斯，在一架零戰掃射他們的飛機時，被兩發子彈擊中大腿。「那個骯髒的混蛋擊中我了，」他對自己說。鮮血讓他的卡其軍服變成黑色，那一刻，他的腳已經失去知覺[37]。很多零戰在接下來的十五分鐘繼續窮追不捨，而奇德斯也開火還擊了每一架。當他的三〇子彈耗盡後，他便拿出柯特四五手槍來射擊。一架又一架的零戰脫離了。餘下的最後一名零戰飛行員，最終飛到與艾德斯並排的位置，並在返航前對艾德斯作出了一個有騎士風度的揮手致意[38]。

薩奇與他剩下的四架野貓式戰鬥機的壓力隨即減輕。突然間，零戰全部都不見了。薩奇、「公羊」·迪比以及布納德·麥康伯（Brainard Macomber）隨即從目標區域脫離。麥康伯的野貓式受損嚴重，薩奇的座機也在漏油，只有迪比的戰鬥機仍然保持良好狀態。薩奇不知道的是，他還有兩名飛行員，湯姆·齊克（Tom Cheek）及丹尼爾·希迪（Daniel Sheedy）還在空，他們已經分別確定航線返航去了。在脫離的路上，薩奇看到一架受損的毀滅者式正在艱難緩慢地飛行，接著又看到另一架，薩奇在它們上空佔據了防禦位置，直至它們已經完全脫離險境為止。然後他也疾駛回航[39]。

用不了多久，即使加賀號、蒼龍號及赤城號沒有受到致命傷，但它們很明顯受到了極其嚴重的傷害。加賀號上，天谷孝久中佐正在飛行指揮所，那是飛行甲板上方的一個平台。在受到攻擊後不到二十分鐘，大火所產生的高溫，使他不得不離開此處。他決定去下層甲板協助救火。由於油槽起火及彈藥過熱爆燃，航艦各處的爆炸仍然持續發生，把人員及殘骸炸到水中。天谷無法抵達機庫，那裡的溫度實在太高了。其中一個成功去到的，是森永隆義飛行兵曹長。由於沒有水管能正常運作，他安排了一條人龍，從廁所把水桶傳遞到機庫。這是一幕令人難以滿意的情境。從最大規模的誘爆開始就被困在該處的國定義男大尉，這時人也在機庫。「工作長在此，」他大喊道。「所有分隊成員給我過來！」他把附近的倖存者都召集過來，總共有八人。他們當中有一半是嚴重受傷。其中一人還說，他們應該在大火中自焚的。國定使他冷靜下來，並讓所有人都待在一起。大火蔓延時，他帶領部下到艦體外的平台去[40]。

另一次爆炸使得蒼龍號猛烈搖動起來，這是當天早上最大的一次爆炸。它也許是由蔓延至魚雷艙室的大火引致，也可能是機庫內的彈藥過熱爆燃，或者是兩者所造成的共同結果[41]。這次爆炸在下層甲板產生出一陣烈火，讓很多還沒有逃出生天的官兵殉國。輪機艙內，水兵繼續試圖擰動融化了的艙門。最後艙門讓步了，他們才得以開始找出往上層的道路[42]。

森拾三仍然在飛行甲板上，並處於「驚愕狀態」。最近的一次爆炸，讓一道「咆哮著的高熱蒸汽噴流」從艦體舯部噴出。人們開始從甲板跳落大海。這個景象讓森想起他在數月之前協助擊沉的英國海軍航艦競技神號（HMS *Hermes*）。這天早上，輪到他從一艘毫無生氣的船上看向大海，沉思著面對大海或面對大火的生存機會。這對他來說就像「因果報應。」[43]

蒼龍號的艦橋上，情勢已經極為嚴峻。舵輪在一〇四三時失效，兩分鐘後柳本大佐下達了那攸關命運的命令：「棄艦。」[44]

森拾三成功抵達艦橋下方的救生艇甲板。一群人聚集在那裡，但救生艇卻沒辦法放到水面：起重機出問題。人們開始跳海。森覺得這大概有六十英尺的高度，實際上那只有一半，但森仍然很害怕。往南，他看到「加賀號及赤城號同樣猛烈地燃燒著。大海是完全平靜的，兩艦都在沸騰的垂直柱狀濃密黑煙之下、靜止不動地浮著。」最終他成為了少數仍然在艦上的人。「最後我鼓起勇氣，」他回憶道，「深呼吸一口氣後就往下跳。」[45]

森拾三雙腳先落水。當浮上水面時，救生艇也落下了。他開始把傷患拖到救生艇上，有很多人都被燒傷至毀容，或者無法游泳[46]。往上看，人們還能看到柳本大佐步履蹣跚地走到艦橋右方的信號平台。在那裡，他對在大海裡的官兵振奮人心地大喊道：「天皇陛下萬歲！」然後他看起來就像跳進火海之中，消失在眾人的視線[47]。對某些目擊者來說，看起來大佐已經葬身火海，但其他人則認為，他仍然在火海之中尋找出路。

赤城號的情況看起來還相對受控。爆炸現在變得斷斷續續，輪機仍能提供動力。可是，對於依然身在飛行員待命室內的牧島貞一而言，這個情況並不對勁，他正在慎重考慮該怎麼辦。突然間，赤城號劇烈抖動，好像被另一枚炸彈擊中似的。有更多受傷的整備兵開始抵達此處。「機庫內的魚雷及炸彈開始爆炸了，」他們之中的一人說。濃煙翻騰著湧進艙內，牧島正在尋找防毒面具，卻一無所獲。他在試圖逃離濃煙時，在走廊裡絆倒了[48]。

航艦上方傳來了數架毀滅者式的咆哮。它們已經把魚雷投向飛龍號，正在回航路上。青木艦長覺得它們實在飛得太接近了，便下令規避，轉舵甩掉這些敵機。兩分鐘後當他試圖回舵時，卻發現船舵卡住了。稍早時落在右舷側的近失彈一定對船舵多少造成損傷。隨後，高熱將停泊在飛行甲板上的零戰點燃，加劇混亂[49]。高溫同樣把「鋼板上的鉚釘…像子彈一樣彈出，」對官兵造成傷害[50]。大火開始向艦橋方向蔓延了。

赤城號艦橋上，南雲仍在猶豫不決。他很可能就和剛剛在欄杆旁的森拾三有著同樣的狀況——懼怕。或者，這是一個攸關榮譽的問題：他並不想被人視為離棄職守。這時青木艦長介入了。「中將閣下，」他說，「我會照顧好赤城號的。求求你，我們全部人都懇求你，請把將旗轉移到長良號，並恢復對部隊的指揮吧。」這說起來容易，做起來卻困難重重，因為西林少佐回報，下方所有通道都已經陷入火海。

現在要離開艦橋的唯一辦法，就是使用繩索。假如他們能抵達船錨甲板的話，中將一行人就會被來自長良號的小艇接走。現在很明顯，沒有時間可以浪費了。一〇四六時，迪克．貝斯特擊中赤城號十三分鐘後，南雲把赤城號交托給青木艦長後，他爬過窗戶並沿著繩索垂降。那大概是往飛行甲板下去約二十英尺左右的距離[51]。

青木艦長、淵田，還有另外幾個人繼續留在艦橋。青木徒勞地試圖聯繫輪機艙。航海長也試圖重新恢復船舵操作功能，但同樣失敗。很快，艦橋狀況進一步惡化。那些「不受約束的火焰」，淵田回憶道，「已經向著艦橋蔓延。」非常不祥地，那些縛在艦島側面，原用作破片防護的褥墊開始燃燒起來。飛行長轉身對著他最資深的飛官，「淵田，」他說，「我們不可能還待在艦橋了。你還是趁來得及，快點前往船錨甲板吧。[52]」

南雲從艦橋逃生的過程已經夠難了，但淵田卻可以說是難上加難。艦上更為熾熱，而剛完成手術的他仍然頗為虛弱。在其他水兵的協助下，淵田成功爬過窗戶，並抓住了那條「已經因高熱而悶燒中」的繩索。他成功抵達砲列甲板，並繼續前往樓梯。那樓梯就和他腳下的甲板一樣已經變得「火紅」了。在他周遭，爆炸仍然在發生。淵田可以說是一半往下跳，一半被機庫發生的另一次爆炸吹飛。不管是往下跳還是爆炸，都讓他被擊倒至不省人事。當恢復意識時，他已經在飛行甲板上，而且雙腿也骨折了[53]。

截至目前為止，山本五十六大將與日軍高階參謀，仍然沒有發現當前形勢有多嚴峻。一整個早上，山本都忙於與另一位軍官下將棋——日本版的象棋。山本的侍從近江兵治郎便因為當前這種輕鬆的氛圍，與攻擊珍珠港前夕那特有的「焦慮不安的氣氛」的強烈對比，而感到十分震驚。一〇三〇時前不久，聯合艦隊司令部收到報告：赤城號發生大火。不久之後，收到加賀號出現同樣情況。「喔，他們又來了嗎？」山本嘀咕著，但仍然盯著棋盤。然後他說，「南雲會回來的。」近江還記得，山本在珍珠港時也說過同樣的話，他預測南雲不會進行第二次攻擊。現在看來，山本相信南雲又一次準備撤退了[54]。到一〇五〇時，一份打字的訊息傳達了局勢的嚴重性：「大火正在加賀、蒼龍及赤城號上肆虐。[55]」

「我們所有艦載機業已起飛，目標是摧毀敵方航空母艦」——這是飛龍號上的第二航空戰隊司令官山口多聞少將，在一〇五〇時發給機動部隊的訊息[56]。飛龍號是最後一艘仍然能運作的航艦。它送出了十八架盟軍稱為「瓦爾」的九九式艦上轟炸機，以及六架零戰。與當天早上遮天蔽日的無敵機隊相比，這是一支小得可憐的機群，但他們都是老練的飛行員，也許是整個太平洋經驗最為豐富的俯衝轟炸機飛行員[57]。假如還有什麼人能扭轉頹勢，那就是他們了。

發動反擊後不久，飛龍號駛近了遭受重創的姐妹艦蒼龍號。烈火沿著七四六英尺的飛行甲板焚燒，升起了一條龐大的煙柱。「她看起來就像一條被一分為二的巨大白蘿蔔，」有一位水兵說。「完全能從這一邊看透她的另一邊。」飛龍號艦橋上，山口少將對於其戰損程度大為震驚。「能聯絡上友艦嗎？」他詢問了其中一位參謀。「我們試試看，」那位軍官回答說，並拿起身旁的一盞信號燈。但山口全然想不到可以提出任何建議，只能打打氣了。他說，「嘗試拯救你的航艦！」這條訊息被信號燈閃出很多次。但結果還是與加賀號當天稍早時發給赤城號的訊息一樣，完全沒有回應[58]。

在那些燃燒中的航艦上，人們什麼都不想，只盤算著如何逃生。赤城號的情況與加賀號相似：航空汽油持續加劇火勢，艦上人員完全不可能與大火搏鬥。水的用處不大：它比汽油重，所以當水被灑到火焰上時，它只會下沉到汽油之下，什麼效果都沒有，甚至讓大火蔓延。牧島就說：「把水噴到汽油上，只會讓火勢變得更大。」[59]滅火泡沫是唯一能發揮效果的武器。它輕得能停留在汽油上層，又厚得足以透過隔絕氧氣而令火勢悶熄。但是，艦上的中央泡沫系統已經被爆炸摧毀了。而當輪機停止運作時，照明及抽水系統亦停止運作。當時官兵能做的，最好也不過是在船錨甲板上設置可攜式手動抽水機，把海水輸入到艦上，但這全然是杯水車薪。「漸漸地，」整備兵曹鈴木弘回憶道，「大火開始擴散，所有東西都燒起來了。」[60]

對於那些沒有參與救火，現在已經抵達下層機庫的人們，他們開始在船錨甲板集合[61]。「來自不同地方的官兵都聚集在那裡，」牧島還記得。「那些士兵的臉上，都是被驚愕與恐懼所榨乾的表情，他們沒有任何一個人看起來是人模人樣的。」爆炸洞穿了上層機庫甲板，並進到了下層機庫。其中一名軍官下令使用消防抽水機，但那個抽水機沒有運作。不少人都有攜帶式滅火器，但他們並沒有什麼幫助。有一個拿著滅火器的人逃跑了。見狀，一位兵曹長拔出腰間佩刀。「給我滅火！」那位兵曹長大喊道。「任何一個人逃跑都會被砍殺。」那個人回到人群之中，但卻被下一次爆炸所殺。拿著他的軍刀，兵曹長在他身邊集結了一群水兵前往火源。但是，一枚魚雷起爆，水兵與兵曹長都「灰飛煙滅」了。大火從下層機庫進一步往下到起居區，讓更多人蜂擁而出，到船錨甲板尋求逃生機會。爆炸繼續發生，吞沒了上層機庫，還開始向下層機庫擴散。

牧島背向大火轉過去望著大海。赤城號已經停航。一艘在附近的驅逐艦正在向航艦噴水，但水柱射程太短。把視線拉近，可以看見一艘小艇正在從左舷方向接近。南雲與他的高階參謀越過人群，並在欄杆旁等候著。數人正抬著淵田美津雄。「喂，記者先生，」森田千里大佐大喊道*。「把那個新聞記者送上小艇。」這道命令拯救了牧島的性命。水兵們把話重複喊，當人找到時，牧島就被帶上前，引領登上小艇。仍然被人抬著的淵田，被放到座位上之後便暈倒了。源田實走過來，坐到牧貞身旁。「我真希望翔鶴號及瑞鶴號都在這裡，」源田實自言自語，提及到其餘的航艦。「我希望這不是真的，」儘管當時軍官們正不停發號施令，忙於組織人員準備出發，但在四周都充滿各種噪音的環境下，牧島還是聽到這樣的意見。「這說起來真是可憐啊，」牧島心想。在他的旁邊坐著的還有森田大佐。森田默默地看著源田，然後以剛好足夠讓南雲聽到的聲量說，「這會影響到日本的國運。」接下來好一段時間，眾人沉默不語。最後，一位年輕的軍官打破沉默。「來吧，划，」他說，「讓我們到長良號去吧。[62]」

水兵開始划船，讓小艇漸漸駛離燃燒中的赤城號。牧島發現這實在令人難以致信：充滿榮譽的一艘船艦就這樣毀滅了。他望向在大火之中屹立著的艦橋。在這個艦橋上，日本海軍贏遍從印度洋到太平洋的多場海戰。攻擊珍珠港期間，Z字旗就是在這個艦橋上飄揚著。隨著每一次爆炸，都會有「另一塊燒得通紅的鐵塊」濺落海上。牧島其後寫道：「南雲抬起了滿是灰髮的頭，雙眼不眨地盯著燃燒中的艦橋，但最終還是默默地低下頭來。」他覺得南雲也許在禱告。在划槳手之間，一名水兵一邊划，一邊重覆說著：「我很抱歉，我很抱歉，」還在划槳時哭起來。赤城號上的一門防空砲仍然持續開火，在煙霧中發出陣陣閃光。牧島心想：「那裡應該還有水兵準備在崗位上繼續戰鬥，至死方休吧。[63]」但那裡並沒有美軍飛機在上方。對著空空如也的天空攻擊，這是徒勞無功之舉。

＊譯註：森田千里是第六航空隊的指揮官，預定在佔領中途島之後，擔任航空基地指揮官。

與此同時，赤城號艦橋的高溫已經到達難以容忍的程度。青木艦長與部下，正採取南雲及淵田都使用過的路線，下降到飛行甲板。在那裡，他們在靠近艦艄的位置停留，想著還有什麼選項。現在他們既不能前進，也不能後退。他們非常希望能抽一口菸，但那裡只有兩根香菸了。這兩根菸之後就在眾人之間輪流分享，每個人都搶著吸上了一口[64]。

一一三五時，另一次機庫內的大爆炸，讓赤城號的艦體又一次劇烈抖動起來[65]。爆炸將青木從飛行甲板推落到機庫[66]。他的部下現在分成兩組。一組向著艦艄方向。其他人，包括俯衝轟炸機飛官古田清人在內，則朝著艦艉前進。然後，青木艦長下令所有人集合。他說，飛行員必須被救出及帶回日本，因為要訓練出一名飛行員所需要的時間實在太久了。他繼續說，在新的航艦上，他們很快就能再次飛行。即使其他艦員對這個差別待遇有表達反對意見的話，也沒有任何的記錄被保存了下來。這個撤離命令很重要，因為當時只有一艘救生艇可用。它被放到水面，然後四十人，包括幸運的古田就被轉移到附近的一艘驅逐艦。當小船划遠之後，他能看到加賀號及赤城號都還在猛烈燃燒[67]。

加賀號再也沒有大規模的爆炸，但大火已經不受控制的擴散，引發了更進一步的誘爆。天谷中佐已經從他在右舷甲板的位置，竭盡全力去指揮損管行動。到目前為止，仍然有希望把這船給救回來。它的輪機仍然完整，而且還在航行中。不過，很多官兵已經在水裡，要不是被爆炸吹落海，就是為了逃避大火而跳海逃生[68]。

他們當中的其中一人就是前田飛曹，他的大腿仍然帶著攻擊時所造成的傷口與痛楚。他實在太虛弱而沒有辦法跳下去，所以一名水兵就把他丟到海裡。至於沒有受傷的吉野，就直接從航艦舷側跳下去。從他在水面的視角，他能看到人們聚集的艦艉。這艘船很明顯已經沒救了。本來的封閉式機庫破洞大開，吉野看到內部是透著「亮紅色」，而且「仍然有一連串的爆炸在發生。」[69]

當日本航艦在燃燒時，美軍飛行員也有他們自己的混亂要面對，是跟導航有關的。一整個早上，史丹普・林恩以及大黃蜂號航空大隊一路向西，遠遠飛離日本艦隊一段可觀的距離。他們在約翰・華德隆脫隊向南並規劃自己前往機動部隊的航線時，就失去了同大隊的魚雷機。到〇九一五時，剩下的飛機開始以單機或以小組轉向回航。到〇九四〇時，所有飛機轉向東方飛行，但沒有人肯定能在哪裡可以找到大黃蜂號。到一〇〇〇時，有一架戰鬥機看到地平線上美國船艦的航跡，但他卻誤把它們當成是日軍。在與它們保持距離的情況下，這些飛機開始在海上迫降。林恩本人最終找到回航的路線，降落在大黃蜂號上時，炸彈仍然掛載在他的無畏式機身。

歷史學家長久以來都在推測林恩航線選擇的理由。理查・諾瓦斯基，一名在大黃蜂號上的阿兵哥，就曾經在林恩向馬克·密茲契做任務歸詢時偷聽到他們的對話，而那一次林恩也是與掛載的炸彈一起回航的。「在我們的年代，」林恩提出一個說法來解釋為什麼沒有成功攻擊敵人，「掛載著炸彈把飛機帶進俯衝狀態，就像拿一根棒球棍來敲自己的頭。」在看到諾瓦斯基後，密茲契就把林恩帶到外面繼續對話[70]。這只是一段短暫的交談，但已經足夠披露林恩對於俯衝轟炸的矛盾心理，還有他對俯衝轟炸的物理代價的敏銳觸覺。針對這位航空大隊指揮官未經證實的謠言，在中途島海戰之後仍然繼續流傳了好一段時間[71]。

不管林恩的偏離航線是否有意為之，導航是一項很困難的技能。很多找到機動部隊的飛行員最終都沒有成功回航。有些人飛往錯誤的方向，不得不在水面迫降。如果夠幸運的話，他們將會在接下來幾天被來自中途島的巡邏機救起。但其他人就再也沒有出現了。

即使他們選擇了正確的航向，那仍然是危機重重。克萊斯及史諾登就獨自飛了很遠的距離。然後大概在一一三〇時，克萊斯突然發現日軍飛機。它們是由小林道雄大尉率領，來自飛龍號的打擊部隊，正在前往攻擊美軍航艦的路上。克萊斯數到有十八架「瓦爾」九九式艦爆及六架零戰。對方也發現了克萊斯。三架零戰脫離編隊前往攻擊克萊斯。但是，讓克萊斯吃驚及如釋重負的是，它們很快就轉頭離去，看來是要回去與它們的編隊重新會合[72]。

克萊斯的好運道，是查理·威爾（Charlie Ware）的厄運。威爾當時正在與另外三架無畏式一起，是一個更大而且更誘人的目標。不過，當零戰迫近時，威爾的編隊以精準火力迎接它們。這些日軍在攻擊一開始便被迫中止，而且由於威爾把他的小隊帶到極為接近水面的高度，使得日軍沒空間攻擊美軍俯衝轟炸機那毫無防備的軟下腹。這是無畏式防禦性能的一次教科書式示範。兩架零戰受到重傷，被迫返航回到飛龍號。餘下四架戰鬥機也只能中止攻擊，並回去繼續為小林的俯衝轟炸機護航。令人惋惜的是，華德的機隊最後僅有一機能找到回家的路，餘下的人包括勇猛無畏的威爾，都被認定在海上失蹤[73]。

十五分鐘之後，克萊斯終於找到第十六特遣艦隊了。他著艦時僅僅剩下三加侖燃料。麥克勞斯基本來能像林恩那樣要求優先降落，但儘管他受了傷還有油料少，這位企業號航空大隊大隊長還是在空中輪候，直到他所有部下的飛機都安全降落為止[74]。直至此刻，他才開始進入航艦的進場航線。他的座機被擊中了不少於五十五次[75]。絕大多數返航的飛機都受到損傷，有些還是很嚴重的戰損。不過路．霍普金斯卻是個例外，他返航時的機上「連一個刮傷或彈孔都沒有。」維修人員則以喝采歡呼來迎接霍普金斯[76]。一位軍械士彎身到克萊斯的座機下，並欣喜若狂地拿起了三條備炸線路，來向眾人展示那些炸彈已經完成備炸程序。沒有這一點的話，所有英雄事跡都是多餘的。

到目前為止，美軍航艦仍然平安無事，但這也差不多要有所變化了。當克萊斯在企業號上爬出他的駕駛艙兩分鐘後，約克鎮號的雷達偵察到不明的飛機編隊。這個編隊還在爬升中——友軍飛機永遠不會這樣行動的。小林的俯衝轟炸機已經臨空[77]。

裝備有雷達，意味著美國人能預先備戰。他們停止了艦載機加油作業，並且清空所有管線，更把二氧化碳以二十磅壓力輸入管線當中。航空油槽早已被注滿二氧化碳，現在都被牢牢關上了。另外，還有裝滿總計八千加侖航空汽油的輔助油箱被推落大海。與日本航艦不同，約克鎮號沒那麼容易起火燃燒。

約克鎮號的廣播系統宣佈，「確認損管防險情況，」這一句的意思是「確保最大程度的船艦水密完整性。」當時大概是一二二〇時左右。二等樂手史丹福．李林澤朝附近的艙門望去，確保它已經關閉妥當了。他穿上防焰服，一件厚實的襯衫及長褲，還戴上了頭戴式耳機。他的工作是要把來自船底損管中心軍官的訊息，轉達給附近修理班的班長。擴音器又傳來另一道命令：「所有人員臥倒到甲板上。」李林澤聞後照做。他當時在艦舯附近的廚房，在龍骨及飛行甲板之間，大概在水線的位置。如果受到魚雷攻擊，這裡大概是魚雷最可能爆炸的地方。來自俯衝轟炸機的炸彈，也可能一路貫穿到這裡。實際上，在上個月的珊瑚海海戰當中就已經發生過這種事，在他隔壁的艙室裡就有四十五人立即陣亡。李林澤竭盡全力轉移自己的思緒——聆聽著他的頭戴式耳機，或者想想在聖地牙哥的妻子[78]。

天上遠方，約克鎮號的野貓式戰鬥機攔截到日軍的打擊部隊，在數分鐘之內便擊落了十一架「瓦爾」

及三架零戰。防空砲火——來自航艦以及周邊的驅逐艦與巡洋艦屏衛——也擊毀了另外兩架瓦爾。這是很優秀的防禦，但仍然有五架瓦爾穿過防線[79]。

「航空部人員尋求掩護，」約克鎮號上的擴音器說，「槍砲部人員尋求掩護。」透過船艦的地板，李林澤能感受到輪機正在快速運轉。約克鎮號正在加速：一個快速的目標，就是一個難以命中的目標。「準備待命應對空襲。」李林澤握緊雙手。當延時引信炸彈在引爆前穿過每一層甲板時，都會出現擊穿甲板的「噹、噹、噹」聲[80]。有兩次爆炸在李林澤上方的某處發生了，整艘船都為之搖晃。「輪機的嘎嘎聲停止了，」李林澤回想道。約克鎮號現在死寂地停在水面。另一枚炸彈又引爆了，這一次是在他下方的甲板。在聆聽著需要轉達的報告時，李林澤感到「一種不祥的、壞兆頭的感覺。[81]」

約克鎮號副艦長迪克西·基佛（Dixie Kiefer）下令對戰損的應變。有三枚五五一磅炸彈直接命中了約克鎮號。一枚貫穿了飛行甲板，在機庫內引爆並造成火災。一枚丟進煙囪，熄滅了絕大多數的爐火。還有一枚撞進了第四甲板，也就是李林澤下方那一層，引起了另一起火警。基佛指派了鍋爐中士查爾斯·凱倫史密（Charles Kleinsmith）帶領一個小隊，前往輪機艙恢復動力。其他小組則被派往滅火及維修飛行甲板。與日本人相比，美國人得以控制艦上火勢並修復。到一三四〇時，約克鎮號的鍋爐蒸汽及電力供應已經恢復，能再次航行。更重要的是，它又能派出艦載機了。珊瑚海海戰時，約克鎮號也曾經被擊中，但最終仍然倖存。當時看來，這樣的情況又會重現一次[82]。

這次行動不但為第十七特遣艦隊的其餘官兵所目睹，圍觀者還包括在差不多十英里外，大多數的第十六特遣艦隊官兵。在企業號上的軍械士阿爾文・科楠便目睹了這「彷彿電影般」的畫面[83]。

抵達長良號的當下，南雲便開始規劃以飛龍號，還有兩艘戰艦、三艘巡洋艦及五艘驅逐艦發動反擊。一份報告傳來，說美軍艦隊就在九十英里外。南雲決定，所有餘下的水面艦都會向美軍衝鋒。他的戰艦及巡洋艦都是由世上最好的砲組員操作的，而相對於他的航艦所受到的打擊，它們在面對俯衝轟炸時也沒那麼脆弱。而且，作戰準則也是這樣寫的：即使已經被刺穿了，南雲還是想要刺穿敵人[84]。

但在一二二〇時，山本對艦隊發出命令。他的計劃是在中途島西北邊集結兵力，然後繼續實施會戰。船艦會從阿留申群島攻擊部隊及中途島入侵部隊抽調，而且山本本人也會繼續向前推進，與機動部隊會合。可是，二十分鐘後，一架日軍偵察機目擊到美軍部隊很明顯正在撤退。美日雙方艦隊之間的距離正在拉大。南雲寄予厚望，藉此一舉復仇的水面作戰再也不可行了[85]。

差不多在同一時間，日本海軍嵐號驅逐艦救起了衛斯理・奧莫斯少尉（Wesley Osmus），一名毀滅者式飛官，他是在攻擊飛龍號時被擊落的。在殘酷的訊問之下，奧莫斯和盤托出了美軍艦隊的詳情。他說，美軍實際上有三艘航艦，而不是一艘，而且它們分成兩個獨立的特遣艦隊來行動。這些情報在一三〇〇時傳到山口少將手中[86]。現在對他與南雲來說都清楚不過，美國人在航艦及艦載機方面都擁有壓倒性優勢。

此時，蒼龍號的倖存者發現，他們敬愛的艦長並不在他們身邊。他們認為，柳本大佐一定留在那艘注定沉沒的航艦艦橋上，準備與艦共亡了。安倍兵曹長，是海軍的相撲冠軍，被點名返回蒼龍號。他準備要救出艦長，並在必要時使用武力。在抵達艦橋時，安倍看到柳本一動不動地站著，雙手握劍且面朝艦艏。「艦長，」安倍宣稱，「我代表您所有部下，前來帶您前往安全地方。」「他們正在等著您，」他繼續說道，「請跟我一同轉移到驅逐艦上吧，長官。」柳本沒有理會安倍。這位相撲手向艦長往前走了一步，但看到他如此堅決留下後，他放棄了。雙眼熱淚盈眶的安倍離開了艦橋。在他身後，他還能聽到艦長在唱著國歌《君之代》[87]。

一三三〇時，飛龍號發動了第二波攻擊，是一支由盟軍代號「凱蒂」九七式艦上攻擊機的魚雷機所組成的部隊。這支部隊由友永丈市大尉指揮，也就是當天早上帶隊攻擊中途島的同一位軍官。儘管他的座機在當天早上任務時被擊中後，油箱持續漏油，使得他這趟任務很可能有去無回，但他仍然拒絕了與資淺飛行員交換座機的提議。與此同時，第一波攻擊隊已經回航。他們報告在撤離時有一艘美軍航艦起火。因此，當時日本人還是有希望能對美國人進行報復的。

牧島也在長良號上，與南雲及其他旗艦參謀一同見證了這些事態發展。他仍然對事態感到十分震驚。他說，「伴隨著一種不可思議的心靜如水及心不在焉，我四處走走。」加賀號那裡有「像積雨雲般的濃煙，看起來就像一座火山已經爆發，濃煙也在旋轉及上升。」艦上的熊熊烈火還被反射在蔚藍的海面上。「同樣的情況也出現在蒼龍號，」牧島說，蒼龍號「已經停在地平線上。」相比之下，赤城號看起來還是能逃過一劫。「赤城的艦艏還沒有起火，」牧島注意到，「而且有些防空砲還在開火。」[88]

蒼龍號在一〇四五時宣佈棄艦，加賀號則在一三四〇時。赤城號還沒有棄艦，但參謀人員已經轉移，而且連天皇御照也決定要轉移了，這是該艦氣數已盡的明確跡象。一位軍官在御照前鞠躬，然後小心翼翼把它從隔艙拿下。包覆妥當後，他找到一條還沒有被大火阻礙的通道前往下層甲板。在水手長哨聲及生還人員的敬禮之下，天皇御照被安全帶到附近一艘驅逐艦[89]。

約克鎮號重新恢復動力十分鐘後，雷達發現了另一群敵機編隊。燃料管線又一次被淨空及注滿二氧化碳，野貓式戰鬥機又一次被派出進行攔截。又一次，日軍殺出了一條前進的航道。下層甲板，李林澤仍然在他所屬的戰鬥部署。「準備應對魚雷攻擊，」擴音器宣佈說。廚房內的李林澤可以說是如同盲人一般。他只能雙眼緊閉，把背靠後，還有聽著他的頭戴式耳機。艦橋告知有兩架敵方魚雷機已經投下魚雷了。李林澤如之前一樣緊握雙手等待。這一次什麼都沒有發生。那些魚雷定深太深，從航艦下方通過了。然後，又有兩枚魚雷投下了。兩枚都擊中了，還發出了「令人難受的重擊聲。」然後就是「一種撕裂或扭動的感覺。」艦內照明熄滅了，約克鎮號開始向左舷傾斜。當他下方的地板開始歪一邊時，李林澤感到冷汗流遍全身，艙間開始充滿煙霧。「在下層甲板，」李林澤說，「怪異又令人嚇破膽的黑暗，瀰漫且佔據了全艦各處。」[90]

他們是被友永率領的十架魚雷機所攻擊，每一架都掛載了一枚一千七百磅的魚雷。友永很快就被擊落了，但另外兩名飛行員的魚雷都命中了，而這一次攻擊很致命。超過五十人在爆炸中即刻陣亡。船舵被卡死，約克鎮號又一次死寂地停在水面。日軍的魚雷是比炸彈更致命的武器。數分鐘內，約克鎮號傾斜了二十七度。艦長艾略特・畢馬斯達上校（Elliott Buckmaster）下令棄艦。在煙霧瀰漫的廚房內，人們組成了人龍，每個人都緊抓著前方的肩膀。艙門因為攻擊變形而紋風不動，但是在艙門正中央的緊急逃生艙蓋還能鬆開，讓他們得救了。隨即艙蓋被打開，人們魚貫爬到另一艙間。「當我的雙手握住舷梯第一道橫檔，而那梯子能把我往上帶到第二甲板的另一間艙室時，」李林澤多年後說，「我還記得在我心裡燃起的希望。」他的歡欣之情，在不久後抵達機庫時便崩潰殆盡。「我看到扭曲的金屬、無數的破洞，還有散落在各處的殘骸，」他還記得，「機庫甲板傾斜的下沿不時在水中上下浮沉。」李林澤擔心，這艘船也許隨時都會翻覆。這阻止了他從地板滑到水面的選擇。相反，他沿著傾斜的甲板往較高的一側爬去。跟其他人一樣，李林澤脫下衣服，並把一件救生衣套過頭。在那裡，有一條從機庫到水面的繩索。李林澤握住它，緩緩下降到已經被好幾吋厚油污所覆蓋的太平洋[91]。

✪

日本人面對的悲劇，在白晝將盡之際更為惡化。不到一小時，二十四架無畏式回來了，並攻擊了最後一艘倖存的飛龍號。這一次，日本的戰鬥巡邏及對空防禦有了更萬全的準備，但在其他方面卻是當天早上事件的歷史重演。無畏式的攻擊很精準——最起碼已經足夠精準了。四位飛官，其中一位是克萊斯，命中了目標。大火即刻在艦上爆發，而且火勢顯然是不可能控制的了。飛龍號的丸山泰輔少尉發現自己身處於各種的破壞之中。後甲板，軍醫缺少麻醉藥的情況下進行手術。人們因為燒傷或爆炸而失去手腳。滾滾濃煙之中，丸山的視線穿透黑煙，並注意到一點紅光已經很靠近地平線：那就是太陽。太陽快要落下了。彷彿是要呼應克萊斯般，丸山發現自己被這一幕深深吸引且感慨。他覺得，「現在我們已經沒有辦法能撲滅艦上的火勢了。」當下實在強烈得令人難以抗衡：想避免看來是早已命定的命運，現在為時已晚了。丸山望著死氣沉沉的落日。他說「這就像一座在戰國時代城破被燒燬的城。[92]」

森拾三與其餘百多名倖存者，一同被卷雲號驅逐艦救起。甲板上，他能看到他的舊艦蒼龍號「猛烈地燃燒著。」這個情境把他丟進「沉重的憂鬱」當中，而他試圖穿過人群尋找他的朋友，好分散自己的思緒。很多人都嚴重燒傷，或者被判定氣絕身亡。「我知道能做的事都已經做了，而我們現在也無事可為了，」森說，「但我就是沒辦法不這樣想。」他被這明顯的不可測所打擊，包括怎麼是他活了下來，而其他人卻戰死了這一點。日落之後，只有少量雲朵還在天上。「當日暮的色彩漸漸從天空上淡去時，被這麼壯麗的景色給震住的我們，就只能像小孩子般一言不發、呆呆地看著。假如我們不是因蒼龍號燃燒中的艦體的恐懼而呆若木雞的話，」他後來寫道，「這會是另一個美麗的太平洋夜晚。」差不多在這個時候，南雲下令處分該艦。一九一二時，它被磯風號驅逐艦的魚雷命中，一九一五時沒入海中[93]。

加賀號的倖存者也有相似經歷。從舷側跳下來後，吉野緊緊靠住一塊浮木，在海上漂浮了好幾個小時。他被萩風號驅逐艦所救，然後就離開了現場，也許是準備要去執行南雲規劃的水面攻擊。日落時，當萩風號回到加賀號所在海域，吉野已經認不出它了，因為「艦橋與艦艉之間的機庫已經被燒燬殆盡。」那曾經自豪萬丈的輪廓，已衰敗到過往的一半大小。加賀號也將會被處分。當人們得知將發生什麼事情後，他們聚集到萩風號的上層甲板。前田飛曹的腳在缺乏麻醉藥的情況下被縫了二十八針，還是堅持要由他人攙扶到甲板上。當這些人沉默地敬禮時，萩風號發射的魚雷正奔向加賀號。「淚水開始流下我的雙頰，」前田說，「我身邊的其他人都在哭，這是令人感傷的一幕。[94]」很多人，包括水戶屋，也公然哭泣了起來[95]。到一九二五時，加賀號沉沒[96]。

同一時間，赤城號艦長青木大佐下令棄艦。傷患被下吊到小艇再轉移到附近的驅逐艦。那些身體還能行動的，例如鈴木弘，就自行走到下層甲板，並在那裡跳海游開。倖存者都被嵐號及野分號驅逐艦救起[97]。鈴木在乘船遠去時看著赤城號。「從側面看來，赤城號還是挺完好的，」他回憶道。「但飛行甲板及艦艄部分已經被燒至失去控制了。」迪克．貝斯特的一枚炸彈，已經足夠燃起一場不滅的烈火[98]。

青木艦長是其中一位倖存者。他電告南雲請准擊沉赤城號的許可，但中將似乎需要一點時間，因為那邊完全沒有對青木的要求作出任何回應。三個小時後，赤城號仍然浮在海上。到二二二五時，山本大將下令延後擊沉處分該艦的行動。也許青木將之解讀成對他的榮譽的藐視，認為他棄艦命令下得太早，並建議返回他那燃燒中的航艦。他前往仍然未被烈焰吞噬的船錨甲板，並把自己綁在一個船錨上。很明顯，他準備與艦共亡了，就像稍早前的柳本艦長[99]。

最終，在一九四二年六月五日〇三五〇時，攻擊行動隔天，山本下令部下擊沉赤城號，以防止它落入美國人之手。這就引起了該拿青木艦長大佐怎麼辦的問題，他還把自己綁在那燃燒的航艦船錨上。航海長三浦義四郎中佐返回了艦上。他打算要說服青木與自己一同離開，兩人一同活著，圖謀後計[100]。鈴木弘見證這個過程的結局。他回報說，被指派去執行對赤城號最後一擊的魚雷官正在哭泣。這位年輕的軍官從來也沒有在實戰中發射過魚雷。他的第一次雷擊將會是射向赤城號，一艘友方的軍艦[101]。〇四五〇時，他執行了指派給自己的命令。二十分鐘之後於〇五一〇時，就輪到飛龍號了。

六月五日日出之前，山本中止了中途島的作戰行動。接下來幾天，他都把時間花在重新集結部隊，以及盡可能有序地後撤。與此同時，來自中途島及航艦特遣艦隊的美軍飛行員則繼續巡邏，尋找著日軍及倖存者。當發現日本船艦時，轟炸機及其他飛機中隊都被派往攻擊。可是，剩下來的卻是艱難的狩獵。由於其速度及靈活性，驅逐艦要比航艦難命中得多；而由於其厚重的裝甲，戰艦及巡洋艦同樣是難以擊沉的目標。

倖存者經常都處於無助的困境。當他的毀滅者式墜海後，喬治・蓋伊就藏身在一個座墊下，希望附近的日本船艦把他誤認成殘骸。他的偽裝奏效了，到了夜幕低垂時，他就變得孤身一人，而且得以把他的救生筏充氣。在求生裝備包裡有不少東西——一個抽水器、一把多用途刀、照明彈，甚至還有一本禱告書——這是用來讓他精神上有所寄托的。他把整個又冷又濕的晚上，都用來哼著法蘭克辛納屈（Frank Sinatra）的《*Violets for Your Furs*》，這是一首有關曼哈頓冬天的歌曲。任何事情都能讓他把思緒從腳上的燒傷、手部的破片傷口，還有手臂的槍傷上轉移。到了早上，他被一架來自中途島的卡特琳娜水上飛機救起了。

其他人就沒那麼幸運了。在攻擊開始前就燃料耗盡的東尼・薛內度少尉，不得不在獲救前，與他的射手一起在救生筏上待了三天。諾曼・范迪維爾及射手，來自俄亥俄州桑達斯基（Sandusky）的李基尼（Lee Keaney），在對加賀號俯衝轟炸失敗後便燃料耗盡。在海面迫降後，再也沒有人見過他們[102]。

那些被日本人救起的都被處決了。另一位毀滅者式飛官衛斯理・奧莫斯在審訊完後，就被日軍以斧頭砍殺。法蘭克・歐弗萊赫帝少尉（Frank O'Flaherty）及航空機械士布魯諾・蓋東（Bruno Gaido）被卷雲號所俘虜。他們同樣被審訊，並在完成之後，日軍把重物綁在他們雙腳推落大海[103]。

六月六日，畢馬斯特上校帶著基幹官兵回到約克鎮號。透過從鄰近船艦接用電力及蒸汽動力，要拯救這艘傷痕累累的航艦看來似乎是有可能的。當幾道奇怪的海浪出現時，官兵正在午休用餐。一艘日軍潛艦，在經過多個小時小心翼翼的機動後，發射了四枚魚雷——而且除了一枚之後，全部命中目標。約克鎮號就此結束了[104]。

當天晚上，灰塵佬・克萊斯正在企業號上寫會戰前夕以來，給珍的第一封信。「才剛有那麼一丁點時間能讓你知悉我一切安好，但我累到不行，」他告訴珍說。「如果有任何事情要發生在我身上的話，我只想讓你知道…最近我辦了一件非比尋常的大事，東條（日本首相）肯定對此極為不高興。」像森一樣，克萊斯也對於剛發生的一切感到震驚，並對於自己活了下來心存感念。

「大日本帝國的宏圖大業已經完了，」水戶屋回憶道。「日本帝國力量的頂峰已達，而且已經過去了。」「中途島的大災難，」他總結道，「成了戰爭潮流的轉捩點——而且在內心深處，我們日本人對此是心知肚明的。」[105]這同樣是無畏式飛行員克萊歐．多布森在一九四二年六月四日日記中寫下的看法，「我們贏得了世上最大規模的海戰。」「那些小日本，」多布森繼續寫道，「被殺了個措手不及，而且都被狠狠揍了一頓。我推估這將會是戰爭的轉捩點。」[106]

# 第七章　榮耀傳承

中途島戰役並不光光是美國海軍的勝利，還是美國人的創新，以至根本上是美國社會的勝利。這個勝利是如何達成的，應該如何闡釋在過去八十年來都是爭論的重點，而且很可能還會持續下去。時至今日，戰雲又一次在東亞密佈之際，這場戰役在大眾文化，以及在太平洋兩岸的菁英論述當中再次引起關注。但是，當今世界與一九四二年相比，已經大大進步了，除非美國對其海軍力量的持續衰退有所覺醒，否則它可能會面對另一次珍珠港——但不保證會有另一次中途島。

中途島並沒有決定太平洋戰爭的走向，這場戰爭的最終結果，在開打之前就很清楚了。即使日本贏得中途島戰役，美國龐大的經濟力量最終還是會在對抗日本的戰事中產生影響[1]。沒有人比某些日本領袖對此更心知肚明，他們從一開始就知道這場比賽是絕望性地一面倒，但卻被絕望感向戰爭推著走[2]。再者，在第二次世界大戰的一場決定性戰役這個概念——一場戰役能決定整場衝突的結果——是一個錯誤。戰爭的結局，並不是由特定某一天或一段時間發生的戰鬥的命運所決定，而是一段持續的消耗過程[3]。沒錯，這場戰役是一個轉捩點，但即使沒有打這一場戰役，或者美國輸了此役，戰爭走向在稍後的時間仍然會完全轉為不利於日本。

中途島也沒有引向日本海軍航空隊的末日。是的，這場戰役以船艦以及地勤人員的損失而言，傷亡極為慘重。但是飛行員——他們被優先安排撤離——所受到的傷亡相對輕微，是接下來在索羅門群島及馬里亞納等戰役的絞肉機，才最終把日本海軍的空中戰力給消耗殆盡[4]。

然而，假如美國輸掉中途島戰役的話，這場戰爭將會持續更長時間，並且有著嚴重的政治及人道危機[5]。日本人也許會想佔領夏威夷，還可能會發動對美國本土西岸的攻擊[6]。日本人也許還得以向西進軍。南雲忠一中將也將能夠重回印度洋，並對那裡的英軍造成可怕的傷害，即便德國人及義大利人越過北非，與日軍會師的可能性也不高[7]。澳洲也可能不得不在接二連三的攻擊之下屈服，即使那將會是一個成本高昂的目標，取下澳洲能切斷美國的交通線好一段時間。美國人在對抗日本船運方面極其成功的潛艦作戰，有大部分都是從中途島出發的，也將會被迫後退。

這所有的一切，都將會讓同盟國所同意的「德國優先」戰略面臨巨大壓力。這還會讓美國不得不把生產的戰爭物資從英國及蘇聯轉到太平洋。日本最終仍然會被擊敗，但與此同時歐洲也許會發生很多事：

對猶太人的屠殺會變得更久，盟軍在歐洲大陸登陸的時間也會延遲，而且蘇聯紅軍完全征服歐洲大陸也將變得更為可能。因此，中途島並非決定性的，但它有著巨大的影響力[8]。沒有美國在中途島的勝利，世界將會變得極為不同。

在這個意義上，太平洋戰爭的老兵們，特別是那些在中途島作戰過的，在他們的言論顯得有點誇張時，給予適時的體諒也是應該的。他們當中很多人，包括約翰・華德隆及克萊歐・多布森，都認為這是太平洋戰爭的「轉捩點」[9]。克萊斯認為這場戰役還決定了歐洲戰事的結果。「假如我們輸了中途島戰役，」他說，「在美國及倫敦肯定會有很多人要說日文及德文了。[10]」一位在二戰服役過的律師羅伯特・M・摩根索（Robert M. Morgenthau），以及法律史教授法蘭克・圖克海默（Frank Tuerkheimer），兩人同樣認為中途島戰役的影響極鉅：「假如美國輸掉中途島，」他們在二〇〇七年於《新聞週刊》（*Newsweek*）撰文時便指出，「以色列立國將繼續是一個夢想。[11]」

中途島戰役還很與別不同。二戰當中，沒有任何一場具有如此重大的全球重要性戰役，把如此多的決策交由如此多相對低階的軍官來負責[12]。假如麥克勞斯基沒有下定決心繼續搜索日軍艦隊，或者貝斯特加入了對加賀號的總攻擊，把赤城號放著不管，戰役的結果也許會極為不同。時至今日，我們全都知道「戰略下士」（strategic corporal）的重要性——一位相對低階的士兵，他在北愛爾蘭的反遊擊戰任務、在伊拉克或阿富汗，或者在諸如波斯尼亞的維和任務——他或她的決定，可能會產生重大政治的後續影響。

但在一九四二年還沒有類似的概念。在中途島戰役當中，個人的重要性使人聯想到的是更早——或者，也許是更後面——的年代：這對於二十世紀中期來說並不尋常，在當時戰鬥傾向是傳統軍隊之間的大規模正面衝突。

可是，低階軍官很重要，因為他們是一個特定作戰計劃的執行者。赫曼．梅爾維爾（Herman Melville）在他的小說《伊斯雷爾．波特》（*Israel Potter*）裡就說過：「大海是一個被鎚擊而成的平原。計謀——就像那些紀律嚴明的軍隊、伏兵——就像印第安人一樣，是極難對付的。一切都是如此清楚、開放、流暢。」中途島戰役的參與者之一，阿爾文．科楠，就深感同意地引用了這段話[13]。他覺得這場戰役的特質，就是大海的開放與流暢性。但那還有在中途島的謀略：尼米茲上將策劃了一支伏兵，或者用當代的術語而言，一次伏擊戰。在中途島的東北方就是殺戮場。環礁本身實際上就是一個火力支援點，那是用來把機動部隊吸引到一個特定位置。與此同時，突擊單位——也就是無畏式俯衝轟炸機——從其東面側翼攻過去。

日本人也有策劃一個相似的計謀：攻擊中途島將會引出美軍艦隊，而後者將會受到伏擊。實際上發生的事情與此相反。日本人打算對美國人做的事，被美國人反過來加諸在日本人身上[14]。

尼米茲的計劃奏效了。與日本攻擊珍珠港，或者是珊瑚海海戰時不同，中途島的結果是顯而易見的。同時，這是因為日本人沒有達成目標。他們從來沒有成功佔領中途島，他們也沒有成功伏擊美軍艦隊。

但導致這個結果的主要原因很明顯，是因為雙方戰損上的不平衡。日軍損失了四艘航艦，美軍損失了一艘。

對很多無畏式飛行員來說，這是一個復仇的故事。迪金森於一九四二年十月的《星期六晚郵報》（*Saturday Evening Post*）發表了一篇回憶錄的精華版，其標題就是「為復仇而飛」（I Fly for Vengeance）[15]。但對機動部隊俯衝的每一位飛官，都是在珍珠港之前加入海軍的。他們遠在要為什麼事情復仇之前，就志願從軍作戰了。

中途島之得名，因為它位處北太平洋的中央：這是北美洲與亞洲之間的中間點。一位在一九四一年探訪該處的昆蟲學家認為，這個名字有另一番含義：「這個島嶼剛好在從格林威治出發環球一周的中間點，」他說，「而格林威治是我們劃分時區的起點。[16]」這場戰鬥在六月發生，接近一年的中間點。這些觀察加總起來說明了，中途島是一個透過與其他事物的關係來定義的地點，它看來並不獨立存在。另一個解釋這個特點的方法，就是體認到以下這一點：沒有人為中途島發聲，它沒有統治者，也沒有代議士。

與其他二戰戰場不同。他們是生物的居所、有人居住，也有歷史——而且在許多方面，戰鬥都是對這些事物本身的攻擊。想想看德軍對倫敦的閃擊戰、盟軍在D日入侵諾曼第、德勒斯登的燃燒彈轟炸行動，或者是對廣島及長崎投下的原子彈所造成的龐大傷害。與此相反的是，中途島是一個偏遠的不知名地點，是一個睡火山的頂部，是一個中途站，是一個哨所。從來沒有任何一場作戰是如此清楚分際，但中途島——除了水兵、陸戰隊及航空隊之外，就再無其他常住人口了——比起戰爭中的其他作戰來說，實在一清二楚。即使在西部沙漠戰役中的戰鬥，另一個看來偏遠的戰區，同樣影響了北非地區的居民。但在中途島，在當地戰鬥與戰死者，就只有那些從千里之外而來就為了在當地作戰的人。除了那些屈指可數的例外，例如攝影師牧島貞一，並沒有任何平民見證了這場戰鬥，而時至今日，也沒有人在那些殘骸之中生活。正如作家及電台主持人麥克・梅德韋（Michael Medved）所言，「沒有鬼魂依附在這個小區域裡。」[17]今時今日，在中途島的沙丘上，就只有一個受日曬雨淋的機場，還有超過五十萬隻的海鳥信天翁。在那裡發生過的暴力行為已經被遺忘了。

中途島戰役在另一方面同樣很單純。這是一場由相對低等級的科技來取勝。V2火箭及原子彈都是在戰爭爆發後開始研發的，它們似乎是由為了存續及在戰爭中獲勝的巨大壓力下鑄造而成。但是無畏式是一架一九三〇年代的飛機，而它執行的任務，是在上一場大戰中構想出來的。無可否認的是，飛行員都英勇無比而且紀律精良。但很多強國也發展了俯衝轟炸機，並在戰鬥中有效地運用它們。而且，航艦的戰力以及其脆弱之處，還有對於先拔頭籌擊沉對方的重要性，都是同樣被日美兩國海軍所理解的。假如這一點成立，而我們相信確實如是，那麼中途島就是一場公平的戰鬥。

所有這些元素，意味著對於目擊了中途島海戰的人們來說，他們應該會感到震驚。在作戰爆發之前，有些人預料到這場戰役的重要性。喬治・蓋伊就記得華德隆在訓詞當中指出，「接下來的戰鬥將會是戰爭中規模最大，而且也很可能是一個轉捩點。[18]」這場戰役中的事態發展，也是一個史詩級規模的方式展開的。當中最有名的，就是淵田美津雄感慨道：「戰役的潮流，就在僅僅『五分鐘』當中轉變了。[19]」第三戰鬥機中隊飛官湯姆．齊克在看到日軍航艦燒起來時，也說了類似的話：「這真的太令人敬畏了，我的思緒正拼命地想要理解剛剛看到的場景所造成的整體衝擊，而這個場景還在進行當中。[20]」可是，讓淵田大為感嘆的部分，卻與很多不同的事件的同時發生——企業號及約克鎮號的俯衝轟炸機的合流，三艘日軍航艦突然引起的大火。這與蓋伊在攻擊飛龍號時的情況相同。「我沒有辦法告訴你飛機被擊落的順序，」他說，「所有事情都是同時發生的，但我有意識地全程目睹了。[21]」生命的韌性，或者在這個案例裡，應該說是生命凋零，實在太難去充分領悟了。

如此戲劇性的場景，必須與人共享。迪金森在他成功俯衝之後，便立即萌生出這強烈的衝動。「當我還在飛的時候」，他說，「我變得越來越想返回母艦，並好好重新回顧一次今天發生過的事。我實在太渴望要知道其他人看到了什麼。隨著每飛過一英里回航的路，我這個渴望亦隨之而增加。[22]」克萊斯想要透過書寫來記住這些事蹟。這是唯一可以搞懂事情發生經過的方法。「我仔細把所記得的每一項細節寫下來，」他說，「我知道我剛剛成為了一場永垂不朽會戰的一分子。我想要把每一項細節都弄對⋯我想要敘述所做過的一切，把每一項軼事都寫在紙上。[23]」

勝利並不是因為幸運使然，而是俯衝轟炸機飛行員的技術、裝備的水準所致。的確，他們十分幸運，因為魚雷機中隊已經分散了日軍的戰鬥巡邏的注意力。沒有任何一架無畏式在攻擊前被敵方戰鬥機所擊落，而整個攻擊過程中也只有兩架被逮到——喬・班蘭少尉（Joe Penland）被認為遭零戰擊落，約翰・昆西・羅伯茲少尉則被防空砲火擊落[24]。大多數無畏式的損失，都是由於燃料不足所致：在回程時，它們在抵達航艦時就耗盡燃料並在海面上迫降[25]。

即使日軍的戰鬥巡邏已經嚴陣以待，無畏式也很可能在作戰中佔上風：魚雷轟炸機的犧牲也許並不是必要的。這種情況在一九四二年間，已經重複了好幾遍：無畏式直接衝過零戰，以繼續它們致命的攻擊[26]。一個明顯的例外是珊瑚海海戰，但這是因為無畏式在等待魚雷機抵達之前，已經在目標上空盤旋了半個小時。一般來說，無畏式會在不被注意的情況下抵達，即使被攔截了，它們也會殺出一條血路。無畏式證明了自身不單單是一項能贏得戰鬥——甚至是一項能贏得戰爭的——武器系統。

這正正是日本人的看法。在戰後的審問當中，日本人被訊問，到底哪一種美軍攻擊機在攻擊他們方面成效最佳。加賀號的飛行長天谷孝久說他「最害怕俯衝轟炸機，因為他『沒有辦法閃避』它們。[27]」飛龍號飛行長川口益少佐同意，並指出是不可能「避開」俯衝轟炸機，但魚雷最起碼在遠距離是能規避的[28]。這個評估同樣被赤城號艦長青木泰二郎大佐所附和。「你能一個甩尾遠離魚雷，」他告訴審訊者，「但最糟就是碰上俯衝轟炸了。[29]」蒼龍號副長小原尚就說，「俯衝轟炸機是最有效的，因為它實在精準得多，而且由於其速度及高射擊角，防空砲火很難命中它們」，而且「要避開投擲下來的炸彈也很困難。」[30] 儘管小原多少也關注魚雷機，但他完全不擔心「高空水平轟炸機，因為我們能看到被投下的炸彈再規避它們。」這些人全部都清楚知道自己在說什麼。

像所有戰役一樣，中途島也衍生出與史實反向思考的討論。如果尼米茲沒有採信所收集到的情報？如果日本人對中途島戰役前的兵棋推演當中，所突顯的問題做了改進？如果南雲最起碼以其部分艦載機立即攻擊美軍特遣艦隊？如果麥克勞斯基回航？這些都是有用的問題，對他們作出思考，都能讓我們進一步理解這場戰役。

但是，假如我們把這些與史實反向的視野再擴闊一點，就算只是那麼一點點，也是值得的。如果戰間期的加州沒有成為航太創新及實驗的溫床？假如日本人在一九三〇年代購買了無畏式的生產授權？假如國會支持經費削減的議員廢除了無畏式的研發生產計劃？假如美國從來沒有出現過最終產生出像尼米茲，或者技術水準像艾德．海尼曼一樣的工程師的大規模德國移民？假如海軍情報單位因為懷疑其忠誠度，而把克萊斯逐出軍隊？假如海軍認為把多里斯．米勒訓練成飛行員，而不是把他派往擔任食勤兵？或者對莫瓊女士這樣做？或者，讓娜塔．史洛克女士成為海軍將官？透過詢問這些問題，我們並不是試圖把現今的標準放到過去。我們的論點，僅僅想指出美國在中途島的勝利，並不單單只限於美國軍武及工程方面的成果，而同時是美國社會所有長處以及部分缺憾的成果。

在美國境內，對於這場戰役的解釋權的鬥爭，在戰役結束之前早就開始了。首先開砲的是B－17空中堡壘轟炸機的飛行員，他們在六月四日當天早上回航中途島時，便開始胡扯船艦被擊沉或猛烈燃燒中的荒誕故事。這些報告很快就登在各大報章，並且在一段時間當中當成一種廣泛共識，也就是高空轟炸贏得了當天的戰鬥。在華府，《華盛頓星晚報》（*Evening Star*）報導說「陸軍的重型轟炸機——空中堡壘——從高空攻擊了日軍艦隊，擊中了一艘航艦，」還可能擊中了更多船艦[31]。當更清楚真相的克萊斯及其他企業號的飛行員，在珍珠港的皇家夏威夷飯店（Royal Hawaiian Hotel）聽到B－17機組員在吹噓的時候，結果就是一場大亂鬥，讓海軍憲兵花了二十分鐘才搞定[32]。數月之後，有關B－17及B－26轟炸機的錯誤報導仍然存在。一九四二年九月，《航空》雜誌（*Aviation*）便聲稱「陸軍航空隊在會戰的成果：在兩天的攻擊當中，三艘航艦、三艘戰艦，還有兩艘運輸船被擊沉或嚴重擊傷。[33]」以上全部都是錯誤的。

這起事件，是轟炸作戰要以何種形式實施是最好的激辯的縮影，這種辯論讓俯衝轟炸機飛行員與高空轟炸機飛行員針鋒相對，也讓那些青睞於以「精確」的轟炸精度，以及那些對「飽和式」轟炸忠誠支持的人們變得涇渭分明。爭論在高空轟炸機飛行員中持續不斷，直到「地毯式轟炸」最終被接受，因為高空轟炸的極度不準確已經無法再輕描淡寫或掩蓋了[34]。不過，就海軍航空隊而言，這個爭論一早就擺平了。

由特遣艦隊指揮官撰寫的作戰報告當中，澄清了這場海戰並非由高空轟炸機或魚雷機左右大局，而是由俯衝轟炸機奠定勝機的。不過，這些報告也強調了運氣的重要性，以及魚雷機隊的貢獻。根據第十六特遣艦隊司令史普魯恩斯的說法，無畏式「在緊要關頭」抵達了，並讓「艦載機仍然停在甲板上的敵軍」被殺了個措手不及，並讓敵方在艦載機能起飛之前，先把他們的航艦燃燒起來。史普魯恩斯解釋，魚雷機透過「阻止日軍航艦派出艦載機」以及「把敵方戰鬥巡邏吸引至海平面」，讓「我方俯衝轟炸機能在敵艦隊上空如入無人之境」，從而為戰役的勝利作出貢獻。最終成為了中途島戰役傳統論述的主要元素，在戰役之後不久就被奉為圭臬[35]。

對尼米茲而言，戰役的真正勝利者同樣十分清楚：俯衝轟炸機飛官及他們的無畏式。戰役後不久，他就給艾德・海尼曼發出一封私人電報。「感謝生產出ＳＢＤ，」尼米茲說。「它在中途島救了我們。」[36]

即便如此，勝利還是帶來了一些挑戰。尼米茲正在尋求一個能不冒犯到任何參與者的慶祝方式以及官方說法。他同樣需要找出一個能承認魚雷轟炸機飛行員貢獻的方式，他們的殉難實在太明顯了。戰役後不久，尼米茲前往醫院探視喬治・蓋伊——大黃蜂號第八魚雷機中隊的唯一倖存者。這並不僅僅是一次慰問行程。上將還有一個新任務要指派給蓋伊：他將會離開現役，並被派往執行鼓舞士氣的巡迴之旅[37]。

如果美國人正在尋求各種利用中途島勝利的方式，日本人則正在決心掩飾他們的戰敗。這場戰役一開始被報導成是日本的勝利。六月十一日，東京《朝日新聞》報導說：「在這一次行動之後，美軍航空母艦的戰力已經被降至為零，而太平洋的領導地位，已經毫無疑問落在我方手上。」「事實上，我們航艦上的人員，幾乎都全部獲救，」報章繼續這樣說，「這只能說是天佑神助。[38]」這激起了不光是日本民間，甚至是軍方單位的慶祝活動。政府高層一開始同樣被蒙在鼓裡，內閣成員並沒有被告知戰役的實際戰果。數天之後，帝國海軍才向東條首相和盤托出真相。被這消息沉重打擊的東條，也延遲了向天皇上報真正的戰果[39]。四艘在中途島被擊沉的航艦艦名，直到同年八月才被除籍，這已經是戰役後的兩個月。等到實情漸漸為公眾所知，還得等待一年後[40]。這就是為何在一開始的時候對於日本民眾而言，中途島戰役並不像是戰爭轉捩點的重要原因。

對於戰役倖存者來說，帝國海軍意圖掩飾戰敗消息的舉動侮辱了傷兵。「為了掩飾我方四艘航艦被擊沉的消息，」前田武二飛曹回憶道，「從戰役中歸來的傷兵，都被拘留在同一棟建築物裡長達一個月，儼然是與世隔絕。」身體無恙的飛行員則在基地裡禁足。如同尼米茲，山本五十六大將也前往醫院探視傷兵。加賀號飛行員森永隆義還記得長官本人「既仁慈又端莊，」但他對於被「隔離」在醫院裡，感到十分失望。另一位飛官則認為，他就像是「戰俘」般被對待。有很多倖存者都身無分文——他們連香菸都負擔不起。有些人還被隔離了整整三個月。他們那些焦慮不安的親屬在聽到中途島慘敗的謠言後，有人還把他們當成已經陣亡了[41]。

其中一位傷者，是蒼龍號的上等整備兵曹元木茂男。他受到嚴重燒傷，而且傷勢在抵達日本本土時更惡化了。「這在更換繃帶時就更為痛苦了，」元木說。「那種程度的痛楚，是筆墨所難以形容的。」他的情況，還有受到的禁足，實在遠超出常人所能承受的程度。有一天晚上，元木偷偷溜出病房，在武器櫃裡找到一把手槍。他準備好要自殺時，卻被一名衛兵發現及阻止。這並不是元木第一次後悔活了過來[42]。

一九四二年九月中旬，中途島戰役的故事隨著約翰·福特的誌慶紀錄片上映，而獲得了全新的視角。當然，如果你喜歡的話，也可以稱這部紀錄片為宣傳新聞影片[43]。這部只有十八分鐘長的影片，將會在全美電影院裡，作為正片放映前的前序片。這部影片的開場描寫了島上奇特的生活以及信天翁。但很快，攝影機就處在友永丈市及其他日軍打擊部隊的攻擊火力之下。爆炸就在鏡頭的附近發生，福特本人還被一塊碎片擊中。除了好幾個呼喊聲外，影片唯一的聲音就是飛機發動機的轟隆聲、機槍的呼呼聲，以及火焰燃燒時的霹靂啪啦。然後，有一把聲音安靜地說：「是的，這一切都真的發生過。」影片的最後一幕是海葬儀式。當羅斯福總統看到影片後，他宣佈說，「我要美國每一位母親都觀看這部影片。」這部影片敘述了個人以及國家犧牲奉獻的時刻：在島上現身的其中一位陸戰隊員，是羅斯福的長子詹姆斯。

福特同意總統的看法：「這是一部為美國所有母親所拍攝的影片，」福特說。「是時候讓他們知道我們身處在戰爭當中，而且我們還被對手狠揍猛踢了五個月的時間，現在我們要開始反擊了。」[44] 感謝福特的紀錄片，這座島嶼本身以及那令人畏懼的日軍攻擊，會交織成美國對這場戰役的歷史記憶。

約翰・福特還開始了為第八魚雷機中隊捧為英雄的計劃。他的其中一位攝影師在戰役前拍攝了該中隊的片段，而福特則利用這些片段製作了一段八分鐘的致敬影片[45]。這部短片能夠使用家用投影機播放，並被送往各個中隊成員的家庭去。有點感傷但不影響短片本身的，是它在描繪中隊成員在機庫甲板內莊嚴的葬禮前，先讓包括約翰・華德隆在內的所有人，又一次在短片前段栩栩如生地活了過來。短片開始的標題宣稱，這些人「在我們海軍航空隊光芒四射的歷史當中，寫下了最為傑出的一頁。」在戰爭稍後，亨利哈塞威（Henry Hathaway）的好萊塢大賣電影 *Wing and a Prayer: The Story of Carrier X*（1944）描述了一支被公認是根據華德隆與所屬的魚雷機中隊，在中途島擊沉了日軍艦隊。第八魚雷機中隊的殉難，越來越像克里米亞戰爭期間，在巴拉克拉瓦（Balaklava）的英軍騎兵。這些騎兵因為丁尼生（Alfred Tennyson）的詩歌《輕騎兵的衝鋒》而變得永垂不朽。他們的犧牲透過戲劇演繹而賦予了意義。

同時，戰爭仍在持續發生當中。中途島戰役大部分時間都作為旁觀者的理查・諾瓦斯基，在索羅門群島戰役期間差點就好運用盡。一九四二年十月底的聖克魯斯群島海戰當中，大黃蜂號被日軍飛機擊沉。諾瓦斯基從舷側跳進滿佈鯊魚的大海，不過幸運獲救。一九四三年六月，陸戰隊飛官丹尼爾・艾佛森在中途島駕駛的無畏式俯衝轟炸機，因為意外而在密西根湖墜落。艾佛森本人並不在機上，但隔年在演習期間殉職。六月四日當天早上攻擊了日軍機動部隊的五十位俯衝轟炸機飛行員當中，到戰爭結束時至少有十七位已經殉國。通常都不會有時間或傾向於說要去哀悼他們。「當你的朋友被殺，你可負擔不起時間去為此憂傷，」迪金森在戰爭期間寫道。「我個人的習慣，是簡單地想像他們不過被調遣到另一艘船上去而已。[46]」

對很多人來說，這並沒有那麼簡單。例如，諾曼・范迪維爾的家人在六月十七日早上收到一封電報，通知他們的兒子已經在作戰中陣亡。但在另一天，他們又收到另一封電報「修正前一封電報，范迪維爾是在作戰中失蹤。」第六轟炸機中隊中隊長勞合・史密斯中校（Lloyd Smith）同樣寫信告知他們，范迪維爾並沒有陣亡，只是失蹤。「你的兒子，」他說，「被迫在海面上降落，」而且還「有很大機會⋯獲救。」不知道該如何是好，范迪維爾的父親寫信給史密斯，希望能獲悉「得以舒緩他們心中悲痛的訊息。」差不多在十月底，東尼・薛內度，另一位參與了中途島戰役的無畏式飛官，寫了一封信表達他的哀悼之情。「信中包括了八美元，」他說，「那是我欠你兒子的金額。」這將會是一封很難書寫的信。他以下列語句作結，「諾曼是我在艦上最要好的朋友及室友，而我與你分擔因他的離世而產生的悲痛。我在當天同樣被迫降落在海上，儘管我足夠幸運，在第三天就獲救了，至於其他沒那麼幸運的朋友，我能得到的訊息都是簡略且不完整的。很抱歉，我沒有辦法減輕你精神上的痛苦。」[47]

大多數中途島戰役當中擔任要角的人物，例如薛內度，都在戰爭中倖存。薛內度獲得了三枚傑出飛行十字勳章，並負責領導新萊星頓號以及新建造的約克鎮號的轟炸機中隊[48]。厄爾・卡拉漢同樣繼續執行戰鬥飛行任務。他們在中途島的經歷成為更多相同經歷的基礎。

然而，其餘大多數人是在參謀單位及後方教官的角色之間輪調。克萊斯成為了飛行教官，傳授有望成為俯衝轟炸機飛行員的新一代學員的基礎飛行。他的駐地在佛羅里達，與他初學飛行的地點相同，但他的情況已經有了戲劇性的轉變。在返回美國之後數週，他與珍私奔到拉斯維加斯。珍現在懷有了他們兩人的第一個小孩，但要找到完整的醫療照料服務卻不容易。軍醫院人滿為患，克萊斯負擔不起私人醫生。最後，克萊斯與一位海軍軍醫達成非正式協議，可是當珍要分娩時，那位醫生卻無法接生。最後，嬰兒是由一個從來沒有接生過的實習醫生完成的。不久之後，差勁的設備導致珍及嬰兒都受了感染。她們最後都康復了，但這對克萊斯一家來說是個慘痛經歷。克萊斯說，「海軍讓我失望。」[49]

關於中途島，克萊斯說的不多。他的後座射手約翰・史諾登，在差不多接近戰爭結束時寄了一封信給他。「我經常感到好奇，你是怎麼看待那些攻擊的，」史諾登寫道，並猜想克萊斯「很可能跟我一樣感到驚訝。」看來克萊斯從來沒有跟史諾登談過自己的感受。他對陌生人同樣保持沉默。戰役結束三週後，他抵達了舊金山。在那裡有「一大群愛國民眾」極為渴望請這些中途島老兵喝一杯。克萊斯避開了他們。他對自己的家人也是一樣。當他回到堪薩斯州的科菲維爾時，他出生的小鎮極為狂熱。當地居民都知道，他因為某件在南太平洋發生的事情獲頒一枚傑出飛行十字勳章。但是，有關六月四日當天發生的事情，克萊斯從不談論片言隻語，最起碼在當時是如此。「我從來沒有提及過我參與了中途島戰役的事實，」他說，「連我父親也沒聽我說過。」[50]

喬治・蓋伊就不同了。在戰爭其餘的時間，他都在進行巡迴訪問，被社會各界熱情款待，還不時被女崇拜者們追求。儘管這看來是個令人羨慕的命運，但蓋伊所付出的心理代價是很可觀的。蓋伊以中隊的「唯一生還者」而為人所知，他承受了倖存者的內心愧疚，還有來自那些陣亡機組員親友的譴責。他們不能理解為什麼只有蓋伊能活著回來，而他們所愛的人卻沒有。他一直為其名人地位，還有為了他不停重複著訴說那讓他受崇拜，又與他人疏離的故事而苦苦掙扎。

不過，蓋伊在中途島戰役後的工作極為重要。如我們所見，第八魚雷機中隊在中途島一戰中的直接軍事貢獻，並不是空虛的。但是它們的任務在中途島戰役後所帶來的成效——透過蓋伊的努力也許顯得更為重要——儘管這是無法量化。美國對戰爭投入的努力、犧牲，無疑在戰爭持續進行時鼓舞了成千上萬，也可能是上百萬人。

尼米茲在戰爭其餘時間，繼續作為太平洋艦隊總司令服務。當日本在一九四五年八月投降之後，尼米茲抵達了東京，在那裡他探訪了東鄉平八郎海軍大將在對馬海戰期間的旗艦三笠號。三笠號在當時已經被作為國家紀念區而保留了下來，而曾經會見過東鄉，也參與過東鄉葬禮的尼米茲，指派了陸戰隊衛兵在三笠號上長久駐守以防止該艦被掠奪[51]。戰艦也許已經被航空母艦取代了，但仍然是值得保留。到十一月，史普魯恩斯接替了尼米茲成為太平洋艦隊總司令。

日本方面，中途島老兵在戰爭其餘的日子也在付出代價。森拾三失去了他的右手，它在瓜達康納爾島上空被一顆美軍五〇重機槍子彈打殘。山本在空中被殺了——一九四三年四月，美軍戰鬥機把他從拉包爾飛去索羅門群島的座機給擊落。南雲選擇了自殺——一九四四年，美軍部隊已經準備好要攻佔他在塞班島上的指揮所，與其被俘虜，他選擇了對頭部開槍自殺。前田在接下來兩年，都繼續執行魚雷轟炸任務直到一九四五年八月為止。他接到指示要把座機裝滿炸藥，並等待進行神風特攻的命令。數週之內戰爭結束，而他也得以存活。永遠都不甘示弱的淵田，聲稱當日本政府在東京灣的密蘇里號戰艦（USS *Missouri*, BB-63）上簽署投降文書時，他也在場[52]。

像美國人那樣，日本人在戰時及戰後都需要故事來讓他們支撐下去。當友永頑勇地把後勤人員對他座機那受損燃料箱的擔憂掃到一旁時，他顯然是對晚輩著想的。同樣的，柳本柳作大佐決定與蒼龍號共存亡，也並非出於虛無、絕望，甚至是贖罪，而是打算鼓勵未來新一代的行為。對元木茂男而言，他在音樂裡找到了慰藉。在他試圖自殺後，他被轉移到位於東京以北四十英里左右的土浦市霞浦海軍醫院。在那裡，他聽到兩首古典樂，讓他重新思考了自己的處境。那是柴可夫斯基的《弦樂四重奏第一號》的第二樂章《如歌的行板》，以及德里戈（Riccardo Drigo）的《小夜曲》。「直到今天，」元木在多年後說，「那兩首樂曲就是『我』。[53]」

那個讓美軍在中途島的勝利成為可能的人，最終還親自到了太平洋一趟。以一九四四年十月及十一月，海尼曼被道格拉斯公司及海軍航空署指派前往太平洋，以進行第一手的作戰行動研究[54]。那時候，海軍已經在逐步淘汰無畏式了。就像中途島戰役在數分鐘內就定勝負，這項贏得戰役的武器在被更創新的裝備取代之前，也只有一段相對短暫的生命週期。一九四四年七月，五千九百三十六架無畏式的最後一架離開了瑟袞多的生產線。約翰馬侃少將（John McCain），知名的美國海軍越戰飛行員及美國國會參議員約翰馬侃三世的父親，聲稱無畏式「擊沉了比我們所有其他武裝部隊加總起來都還要多的敵方戰鬥噸位。[55]」即使這個說法多少有些誇大，但可以肯定的是，無畏式在關鍵的一九四二年，是把日本船艦送到海底裡去最多的一年[56]。

無畏式作為贏得戰役的武器，地位也變得穩固了。美國戰時新聞局（Office of War Information）乾脆直接宣稱：「海軍的標準艦載俯衝轟炸機（無畏式）在同類飛機當中，是世上最好的。[57]」正如一位編年史家所言，這只是「故事的一半」。「另一半，」那名作家繼續說，是「它在我們進入戰爭時，已經有一定數量的飛機在航艦甲板上準備就緒，而我們海軍的飛行員已經受過徹底完整的訓練來操作它們。」[58]換言之，在和平時期的採購，容讓美國得以在太平洋戰爭中扭轉局勢。

有關無畏式的事實，同樣受到飛行員的認可。克萊斯就寫道，「我們的飛機是最新銳、最精準的海軍武器，」唯一一種有能力擊沉「快速移動且轉向中的船艦」的武器。他相信中途島的勝利不應該單單歸功於飛行員，還有無畏式的設計師與建造者。「我們的國家，」他堅稱，「虧欠了在加州瑟袞多道格拉斯飛機工廠裡，艾德．海尼曼及其傑出團隊極大的恩情。」[59]

雙方參與中途島海戰的七艘航空母艦當中，只有一艘活到戰後。企業號活出了經歷不凡且迷人的一生。它在索羅門群島受重創，但被修復了。然後在馬里亞納以及菲律賓參與作戰行動。一九四五年五月，它在沖繩外海又一次嚴重受創，但最終成功返回港口，並在維修期間見證大戰結束。企業號從戰爭開始到結束都處於水深火熱當中，因此它亦被稱為美國海軍當中「戰績最輝煌的船艦」[60]。

美國人對中途島戰役的回憶，都是透過船艦及基地命名來廣為宣傳的，這是海軍建立及維護傳統的典型做法。這在戰爭期間已經開始了。一艘新的大黃蜂號（CV-12）——美國海軍第九艘以之命名的船艦，比在中途島海戰當中的大黃蜂號更大更快——在一九四三年服役。美國海軍中途島號航空母艦（USS *Midway*, CV-41）在戰爭結束後不久就服役了。戰功顯赫的企業號，中途島海戰的最後倖存者，最終退役及拆解了。它的艦名由美國海軍第一艘核動力航空母艦來傳承。還有不少較小型的作戰艦，是出於紀念這場戰役而命名的。例如第六魚雷機中隊的塞維林・羅巴赫，就以一艘護航驅逐艦的命名來紀念。德州一個海軍輔助航空站是以約翰・華德隆來命名。另一個例子是洛弗頓・亨德森，一位在中途島戰役期間率領無畏式中隊時陣亡的陸戰隊飛官。瓜島上重要的亨德森機場，就是為了紀念他而命名。

與此同時，中途島的追憶迎來了首次挑戰。一九四五年八月，原子彈先後在廣島及長崎引爆。一時之間，戰爭——即使不是世界——似乎已經被一種新型武器給征服了。尼米茲在兩個月之後才回到美國，擔憂美國會學到錯誤的教訓。「像原子彈這樣的新武器，」他在加州的一次公開活動中說道，「也許改變了戰爭的特性，但它不會改變一個事實，那就是我們必須能控制海洋。」他在美國國會聯席會議當中，也帶出了相同的訊息。從一九四一年十二月開始到一九四五年八月的故事是個標竿。它擁有一個聲勢浩大的開場——由天賦異稟的飛行員及相對老舊的飛機所贏得的七個月海上戰爭——接下來是將近三年逐漸削弱，因為日軍頑抗無可避免的戰敗？還是這是一個漸進漸強，一場工業生產的持久競賽，並以一個嶄新但不和諧的科技時代的到來作為縮影？尼米茲認為應當是前者。他說，勝利來自於日本「是一個仰賴海外糧食及原物料輸入的海洋國家，而她的海上力量被除掉了。」[61]

大多數在戰爭中活下來的中途島老兵，到一九四五年都復員了。迪克・貝斯特適才適所，在道格拉斯公司得到了一份工作。不過，少數仍然留在海軍。史丹普・林恩——他的「哪都去不了的編隊」無疑已經被他拋諸腦後了——繼續他的平步青雲。他在比堅尼環礁的核武實驗當中擔任觀察員，隨後接掌美軍第一艘操作噴射機的拳師號航空母艦（USS *Boxer*, CV-21）。迪金森同樣成為了富蘭克林號航空母艦（USS *Franklin*, CV-13）的艦長。克萊斯則在海軍負責飛機戰略及設計的航空署找到一份參謀職缺[62]。史普魯恩斯後來被指派到羅德島州新港的美國海軍戰爭學院（Naval War College）擔任院長。他把麥克勞斯基也帶去，以便協助他實施軍官研究生課程[63]。理查・諾瓦斯基重新入伍，韓戰期間在一艘驅逐艦上服勤時受傷。在那場戰爭當中，他的部屬領養了一名一貧如洗的日本女學生，她因為長崎原爆而成為孤兒。諾瓦斯基把他的經歷，寫成一本自資出版名為《慈悲的毀滅者》（暫譯，*The Compassionate Destroyer*）*的回憶錄，這艘船既能傷害他人，也能治愈人心。

日本海軍的中途島老兵同樣各有前程。在一段空窗期後，源田實重新加入日本軍方，這時已經更名為日本自衛隊了。他憤慨於日本的重新武裝受限，並在退役後投身民族主義政治行列。源田實在一九六九年還被捲入一起爭議事件。他當時宣稱，如果日本帝國也擁有一枚原子彈的話，日本帝國也會使用它。他的舊同學淵田美津雄則有著很不同的經歷，包括一段發生在戰後數年的「保羅歸信」時刻。他成為了基督徒、和平主義者，以及經常往返美國的人物，他最終在美國定居。原田要成為了和平主義者，並開辦了一間幼稚園。「我意識到戰爭已經把我變成一名殺人者，」他說，「而那並不是我想成為的人。」[64] 古田清人後來改為務農，而森拾三改行經營酒吧。

艾德・海尼曼的事業在戰後真的起飛了。與蘇聯持續增強中的對抗給了他不少生意。本來已經因為無畏式而聲名遠播的他，之後又設計了好幾種同樣引人注目的飛機，包括標誌性的道格拉斯A－4天鷹式攻擊機，這除了是越戰期間航艦作戰任務的中流柢柱外，還被很多外國空軍所採用。在業內，他已經得到了「攻擊航空器先生」（Mr. Attack Aviation）的稱號了。

冷戰的其中一個結果，就是面對新的中蘇威脅下誕生的美日合作。之前是日本船運的苦難根源——海尼曼及道格拉斯現在與日本生產商三菱，也就是曾經建造零戰的廠商，一同合作生產飛機[65]。拜冷戰之故，這兩間公司如今位在同一陣營了。

關於海尼曼的事業軌跡，還有美國航空工業的興盛，還有一些事情值得一提。它們都是美國夢及美國之所以偉大的基礎縮影。海尼曼本人亦如此認為。「航空工業在五十年的短暫週期中的成長，是美國特性的象徵，」海尼曼在一九五三年如此表示。「這是我們與生俱來的自由氣氛的成果，」他繼續說。「在這個氛圍當中，具好奇心與進取精神的美國人都能追求及成長，最佳表現的方式，大概就是開拓精

---

* 編註：驅逐艦的英文 Destroyer，也有毀滅者的意思。

神了。[66]」也許有人還會補充一點，海尼曼及道格拉斯公司同樣包含了一種充滿動力的合作關係，這種工業成長過程，成為了一種日後被艾森豪總統在不久後抨擊為「軍工複合體」的特徵。如果缺少了美國的全球領導地位，即使到了今天，也是無法想像的。

儘管物質生活十分豐富，海尼曼卻產生對其工作在道德方面的疑慮。在一封給朋友的信件裡，他就分享了一段以第三人稱書寫的簡短自傳，當中披露了「在整個設計生涯當中，由於他正在研發的惡魔般的裝置，例如炸彈及飛機，使他持續受到良心的煎熬。」這一方面，海尼曼說，「經常引起了很長時間的內心反省。」他特別擔憂「針對城市及農村的高空轟炸，在任何戰爭中都將會變得無可避免。」在這方面，海尼曼解釋道，他的良心煎熬，因為知道自己設計了一架「在中途島阻止了日本人」的飛機而「舒緩」了[67]。

作為工程師的海尼曼與作為個人的海尼曼之間的張力，在他設計了天鷹式之後持續上演——在南大西洋的福克蘭戰爭當中，阿根廷空軍使用這款飛機，將好幾艘英國皇家海軍船艦送到海底。這場戰爭後，海尼曼寫信給阿根廷駐華盛頓大使，詢問飛行員對這款飛機的感受。這款飛機已經挺老舊了，海尼曼承認，「但它仍然是一款優秀的攻擊機，而我仍然會被不少國家詢問有關其使用方面的建議。[68]」答案很明顯地使他既滿意又焦慮不安。「我很抱歉在這麼多戰線看到戰鬥場面，」他告訴阿根廷駐華府武官。「畢竟，這就是人生。當我們在設計新飛機時，很不幸地，我們沒有辦法預計它們會怎樣被運用。[69]」

在中途島戰役後的第一個二十年，中途島在美國大眾文化中確立了其地位。一九四九年的好萊塢電影《特遣艦隊》（暫譯，*Task Force*）在這方面成為了先行者。以早期海軍航空隊進行打擊的真實片段作開場，這部影片在其後轉成光鮮亮麗的彩色畫面，追溯一位由演員賈利古柏（Gary Cooper）飾演的海軍飛官喬納森·史考特（Jonathan Scott）從二戰前到二戰期間的故事。這部電影最重要的部分，就是戲劇性地重構了中途島戰役，並由麥克勞斯基客串演出。但是這部電影最為有趣的一刻，是這位英雄一開始「對人們營造制空權意識」的鋪陳，他甚至考慮過投入到國防工業，卻因為「把飛機賣給墨索里尼」的發展而轉念（有人更好奇，他是不是知道在一九三〇年代把無畏式原型機售予日本人的事情）。當面對一位國會議員質疑海軍航空隊的經費時，史考特告訴他在缺少航空母艦的情況下，「西岸的報章」都將會「以日文印刷發行」。這個說法與克萊斯日後的一番評論產生共鳴，也就是沒有中途島戰役勝利的話，「在美國及倫敦都很可能有很多人在說日文及德文。[70]」美國海軍對製作公司開放了很多設施，因此這部電影也享受著官方認可的好處。也許不令人意外，莫斯科廣播電台譴責這是一部「歌頌美化戰爭，並呼籲所有人民實施軍事化」的電影[71]。

中途島戰役在戰後的日本電影當中也經常被提及。儘管這是一場敗仗，但這場交戰不會引起同樣令人不舒服的，有關戰爭暴行的問題——例如對華戰爭——因此也成為了一個相對安全的題材。儘管新的民主日本有著和平主義的政治價值觀，這些影片經常都頗為愛國主義，而且瀰漫著軟性的軍國主義。有一些電影，例如《太平洋之鷲》（一九五三年）——當中包括了壯觀的中途島戰役片段——在商業上非常成功。其中一位具領導地位的影評人還說，透過觀看電影，他首次了解到中途島戰役，這也進一步證明了這場戰敗的消息，曾經被隱藏著不為公眾所知[72]。

接下來的二十年，有更多的日本電影接踵而來。在這一類型的電影當中，規模最為宏大的是《太平洋之嵐》（一九六〇年），它包括了一段對機動部隊進行致命攻擊的戲劇性重構畫面。八年之後，《聯合艦隊司令長官 山本五十六》這部電影出現了，它以能引起共鳴的手法，強調了這位英雄是如何不情不願地步向與美國的戰爭[73]。中途島戰役在電影中的呈現方式，就是一場非常緊湊的交戰，美國俯衝轟炸機在日本海軍的反擊差不多要出擊之際，時機非常恰巧、出奇不意地突襲了日軍。美國有關中途島戰役的電影也在日本上映。在一個巧妙的對稱命名之下，日本人把賈利古柏的《特遣艦隊》以《機動部隊》之名上映了[*]。

與此同時，對中途島戰役的傳統論述也漸漸開始成形。一九五〇年代，淵田美津雄與他人合著了一篇有關該戰役的回憶錄——英文版副標題為「在關鍵五分鐘讓日本注定失敗的戰役」——並在文中堅稱當美軍無畏式俯衝轟炸機進行攻擊之際，南雲已經即將要派出他的打擊部隊攻擊美軍航艦了。「五分鐘，」淵田寫下了知名的論述。「有誰曾想像過，戰役的潮流會在如此短暫的時間裡完全逆轉？」他所指的五分鐘，不但是無畏式造成毀滅性打擊的真正決定性時刻，而且是完全假想的五分鐘，正是這五分鐘，導致了南雲無從發動反擊。淵田不但繼續把戰役失利歸咎於不幸，還怪罪於全國上下屈服於開戰首六個月的連戰連勝所產生的「勝利病」，因而衍生出的全國性傲慢[74]。換言之，日本輸了這一役，但美國人也沒有贏得這一仗。

其他日本方面的評論，相較之下就更細緻入微。一九四六年，千早正隆寫下了他有關帝國海軍「無底洞般的戰敗」的想法。他批評日本海軍對決定性會戰的戰略性著迷、軍方高層對敵人預判的失準、德國在歐洲方面的行動，還有日本陸海軍之間的對立。但千早同樣讚賞了自己的敵人。「珍珠港之後，」他說，「美國的海上力量的復甦速度是令人震驚地快速。」「優秀的工業效能」以及作戰意願，他繼續解釋道，足以讓美國海軍發展成「一個在防禦上無可匹敵，在進攻上無法阻擋的組織。[75]」一個對戰爭相似的評論，同樣見諸於一九六六年開始出版，作為日本帝國在太平洋戰爭的官方軍事歷史《戰史叢書》之中。它說，太平洋戰爭是戰略、後勤、同盟，以及作戰意願的問題[76]。

但最起碼在一段時間內，淵田美津雄的觀點勝出了。他很多的看法都進入了美國對中途島戰役的第

＊編註：日軍是以「機動部隊」稱以航空母艦形成的海軍艦隊戰力，相較於就是美軍的「特遣艦隊」。

一本主流著作，華特勞德的《難以置信的勝利》之中。這本著作寫得極好，而且立論建基於大量第一手史料研究，至今仍然是一本值得一讀的好書。緊接著情報之後，勞德強調了魚雷機在中途島海戰中的角色，就是創造出一個狹窄的缺口，讓俯衝轟炸機得以在南雲的部隊升空之前開始打擊。不過，他最有力的論述，就是對於美軍的獲勝不太可能發生的想法。美國飛行員不僅寡不敵眾，勞德寫道，而且「對戰爭一知半解，」再者，他們還受到「裝備問題」所困擾，包括一些阻礙俯衝轟炸機進行俯衝的問題。與之相反，「敵方更為傑出，更為經驗老道，而且還無堅不摧。」他因而總結道，美國人「沒有權利取勝，」而「他們還是勝利了，」這展示出「每隔一段時間『要發生的事情』不一定必然會發生。[77]」

一個相同，但更為學術性的論點，是由戈登．普朗奇所提出的，他同時也是一本有關珍珠港的傳奇著作《黎明沉睡》（暫譯，*At Dawn We Slept*）的作者。儘管第二本讓中途島戰役出現在書名的著作，《中途島奇蹟》，是在稍後才出版的遺作，但普朗奇在一九七〇年代就完成了該書的大部分研究。在這本書之中，已經開始看到懷疑魚雷轟炸機貢獻的論調，特別是有關華德隆中隊的貢獻，但總體而言，普朗奇還是跟隨著勞德的路線。普朗奇也同樣倚重淵田作為「原始史料，」強調美國人好運的重要性，還有歸納出這場戰役的勝利「純屬僥倖」。而且，這本書的標題已經表達出作者的想法了：勝利是一個「奇蹟。[78]」

儘管兩人都承認了俯衝轟炸機的關鍵角色，但不管是勞德還是普朗奇都沒有更深入審視無畏式，或者提及有關艾德・海尼曼對勝利的貢獻。

一九七六年上映的好萊塢賣座電影《中途島》，定義了中途島戰役在一整個世代的大眾形象[79]。在這部影片當中的日本人形象，大體上都是引人同情的，電影裡沒有提及布魯諾・蓋東、法蘭克・歐弗萊赫帝以及衛斯理・奧莫斯被日本人謀殺。儘管時代背景設定在一個被憎恨所包圍的世界，這部電影卻是異常地溫和。電影裡完全沒有提過為珍珠港「復仇」。角色都純粹在與內心的心魔天人交戰，例如害怕任務失敗，或者是（虛構的）父子之間的世代衝突。甚至有一幕，引起了觀眾對日裔美國人在大戰期間被不正當拘留的關注。這種克制也許部分是由冷戰期間，對於與經濟繁榮的日本維持良好關係，以呈現出一個對蘇聯的共同前線的急迫性所驅使。不過，沒有任何敘事技巧能軟化一艘航空母艦的毀滅。在電影院裡，日裔美籍影評人J・K・山本（J. K. Yamamoto）的姐妹，就被觀眾在每一次有一艘日本船艦被炸中時所發出的響亮歡呼聲弄得非常心煩意亂，她在離開電影院時甚至考慮過要掩臉而去[80]。

電影中的某些角色是虛構的，但大多數都是歷史人物。在三十四年前曾為約翰・福特的紀錄片錄製過部分解說的亨利方達，在這部電影中就飾演尼米茲。為了確保電影的逼真程度，製作公司還作出了其他努力。在戰役中指揮第三轟炸機中隊的麥斯威・列斯利便擔任了技術顧問。電影還大大強調了魚雷轟炸機，尤其是喬治・蓋伊的中隊被認可的角色，也就是把日本的戰鬥機巡邏吸引到海平面的貢獻。假如還有任何人領悟不了這個訊息的話，它甚至還透過日方角色的對白道出。也許令人毫不驚訝的是，蓋伊——他同樣在顧問之列——愛死了這部電影。但克萊斯的看法就沒有出現。

過去四十年，《中途島》情節的不準確性，受到了廣泛的批判。一開始，《紐約時報》形容這部電影為「對抗現代最偉大的海戰之一的神風攻擊。[81]」儘管在前言中聲稱這是一部使用了原始片段的真實故事，電影有很多片段都是後來才拍攝的，很多航空迷大概一看就能分辨出來。大多數日方素材都是從《太平洋之嵐》借用的。當中還借用了極其豪華的珍珠港電影《偷襲珍珠港》（*Tora! Tora! Tora!* 1970）的片段，甚至還有從英國經典電影《不列顛之戰》（*Battle of Britain*, 1969）當中的空中纏鬥片段[82]。電影中的其中一個核心張力，就是一位被捲入中途島戰事當中的美國海軍軍官，以及一位在美國出生的日本移民之女之間，那令人擔憂的愛情——這已經是後來對戰爭的觀感，多於真實歷史事件了。

不過，這部電影多少反映了當時學界盛行有關中途島戰役的看法。這個論述的中心點，就是如勞德所討論，關於幸運的概念。「我們真的比日本人更優秀，」電影的最後，尼米茲感到疑惑，「還是只是更幸運？」

這對於美國大眾文化的影響是很可觀的。一九七七年上映的《星際大戰》（*Star Wars*）幾乎就是把背景設定在宇宙中的中途島戰役。它描述了一場在「帝國」與「反抗軍」之間的戰鬥，這與日本帝國與美國間並無二致，因為美國就是一個叛亂的英國殖民地。它首先是由憎恨與帝國主義所驅動的，其次是正義感。成功由「原力」作為手段而達成，這就與普朗奇與勞德所言，在中途島戰役中的運氣一樣的神秘與關鍵。勝利是由個人的本質及虔誠所致，而非訓練及工具。再者，星際戰機飛行員在攻擊死星（實際上就是帝國海軍的機動部隊）時的戲劇性對話，都大量借用了一年前的《中途島》電影當中艦載機飛行員的對白。

二戰是由民主黨總統羅斯福所指揮，而中途島戰役是由兩黨的支持者，以及無黨派人士所打的。即便如此，當這個國家在越戰以後陷於內外交困之際，有一種廣為流傳的想法認為，「最偉大的一代」透過在二戰服役而留給這個國家的遺產已經在危難當中了。美國海軍正陷入了蕭條。「塗料」的氣味又一次出現在加州——這一次並不是航太研發人員所使用的香蕉油氣味，而是非法成癮性毒品的氣味。這也許不是一個公允的觀點，但這卻是當時多數人，特別是那些曾經在戰爭中服役的人們看待事物的方式。這個情況驅使了一些本書的主要人物尋求國家的革新。

當中最直言不諱的是喬治・蓋伊，他在一九六〇年代末到一九七〇年代，都苦惱於蘇聯已經在冷戰中先發制人取得了優勢。值得注意的是，由於尼克森總統對中共的開放政策正在全力進行中，蓋伊同樣對北京表示擔憂。「那些（共產）中國人，」他寫道，「是唯一認為可以殺光所有人，即使自己承受同等數字的傷亡，但還是有成百萬人存活的一群人。」「我們為什麼要鼓勵及幫助這樣的人，」他覺得奇怪，「我們在二戰結束之前就已經知道他們的意圖了，而且還從來沒有給過我們那怕一個相信他們的理由。[83]」

蓋伊顧慮的核心，是恢復美國的國力以及戰備能力。我們擁有的蓋伊回憶錄，是由他本人所題字的，寫著「讓美國保持強大。」在蓋伊的想法裡，這與他在中途島及其後發動的對抗是相同的。「我仍然聽到尼米茲上將說：『回去跟美國人民說，我們需要他們的幫忙，』」他寫道[84]。

艾德・海尼曼大體上抱持著類似的看法，而且還在共和黨人的「一九七六年 G.O.P. 勝利基金」當中作出貢獻[85]。一年之後，他收到來自共和黨全國委員會的「感謝狀」，感謝他對「個人自由、限制政府，以及企業自由等原則」的支持[86]。七年之後，他收到了來自雷根總統的親筆簽名信，感謝他在即將來臨的總統大選的幫忙。接踵而來的還有一封來自總統的公函，在信中大力誇耀了他的「和平來自力量」政策，以及批判了「把國防政策建基於軟弱之上的自由派創造者。[87]」

從這個觀點而言，海尼曼應該會把雷根在一九八〇年總統大選當選，視為重振美國國力的機會。緊接而來的，就是美國海軍在新任部長約翰．雷曼（John Lehman）領導之下的重振旗鼓。雷曼本人也是一位海軍飛行員（而且巧合地，也是一位德裔美國人）。他著手於創立一支「六〇〇艦海軍」，監督了一個規模宏大的建造及發展計劃。伴隨著這項投資計劃而發生的，就是由矽谷所領導的「晶片革命」。這些發展支撐了驅動美國國力復興的「軍事事務革命」。在這個十年結束時，美國海軍又一次能完全主宰全球，使蘇聯艦隊黯然失色，還能在蘇聯試圖在歐洲挑釁時，攻擊莫斯科在東亞暴露的據點。

至此，距離二戰已經過了一段頗長的時間。隨著時間流逝，寬恕也浮上了水面。「友誼之翼」（Wings of Friendship）聯繫上海尼曼，這是一群希望透過「動態展示經典——以及傳奇性的——（二戰時期）飛機」來強化美日及環太平洋關係的飛行員。支持這個倡議的人還包括杜立德，當時他已經年過九十歲了[88]。差不多在這個時候，喬治．蓋伊被邀請到巴黎出席《偷襲珍珠港》的首次公演。有很多日本老兵都被邀請了，包括淵田美津雄。「他不停重覆著說，他對此有多抱歉，」蓋伊在提及淵田時說道，「而他每一次說這番話時，我都不禁懷疑，他是不是在說很抱歉他們輸了那場海戰。[89]」彷彿要讓歷史看起來更吊詭，不久之後淵田所有孩子都在美國生活。那個帶隊攻擊珍珠港的人，接納了其敵人的信仰，還把他的孩子全部送過去在敵人當中居住[90]。

老年時，海尼曼在美國國防工業設計師的萬神殿中的位置已然穩固。他也有時間回到他童年時的興趣，包括造船以及設計眾多小船艦。這讓他與在北京的中國船舶工業貿易公司接觸，他們對海尼曼的其中一款巡邏艇很有興趣。一九八三年初，海尼曼訪問了北京，並與該公司的軍事產品部門首長孫芳，以及其他人會面[91]。在那裡，海尼曼還參觀了他們的「航空大學」，還說他對該校的五百名學生「頗為印象深刻，」他們都在「從基礎開始學習飛機設計。[92]」其後，當他出席在加州英格塢的諾斯洛普大學（Northrop University）畢業典禮時，他「很驚訝有這麼大量的亞裔」在研究航太學及電子學[93]。

海尼曼在這個十年間，繼續與中國造船工業保持接觸[94]。他還提供協助，讓中國取得一架F－16戰鬥機，他還將這架戰機形容為「現時能到手的終極戰鬥機，」儘管「對於你們的目的而言，這也許有點太先進了。[95]」在這個時候，一九八〇年代中期，與中共體系的合作，即使在諸如軍事科技等敏感領域，由於冷戰時期需要圍堵蘇聯之故，也是被鼓勵的。「現在總統及其他人都訪問過中國，並且表明能採取一個更自由的態度對待他們，」海尼曼寫道，他期望在技術轉移方面，能有更大的自由[96]。這是一個合理的期望，因為雷根政府已經在一九八四年八月派出代表團到北京，達成與中共海軍進行合作的正式協議。帶領這個代表團的約翰·雷曼回憶道，這份協議被設計成「將他們的空軍及海軍飛機現代化到F－16的戰力水準，讓他們能應付蘇聯的尖端戰鬥機及轟炸機。[97]」

與此同時，美國政府決定要承認德裔美國公民對美國航空發展的獨特貢獻。一九八三年，也就是第一位德國移民踏足美洲大陸的三百年之後，一個屬於德裔美國人的節日定下來了。在華盛頓特區的美國國家航空航天博物館舉辦了一個展覽，奠定「源自德國的美國人，使得航太工業及其應用格外蓬華生輝。」在這份清單中佔前列被稱頌謳歌的，當然就是被形容為擁有「在航太工程學方面天賦才華」的海尼曼[98]。對於這位在孩童時期，因為美國在一九一七年的參戰而使得德語應用被大幅減少的男孩來說，一切都圓滿了。

一九八二年，《中途島奇蹟》輕率地提出關於這場戰役「只餘下小量真正的爭議。[99]」但是這個共識並沒有持續多久。相反，從一九八〇年代開始，對於中途島戰役長久以來的看法開始越來越頻繁地提出修正。約翰．朗德斯（John Lundstrom）的著作《第一梯隊》（暫譯，*First Team*），儘管主要是針對太平洋戰爭首六個月的戰鬥機戰術的細緻研究，但卻展示了第三魚雷機中隊的攻擊，並沒有像至今為止所相信般，是在俯衝轟炸機到來之前所發動的。與此相反，魚雷機是與俯衝轟炸機同時發起攻擊，而且實際上在無畏式離開後才完成攻擊[100]。其他問題也獲得釐清，尤其是那個引起爭議，到底誰攻擊了哪艘航艦的問題：現在一致同意，麥克勞斯基攻擊了加賀號，貝斯特攻擊了赤城號。

迎來新千禧年也為我們對於機動部隊在中途島的行動，帶來了一個根本性的轉變；還有對戰事過程帶來了更為廣泛的理解。二〇〇四年，世間頂尖的美國俯衝轟炸專家湯馬士．維登伯格（Thomas

Wildenberg），將無畏式的成功歸功於更頂尖的技術及作戰準則，而非純粹的運氣所致[101]。二〇〇五年，喬納森・巴歇爾（Jonathan Parshall）及安東尼・塔利（Anthony Tully）出版了他們開創性的著作《斷劍》（*Shattered Sword*）。這本書指出，與淵田聲稱的相反，當無畏式抵達時，南雲遠遠還沒有稱得上準備好讓他的打擊機隊出發。這同樣是達拉斯・伍德伯利（Dallas Woodbury）在二〇〇七年出版的著作《調查中途島》（*Midway Inquest*）所提出的結論[102]。這個知名的、決定勝負的「五分鐘」——到當時為止，大多數論述的主要內容——再也站不住腳了。的確，把機動部隊轟至失去戰鬥能力只花了五分鐘，但就算那些俯衝轟炸機稍晚一點才展開攻擊，那個結果也會相差無幾。

中途島戰役辯論當中，其中一個特點就是開創先河地使用網際網路，把老兵及學生都聚集到知名的「中途島戰役論壇」（Battle of Midway Roundtable，簡稱 BOMRT）上。這個論壇的編輯隆納・羅素（Ronald Russell），透過他的著作《無權獲勝：與中途島戰役老兵的持續對話》（*No Right to Win: A Continuing Dialogue with Veterans of the Battle of Midway*）讓論壇的成果得到更廣泛的關注。他打破的其中一個迷思，感謝內容貢獻者威爾・奧尼爾（Will O'Neil）的協助，指出日軍的兩棲入侵行動，很可能會變成一個巨大的災難，與威克島的狀況完全相反[103]。同一時間，羅素的書反映出一個恆久不滅的看法，也就是美國人的勝利是意料之外的，而且幾乎是不應獲得的結果。

中途島戰役討論的另一個問題，是企業號航空大隊的攻擊，以及麥克勞斯基在分配攻擊目標時的方式。他有遵守作戰準則嗎？他有犯錯嗎？他的無線電是否故障了？有關作戰準則的問題很重要，因為他披露了戰鬥參與者預期達成了什麼，他們對自己有什麼期望，還有他們預計敵方能做到什麼程度。有些人相信麥克勞斯基在當時行事很倉促，他對部下發出了不明確的命令，還降低了他們的作戰效能，這個錯誤僅僅因為迪克・貝斯特的一時衝動才得以糾正。其他人認為麥克勞斯基把一份過時的準則應用在如此獨特的挑戰上，表現令人欽佩了。

有關麥克勞斯基行動的辯論顯然是很棘手的，與喬治・蓋伊聲稱他在一個座墊下方漂浮著，目睹了日本艦隊來回航行的論述是一樣難纏。考慮到航艦分隔在相距數英里的距離，他這一部分的記述多少是難以採信。與很多故事一樣，這最終簡化成個人見證與理性解釋的對決。而蓋伊與許多目擊者一樣，都是有偏見。「當我們在訴說戰爭故事時，」克萊斯沉思說，「我們這些老兵會無意識地忽略掉所有使我們尷尬難堪的細節。」他明確地把自己也歸納進這個觀察當中，還補充說道，「我也想知道我現在無意識地忽略了些什麼。」在這個意義上，所有的敘述都是該懷疑的，因為它們既為講述者作辯解，同時又把資訊告知大眾。

此外，還有另外兩個戰役相關的觀點與這些史實爭論一同出現，並且引起了關注。第一點是覺得當天有些奇跡般的事情發生了，也就是「上帝在中途島」。這同時是史丹福・李林澤在一九九六年出版，對中途島戰役的個人著作的書名。可是，經過更仔細的檢視後，可以發現李林澤相信天佑神助的原因，並不是因為美國人成功伏擊了日軍艦隊，而是因為他的聖經研讀小組當中，除了一個成員之外，全部都在約克鎮號沉沒當中倖存了。即便如此，這個概念以不同程度的方式，持續存在於幾乎所有對戰役的記述當中。即使是那些引述日本人的驕傲自滿為戰役結果主因的歷史學家，也被一個普世的道德標準，一種神明審判所吸引。要不是美國獲勝是應得的，要不就是日本應當落敗。兩個看法都把戰役結果視為是恰恰好及命中所注定。

中途島亦因此經常被用作正向的佈道素材。淵田就用它來警告日本人的傲慢，勞德及普朗奇則用它來讚揚美國人的好運。我們當然也鼓吹著我們所認知到的教訓。對世界來說，羅斯福與他的海軍贏得了對抗昭和天皇的戰爭當然是好事，但是，正如我們所提出的那樣，美方那些讓這個結果成真的主要人物並沒有視之為會必然發生，最起碼在事態發展時是如此。

另一個重要的命題，就是有越來越重視道格拉斯無畏式以及駕駛他們的飛行員的趨勢。一九九一年，巴瑞特・提爾曼（Barrett Tillman）出版了最權威可靠的無畏式俯衝轟炸機傳記。三年之後，丹尼爾・艾佛森的無畏式終於在密西根湖底被發現了。打撈出水之後，送到佛羅里達州彭薩科拉的國家海軍航空博物館展示[104]。彼得・史密斯（Peter Smith）同樣寫了不少有關無畏式在中途島戰役表現的文章[105]。二〇一一年，克雷格・西蒙茲（Craig Symonds）出版了一本有關中途島戰役的傑出作品，總結過去二十年出現的新觀點。作者正確地強調美軍的勝利「沒有過去經常被刻畫的那麼難以置信，也沒那麼奇跡，」不過，他把最終的魚雷攻擊與俯衝轟炸機攻擊分隔開來，而這兩者實際上是同時發生的[106]。三年之後的二〇一四年，史蒂芬·摩爾（Stephen Moore）出版了《在太平洋的復仇》（暫譯，*Pacific Payback*），一本扣人心弦，有關企業號俯衝轟炸機飛行員在一九四二年前半年作戰過程的著作。這本書，正如其標題所言，特別著重於珍珠港事件之後對復仇的渴望[107]。

與此同時，中途島戰役的紀念活動亦繼續如雨後春筍般出現。國際中途島戰役紀念基金會（The International Midway Memorial Foundation）在一九九二年成立，希望透過各類活動及公眾前往中途島，來提高對於中途島戰役的關注。一九九九年，彷彿是為了認可這些付出，美國海軍確立了兩個週年節日。第一個是十月十三日，慶祝美國海軍的創建。第二個是六月四日，標誌著「中途島戰役週年慶…在世界歷史上最具決定性的海戰之一…的勝利，並不是依靠數量優勢或令人畏懼的科技，而是透過水兵的勇氣及堅毅，在極為不利的情況下，打出一場激烈的海空戰鬥而贏得。[108]」

時間的流逝，也讓這場戰役的參與者的回憶變得越來越清晰。儘管到目前為止還是沉默不語，克萊斯在二十一世紀來臨後，也開始分享他的觀點。此時，其他的中途島老兵，很多都已經去世了。正如他人生中的不少時刻也這樣想過，克萊斯也開始思索，他的存活是上天注定的。就在他的九十歲生日後，他的人生迎來了另一個重大轉變：二〇〇六年，他的妻子，珍因為胰臟癌而在九十五歲時去世。克萊斯發現自己被他的回憶所糾纏。「直到今天，」他在晚年說道，「那一天——一九四二年六月四日，星期四——就像一個煩人的朋友般，仍然懸停在我的肩上…它不會離我而去。」[109]

兩個世界的概念，軍事與民間，戰場與家園，是在文學及歷史中恆久的既定主題。奧德修斯為了跨越邊界而行走了十年，才從在特洛伊的殺戮戰場返回他在伊薩卡（Ithaca）的老家。吉卜林（Rudyard Kipling）的詩詞《歸途》（*The Return*）中的敘述者，就把非洲「在月光之下轉化成海洋的平原」，與「油灰的、黃銅的、還有塗上油漆的」普通的英格蘭作對比。在克萊斯的個案裡，這些世界是透過時間來清楚劃分的。中途島是他在一九四二年的人生，而不是他在暮年的事蹟。但現在，他在中途島戰役時的記憶，挑戰了這些世界之間的界限。記憶讓他的過去與現在結合在一起，戰場與他在德州的生活融合在一起。就像奧德修斯，回到家鄉之後不過又是另一次拔劍之時；又像吉卜林筆下的敘述者，那個為了向布爾人的城鎮布隆方丹致敬，而把倫敦命名為「泰晤士方丹」的人，克萊斯似乎意識到，將這兩個世界分隔開來是錯誤的。中途島戰役就發生在他初生女兒差點喪命，他的妻子因病去世的同一個世界裡。克萊斯在戰役前夕寫下的信，展示出他認為在戰爭的世界中，生命僅僅是冷血且無情的。他的回憶錄顯示，到最後他改變了想法。「沒有什麼東西，」在妻子去世後說，「能夠填補她的死亡所造成的空虛。」[110]

二〇〇五年，阿爾文．科楠出版了他的回憶錄，一個比勞德及普朗奇的著作更為全面的記述。它指出中途島戰役是當天一連串事件累積的高潮。「命運，」科楠說，「遠遠在戰役之前就開始編織它的羅網了。[111]」科楠還試圖披露他所指的「不為人所知的中途島戰役，」也就是包含在美方勝利當中，眾魚雷機機隊面臨的冷酷無情的死亡。巴歇爾及塔利在同一年也出版了他們的著作《斷劍》。這本書也同樣披露了一個比較暗黑版的中途島戰役，一場謊言與錯誤之戰。而且，由於他們的故事是從日方的觀點描述的，它——就像羅恩．渥內斯（Ron Werneth）在二〇〇八年出版，那本超卓不凡的訪問合集《珍珠港之後》（暫譯，*Beyond Pearl Harbor*）般——是戰敗的紀念碑[112]。

有些人相信系統與文化改變了情況的發展。「戰役的結果，主要是決策的後果，並由眾多個體採納執行所致，」克雷格．西蒙茲在他的著作《中途島戰役》（*The Battle of Midway*）如是說。他繼續說，「理解那些決策是重要的，因為那正是理解教養出這些人的文化，儘管這些人都是獨立的執行者，但他們同樣是他們社會的產物。[113]」卡塔爾．諾蘭（Cathal Nolan）在他的著作《會戰成癮》（*The Allure of Battle*）當中進一步延伸了類似的論點。在他看來，戰爭是消耗戰的問題，而非決定性戰役的問題，是一般人而非高階軍官的問題。從西蒙茲及諾蘭的觀點而言，中途島戰役的勝利，談及美國人與日本人的部分，比起海尼曼、尼米茲及克萊斯做過了什麼的部分都還要多。

克萊斯的回憶錄《永遠不要稱我英雄》（*Never Call Me a Hero*, 2017）是在歷史學家提摩太歐爾

（Timothy Orr）及羅拉歐爾（Laura Orr）的協助下完成的，是一本令人印象深刻的著作。當中很多敘述都是根據克萊斯引人入勝的私人信件寫的。這些私人書件與很多戰役相關的資料不同，是在當下寫出，而非事後追憶。但這很難想像克萊斯會在一九五〇或一九六〇年代出版這本回憶錄，又或者，確實不可能在迪金森於一九八四年去世前出版，又或者更關鍵的，在珍於二〇〇六年去世前都不可能出版。「珍死亡後，」克萊斯在回憶錄裡寫道，「中途島戰役的回憶，就像潰決的水壩般湧出。[114]」

克萊斯的回憶錄《永遠不要稱我英雄》是本早該出版的書，而這也是值得期待的。首先，這是一本真正的美利堅式著作。克萊斯描述了自身從小鎮出發前往戰場，再從戰場歸來的漫長旅程。其次，他的故事對待靈性及浪漫情懷的部分極其詳細。第三，他採納了科楠那個更為全面的觀點——試圖把戰役描述成一連串事件累積而成的結果。兩者的分別在於，對克萊斯來說，中途島戰役學到的一課，並不在於毀滅者式的缺陷，而在於無畏式的優點。這個故事是值得慶賀的原因，而非哀悼的理由。第四，克萊斯使用了一種讓人回想起巴歇爾及塔利的手法所進行的論述。在他的敘述當中，他點出了英雄（厄爾．卡拉漢、約翰．史諾登）及壞蛋（克勞倫斯．迪金森，以及在一定程度上，韋德．麥克勞斯基），這本書可是在算舊帳。第五，克萊斯挺身而出，對抗了那些把這場戰役描述成文化或文明之間衝突的潮流。在他的記述中，這是特定的個人執行某些行動後的結果。六月四日早上的事件引起了重要關注。更準確來說，這是打擊發生的時刻，是飛行甲板爆發出紅紅烈火的時刻[115]。第六點，克萊斯「不同意『幸運理論』」。

與此相反，他爭論說「我們贏得戰役，是因為我們比對方更熟悉自己的工作更多一點點而已。」這就像俯衝轟炸教學影片裡的網球理論：在技術上的細微分別，能造成結果上戲劇性的分別。

隨後，在二〇一六年四月，在他的回憶錄出版前，灰塵佬・克萊斯——最後一位仍在世的中途島戰役俯衝轟炸機飛官，在百歲高齡時去世了。這場戰役也終於隨他而去，踏入歷史紅塵。

對於中途島戰役的火焰，近期被羅蘭・艾默瑞奇（Roland Emmerich）在二〇一九年上映的賣座電影《決戰中途島》（*Midway*）給注入了柴火。也許被二十一世紀之初發展而來，對中途島戰役的興趣所推動，艾默瑞奇很想要這部電影盡可能在歷史事件上是準確的。每一個角色都對應著一位真實人物，每一個行動對應著有史可尋的事件。就算是對白都與眾多回憶錄及戰役的一手紀錄的內容相符。這部電影在歷史方面最強大的特點，就是對無畏式的關注。當天早上無畏式對機動部隊的攻擊，就是電影的高潮。這是有關這場戰役中最重要的事實之一，也是在這部電影中被很好地傳達給觀眾的重點。

電影的故事集中在企業號航空大隊的飛行員身上，包括貝斯特及迪金森，當時他們正面對為求表現，而與戰鬥的壓力抗衡。在一九四二年六月四日的早上，當一位焦慮不安的後座射手詢問能否待在後方不參與戰鬥時，貝斯特告訴他，「為了你自己，你應該返回機上。」他並不是回想起麥克阿瑟將軍那空洞的話語：責任、榮譽，或國家；也沒有回想起敵人的無情。恰恰相反，那是在提醒這名射手，來自本身回憶的力量：「你在餘生都會記住這一刻，」貝斯特說，「而且，如果你在大家都指望你的時候挺了過來⋯⋯那，你會成為一個脫胎換骨之人。你將能夠面對任何事情。」這裡要說的是，如果成功經歷過戰鬥，它會成為一個護身符，保證你在之後的平民生活得以成功，這是一個能祝福未來的往事。相反，怯懦及失敗只會讓人感到失落。就這方面而言，那位猶豫不決的美軍官兵並不是在對抗日本人，他是在與自己對戰。

對珍珠港的攻擊是一個讓故事開始運轉，鼓動情緒的源頭。戰爭從他處而來，而且提供了它的合法性。「我們喚醒了一個沉睡的巨人，還讓他充滿了決心，」山本五十六語帶不祥地告解[116]。美國的力量，如果有這個東西的話，被挑釁以及催生了。這個巨人——可以推定，除了繼續回去沉睡之外別無所求。正如電影一開始，一位美國情報官對一位日本友人所承諾，「沒有任何人想要戰爭」。又一次，戰鬥似乎是從天而降，強加於眾人身上，並非由那些涉及其中的人所渴求。就像最後要表彰這個世界已經被撥亂反正，在電影的後段，故事已經完結之際，螢幕上出現了一句獻詞：「僅獻給在中途島戰鬥的美國人及日本人。」不管這些人在互相廝殺時有什麼分歧，現在一切都相忘於江湖。英國廣播公司一次關於電影的訪問中，艾默瑞奇在談及獻詞時，他提起了自身的德意志血統，並指出他的父親在二戰期間，事實上是一位不情不願的士兵。這個經歷向他展示出一點，那就是「人們都會恪盡職守，並且達成他們該做的事，但都是政治人物們把事情給搞砸……而且還引起戰爭。」從艾默瑞奇的觀點而言，這一課是很適時的。在他看來，人們需要銘記「這些優秀的人物，他們冒生命風險為民主而戰，」因為在今天，「不論你望向何處，都是民族主義更為熾烈……的年代。」[117]

作為一部政治宣傳作品，這部電影提出了不少問題。這部電影的九千八百萬美元的預算當中，有超過一半都是來自兩間中國投資公司，星光文化娛樂以及上海儒意影視製作有限公司[118]。中國會對這場戰役感興趣，是因為它作為紀念日本的失敗，而日本是中國長期以來的敵人。這部電影當中也出現了杜立德空襲發生之後，機組員逃到中國的情節，這件歷史事件，在日本帝國陸軍為了追捕美軍機組員，而殘殺了成千上萬中國平民時達到頂峰。這部電影並沒有提及美國拘留了日裔公民，這是一九七六年同名電影的分支主題之一。在這方面，當代的電影把中途島戰役呈現為一場純正的凱旋。即使是戰敗的日本人，輸給了如此賢明的美國也會好過一些。

也許被艾默瑞奇啟發，凱文・米勒（Kevin Miller）最近出版了一本與中途島相關的小說。透過借鏡他身為海軍飛行員的經歷，米勒在機動部隊被毀滅的主要事件發生的同時，也描繪了在艦上生活的情節。他的故事從偷襲珍珠港開始，一位海軍飛行員稱之為「一個超現實的童話故事」。然後故事就集中在一九四二年六月的前兩週。這本小說的結局，是在中途島戰役倖存的兩兄弟——第三魚雷機中隊的後座射手勞合・奇德斯，以及在約克鎮號上的一名水兵韋恩・奇德斯（Wayne Childers）——擁抱著對方，震驚於「上帝帶走了其他人，但沒有帶走他們。」[119]

生命中有很多事情是超出我們所能控制。例如，一個人誕生完全是天意。這是一份不能贏取，也不能交換的餽贈。作戰也頗為相似：它們就像艾默瑞奇的電影，或米勒的小說裡的戰爭般——一個從某處而來的風暴，一項超現實的事物。這方面而言，那些把中途島的結果歸功於幸運的人，也不是全然錯誤。人類很渺小，而戰爭只會讓他看來更渺小。馬基維利在著作《君王論》中就認知到這個問題。他說：「我把幸運與其中一條暴怒的河流作比較，當他們狂暴時，便會淹沒平原，摧毀大樹及建築，將泥土從一個地方洗刷掉，並運到另一個地方沉積。每個人在它們面前都會逃跑，每個人都屈從其動力，沒有任何可能作出抵抗。」

二戰就是這樣的一條河流。戰爭中的事件就像一陣龐大的力量，把人們從一個地方洗刷走，又送到另一個地方堆積起來。但馬基維利並不相信這樣的一個災難是順從的理由。與此相反，他建議應該反其道而行。他認為，為了控制一條狂暴的河流，一個人應該在它「靜靜地流著」時就先做好準備。這是「做好預防措施，建造水壩及堤防，這樣當河水暴漲時，他們就能把水流控制在一條河道裡，或者讓河流的動力沒那麼狂野及危險。」而且「命運亦是如此，」他補充：「當沒有井然有序的力量對抗她時，她就會展示她的力量，而當命運知道哪個地方沒有建造堤壩來遏止住她時，那個地方就會感受到她的力量。」[120]換言之，戰爭的破壞力，與在任何公開的敵對行動之前就進行的預備工作有關。當代對於中途島戰役的論述經常集中在前者，在一瞬間的景象，而不是後者——經年累月的訓練、培育，以及經過深思熟慮。

日本，現在是美國的緊密盟友，與太平洋戰爭及中途島的光輝事蹟角力甚久。由於殘暴的戰爭重挫了日本的名聲，還有被戰後的和平憲法所限制，日本對於帝國海軍的歷史長久以來都有著矛盾的心態，不過現在日本已經變得越來越有自信。千禧年後迎來了蒼龍級攻擊潛艦的服役，它與中途島沉沒的那艘航艦共享同一個艦名。《山本五十六》是另一部在二〇一一年上映，令人印象深刻、正向的傳記式電影，展示了潛在的民族主義追憶往事的力量，儘管這不一定代表了增長中的軍事自信[121]。與此同時，日本的「自衛隊」現在擁有的，除了名稱不是那麼一回事之外，各方面怎麼看都是航空母艦的軍艦。二〇一八年，它宣佈兩艘「直升機護衛艦」將會進行改裝，以搭載垂直起降的噴射機。其中一艘艦名就是加賀號[122]。

中途島戰役的光輝事蹟同樣與東亞的權力平衡轉變產生了共鳴。二戰以來，西方首次在太平洋地區面對嚴峻的海軍挑戰[123]。中華人民共和國——一個共產黨獨裁政權——形成了在意識形態上以及戰略上的威脅。它已經建造了一支規模龐大的遠洋海軍，還有持續提升的航艦作戰能力：第一艘自製的航艦，預計將會在二〇二三年服役。事實上，根據美國國防部在二〇二〇年的報告，中共現在已經擁有「世上最大的海軍，其戰鬥艦隊總數約有三五〇艘船艦。[124]」它直接威脅著台灣，還在具爭議性的南中國海建立了龐大的軍事存在。此外，北京的「一帶一路」，正試圖改變整個歐亞大陸；而海上「珍珠鏈」概念，正在試圖對印太地區帶來相應改變，這都展示了中共宏大的野心[125]。

過去數年，美國及其他西方國家在面對這些事情時，總體上已經慢慢覺醒。二〇一六年二月，美國太平洋司令部司令哈里·哈里斯上將（Harry Harris）警告國會，他認為「中國正尋求在東亞的霸權」。二〇二一年四月，澳洲內政部秘書長裴佐洛（Michael Pezzullo）宣佈，「戰鼓」已經在太平洋敲響了，澳洲需要進行相應的準備。對中共來說，習近平也警告其智囊要在南中國海「準備開戰」[126]。

實際上，中共對美國所造成的問題，有一些與日本帝國在二戰時造成的問題相同，不過麻煩的規模更大。就像日本帝國，中共領導人相信當前的區域內秩序是不合法的，而且傷害了他們的利益。不管其他人怎樣想這些聲索及要求，中共也不容他人嘲笑或忽視他們。如果我們不應付他們，或者準備好反制他們，我們也許就會遭受到另一次珍珠港事件——但卻不能保證，我們已經完成了所必要的準備工作，來贏得另一次中途島戰役勝利。

在這裡，有兩個主要原因是需要考量的。首先，美國海軍，如同前海軍部長約翰·雷曼所寫，「延伸得太過單薄，而且經費可悲地不足。[127]」美國的船艦及船塢都位在危機當中。再者，就像海軍戰爭學院的海洋戰略教授詹姆士·霍姆斯（James Holmes）所點出的那樣，美國無法預期可以在任何海軍消耗戰當中，建造數量比中共更多的船艦[128]。就如同美國海權中心總監賽斯·克羅普西（Seth Cropsey）所悲嘆，美國海軍的戰鬥艦隊的戰力，現在僅有二百九十七艘，遠少於雷根政府時代船艦數目的一半，而且還被賦予除了中共之外，還有俄羅斯、伊朗及北韓的嚇阻任務[129]。其次，中共不太可能強迫美國踩進在太平洋中央的陷阱，如同日本在中途島所做的那樣。更可能的是，中共會在狹窄的南中國海，讓美國承受一次令人震驚的失敗，能與一九四一年十二月威爾斯親王號及卻敵號的沉沒相提並論的大敗[130]。

對於一場美中之間的衝突——已經流傳了快三十年——將會如何發展的觀點在持續轉變中，也反映出上述的新現實。早期的情境從一九九〇年代開始被描述，例如賀斯理（Humphrey Hawksley）及西門·霍爾伯頓（Simon Holberton）的《龍擊》（*Dragon Strike*）當中，就想像北京會一開始造成一些衝擊，但它最終會被強大的美國戰力所粉碎[131]。不過，在過去數年，一個更為黯淡的前景漸漸顯露出來。在歐斯林（Michael Auslin）於二〇二〇年出版的新書《亞洲新地緣政治》（暫譯，*Asia's New Geopolitics*）當中，他就構想了一個被稱為「中美濱海戰鬥二〇二五」的情景。在這個「未來歷史」當中，美國預期在最終結果會比中共更糟，而美國整個東亞安全架構都會開始瓦解[132]。在艾略特·阿克曼（Elliot Ackerman）與前北約歐洲盟軍統帥部總司令詹姆斯·史塔萊迪海軍上將（James Stavridis）共同合著，那本令人不寒而慄的小說當中，美國海軍將在南中國海完全被中共海軍給比下去[133]。

在這些情境當中，負責防務以及《二〇一八年國防戰略》（*2018 National Defense Strategy*）第一作者，美國國防部前副助理部長柯伯吉（Elbridge Colby）就主張說，華府必須做好準備，以贏得與中國的戰爭——這是一場不能輸的戰爭——這樣做才能恰如其分地防止戰爭爆發[134]。如新美國安全中心的大衛・齊庫索卡（David Zikusoka）所言，在太平洋地區，美國最好的結局，也許就是把中共拖進一個遠離家園，而且有多條前線的複雜鬥爭之中。他主張，美國已經學會「如何在客場戰鬥」，但中共沒有，最起碼還沒學會。最終的問題還是在於嚇阻。「國防機構，」齊庫索卡說，「需要開始思考它要怎樣打一場第二次中途島之戰，來確保它永遠都不需要打這一場仗。[135]」

當一場軍事對抗在西方及中共之間出現時，這場衝突將包括大量的海上戰鬥。在某些方面，這會以島嶼爭奪戰的形式出現，當中有不少會像是中途島這一種鮮為人知的前哨基地——它們掌控著進出亞洲大陸及北美洲之間的通路。但在其他方面，這將會是一場海軍資源之間的戰鬥，是航空母艦在地平線之外，透過飛機及飛彈來互相攻擊的戰鬥。這就可以理解，中途島海戰為什麼已經重新獲得關注，因為它在戰略層面及戰術層面，都與未來可能出現的情境很相似。中途島戰役同樣提供了有關作戰基礎要素的教訓，例如情報及偵察，或者是奇襲的原則及單純性，以及毫不保留挑釁的價值。還有就是明顯不過的，由無畏式帶來的教訓——它是一款堅實且威力強大的武器，在戰爭爆發前已經生產了足夠數量。

毫不令人驚訝地，中共已經對中途島海戰及其教訓，產生了莫大的興趣。「中國，」如高德斯坦（Lyle Goldstein）於二〇一七年在《國家利益》雜誌提到，「希望能避免犯上日本帝國的錯誤。」戰術上，他們批評了潛艦及航艦的部署方式，以及把機動部隊暴露於離本土如此遙遠的位置所帶來的巨大風險。戰略上，他們注意到日本讓經濟準備好應付一場長期戰爭上的失敗，只有這樣戰場上的損失才能得到彌補。他們的總結，一個較為小心謹慎的路線，也許就是「讓美國損失慘重」並尋求以談判作為解決的方式[136]。

在經過對日本軍方檔案的詳細分析後，中共在二〇一六年公佈了一份報告，並有多個重要的觀察點。總體而言，這份報告把日本的失敗歸咎於工業基礎相對薄弱於美國。因為日本的工業生產能力較弱，它不得不在時機未成熟時與美開戰，而這也使得攻擊中途島成為必要。報告提到，即使日本勝利了，它也會面臨一個困局：無法成功入侵夏威夷，也沒有辦法防止美國發展更多船艦來繼續作戰。中國從中學到的教訓，就是與美國公開對抗是一個做比說還要困難的挑戰[137]。

令人擔憂的是，所有這些建議，都讓中共戰略家們認為，一場與美國的戰爭也許是贏得了的，即使中國輸了一場像中途島般的開局大戰，也許還是能存活。這也許同樣有助於解釋，為什麼中國投資者支持了艾默瑞奇的《決戰中途島》電影——在艾默瑞奇沒有辦法在美國尋求資金支持後，這些投資實際上讓這部電影完成拍攝變得可能[138]。「不要把我們推向戰爭，」艾默瑞奇鏡頭下的山本對美國人說。「你必須要給我們這些更理性的人一個機會，讓我們能轉危為安。」這個訊息的意思，是指一個在亞洲雄心勃勃的勢力，不應該被美國人封死在一個角落，這也許曾經是東京想投出的訊息，但現在是來自北京的警告。

我們自身對於中途島的教訓有些不同。首先，這場戰爭指出，軍備採購能贏得戰爭。「你有兩類裝備，」喬治．蓋伊在他那本《孤獨的生還者》（暫譯，*Sole Survivor*）的結尾提出，「實驗性的，以及老舊的。」[139]他的意思是說，軍方有改善裝備的持續需要。在作戰準則方面也是如此，準則往往會讓某些領袖或信念變得僵化。

其次，中途島戰役教導了我們，戰爭並非在某些其他空間，而是在我們的世界發生。把二戰解讀成對攻擊珍珠港的回應的危險性在於，這會讓人相信，戰爭的問題在戰時就能解決。但海尼曼及無畏式的表現——和平時期就是為戰爭這條暴力之河作準備的時期。此外，還有尼米茲及克萊斯的例子——這些軍官進入戰爭時，都是過去十多年來和平時期的產物，儘管兩人都經歷——對尼米茲而言，他甚至參與過——第一次世界大戰。這一點想指出，他們相信關於生與死、上帝與國家等事情，還在戰鬥中維持著對它們的信仰。

最後，幸運及奇蹟的可能性，並不是政策或歷史研究的良好基礎。這些力量對我們而言是不可知，而且是不可控的，我們絕不能夠依賴它們來保衛我們的生活方式。這在歷史方面是一樣的，都是尋求解析及理解，而非摒棄與掩飾。在中途島戰役的例子當中，數量龐大的變數是完全超越尼米茲及克萊斯所能控制的範圍，這也不應該妨礙我們去檢視那些他們所能控制的部分。克萊斯俯衝的那一刻，比任何事例都更具說服力——當他在用分裂式襟翼、操縱桿、配平片及方向舵調整座機時——他把掛載的炸彈送到目標去。所有這些技術都是海量備戰的成果。這是為什麼我們必須為幸運之河河水高漲的一刻做好準備，並認清準備工作的重要性，不管是在我們個人生活方面，還是在國家的命運方面。

現在已經是中途島戰役發生八十年後了。看來有很多事情都已經轉變了。一度被視為只適合作為食勤兵的多里斯．米勒，將會作為一艘航空母艦的名稱。現代武器系統的致命性及複雜程度，也是海尼曼的年代所無法想像的。戰略環境現在也不同了：例如美國和日本現在就是盟友了。

不過，有一件事到現在還是相同的。東亞仍然是一個處於暴怒爭議中的地區，是印太地區的心臟地帶。麥克勞斯基、克萊斯及他們的弟兄曾經達成的任務，也許在不久之後又要重頭再來一遍。但是美國現在的準備工作，遠比在珍珠港被奇襲時要少得多。儘管戰鬥艦隊的損失，還有即使在美國工業的強大引擎開始其無情的生產時，美國海軍的航艦部隊在一九四一年十二月已經是強得足以扭轉局勢。時至今日，美國海軍是一支令人敬畏的武裝部隊，但它只是過往優勢地位的影子。它真正的實力只有在面臨考驗時才能顯示出來——我們將會知道，什麼武器系統是我們這個時代的「毀滅者式」，什麼武器系統是「無畏式」的時候。無容置疑，分析師所設想的情景已經變得暗淡，從假設會有凱旋而歸，緊接在也許會出現的早期挫敗，到擔心戰況進入僵局，以至戰敗。當然，這也許下一個贏得戰爭的裝備已經研發完成了——也許在美國的西岸、在東岸，或者在兩地之間的某個地方——而且它的人員已經訓練完成。還有，我們希望它們永遠不會被派上用場。

隨著在美國及中共之間的衝突在太平洋隱約顯現，中途島戰役仍然有一項關鍵的教訓能供我們這個時代借鑑。我們已經看到，俯衝轟炸機飛行員那毀滅性般有效的攻擊並非偶然。他們恰如其分地辦到了他們受訓去做的事。同等重要的是，實際上他們的裝備，特別是道格拉斯無畏式轟炸機本身，也恰好做到了它被設計從事的任務。和平時期的美國納稅人得到了對他們付出的金錢而言，十分優異的回報。即使美國在珍珠港被攻擊之後，沒有再建造什麼新船艦，或者訓練那怕一位新飛行員，他們仍然會贏得中途島戰役。這意味著，美國今時今日不應該相信幸運或業餘人員的天賦，而是在相對和平時期的戰備。中途島所呈現的問題，並不是我們是否幸運，而是我們今時今日是否仍然想要相信運氣這種東西。

馬基維利的教訓指出，優秀的王子都會做好準備。在和平時期，他們投入預備工作，並不是寄望於能完全避開危險，而是減輕它。海尼曼持續不懈地為汽車、船艦，還有任何他能找到的東西進行繪圖，希望能找到一份飛機設計的工作，他是在做準備。尼米茲從八打雁港航行到珍珠港以至其他地方、對圓形陣進行實驗，還有發動大膽的空襲，都是在做準備。克萊斯訓練航艦起降技術、俯衝轟炸攻擊，還有導航技術，都是在做準備。當追擊機動部隊，出現燃料不足，不肯定他有沒有辦法回到航艦時，他日後表示，他意識到「我們已經訓練得太久，現在要回頭已經太難了。[140]」在這方面，他就被一條暴怒的河流的力量推著走。即便如此，由於有如此多的準備工作，這些準備工作都建成了一道強固的堤防。當戰爭的破壞來臨時，這道堤防將之控制在一條河道上。而在這條河道裡，就能找到「一道美麗的銀色瀑布」[141]。

# 鳴謝

Mark Aldrich, Janice Anderson-Gram, Zach Anderson-Gram, Michael Auslin, Duane Bourne, Vance Breese Jr., Thomas Burchill, Tony diGiulian, Carl Dobson, Norman Friedman, Jared Galloway, Keith Hedley, Mary Hall, Mike Hart, John Hemmings, James Holmes, Will Inboden, John Lehman, Marc Levitt, Michael Lombardi, Mina Markovic, Celina McGregor, Russell Moore, Chuck Myers, Nancy Dobson Napier, Chris Nations, Grace Neie, Charles Nevius, Bill Norberg, Richard Nowatzki, Timothy and Laura Orr, Chris Parry, Jon Parshall, Klaus Schmider, Katherine A. Scott, Debbie Seracini, Ciaran Simms, Constance Simms, Daniel Simms, Clara Snyder, Jay Spenser, Gabriel Spiers, James Talbot, Charlotte Tan, Yukako Taniguchi, Barrett Tillman, Tom Trombley, Bob van der Linden, Liz Wake, David Williams, Sandra Wilson, Jonathan Yeung, Karl Zingheim.

## 美日雙方戰損表

| 船艦 | 美國 | 日本 |
|---|---|---|
| 航空母艦 | 1 | 4 |
| 巡洋艦 | 0 | 1 |
| 驅逐艦 | 1 | 0 |
| 飛機 | 148 | 248 |
| 軍官及基層人員 | 362 | 3,057 |

# 參考資料說明

本書依靠三類不同的資料：回憶錄及傳記、檔案文件，以及個人親身前往重要地點進行探訪。在第一類資料中，內容極為豐富，包括了戰役參與者，還有其他對戰役結果有所貢獻的人們。當中最值得注意的就是灰塵佬．克萊斯的《永遠不要稱我英雄》（二〇一七年）及艾德．海尼曼的《戰鬥飛機的設計者》（暫譯，*Combat Aircraft Designer*, 1980），後者是與羅莎里奧．勞薩（Rosario Rausa）合著的。在這個部分，還包括尚未被翻譯成英語的日本記錄，包括在一九六七年首次出版，牧島貞一的《中途島海戰：補給不濟》（暫譯，ミッドウェー海戰：補給続かず）。

第二類資料來自華盛頓特區的華盛頓海軍總部，美國海軍歷史及遺產處作戰行動檔案庫、美國國家太平洋戰爭博物館、德州腓特烈堡、美國海軍學會口述歷史特藏、馬里蘭州安那波利斯美國海軍官校尼米茲圖書館、愛德華．亨利．海尼曼個人文件、加州聖地牙哥航空航天博物館（San Diego Air and Space Museum）圖書館及檔案館。

第三類資料包括我們前往中途島戰役其中一艘倖存美軍航空母艦的後代，現在位於加州阿拉米達的大黃蜂號航艦博物館，當中收藏了不少由原來的大黃蜂號服役人員的口述或書面歷史；以及在加州聖地牙哥的中途島號航艦博物館。當然，中途島號並沒有在二戰中服役，但它卻是以那場知名戰役命名的。

另外，有關日文翻譯方面的說明。為了方便閱讀，我們省略了日文漢字上的假名，除非它們出現在註釋當中。基於同一理由，我們也遵循了將所有姓名以先名後姓的慣例，例如淵田美津雄即為 Mitsuo Fuchida 來顯示。最後，我們同樣以戰爭後期變得普遍的西方代號來稱呼日軍飛機。

122 Greg Waldron, "Analysis: Izumo and Kaga, Aircraft Carriers in All But Name," Flight Global, April 23, 2019, www.flightglobal.com/analysis/analysis-izumo-and-kaga-aircraft-carriers-in-all-but-name/132356.article.

123 Toshi Yoshihara and James Holmes, *Red Star over the Pacific: China's Rise and the Challenge to US Maritime Strategy* (Annapolis, MD, 2020).

124 引述自 Harry Lye, "China Boasts World's Largest Navy, US DoD Report," Naval Technology, September 2, 2020, www.naval-technology.com/features/china-boasts-worlds-largest-navy-us-dod-report.

125 Bruno Macaes, *Belt and Road: A Chinese World Order* (London, 2018), 33–34.

126 引述自 Michael Auslin, *Asia's New Geopolitics: Essays on Reshaping the Indo-Pacific* (Stanford, CA, 2020), 5, 226.

127 Lehman, *Oceans Ventured*, 283. 另見 Roger Thompson, *Lessons Not Learned: The US Navy's Status Quo Culture* (Annapolis, MD, 2007).

128 James Holmes, "Can the Navy Fix Its Shipyard Problem?," 19FortyFive, May 9, 2021, www.19fortyfive.com/2021/05/can-the-u-s-navy-fix-its-shipyard-problem.

129 Seth Cropsey, "US Naval Strategy Is at Sea," Wall Street Journal, April 27, 2021, www.wsj.com/articles/americas-naval-strategy-is-at-sea-11619543738.

130 更全面的論述，見 Auslin, *Asia's New Geopolitics*, xi et passim.

131 Humphrey Hawksley and Simon Holberton, *Dragon Strike: The Millennium War* (Basingstoke, UK, 1997).

132 Auslin, *Asia's New Geopolitics*, 185–228.

133 Elliot Ackerman and Admiral James Stavridis, *2034: A Novel of the Next World War* (New York, 2021).

134 Elbridge A. Colby, *The Strategy of Denial: American Defense in an Age of Great Power Conflict* (New Haven, CT, 2021).

135 David Zikusoka, "The Second Battle of Midway," Center for a New American Security, July 18, 2019, www.cnas.org/publications/commentary/the-second-battle-of-midway.

136 Lyle J. Goldstein, "What Do China's Military Strategists Think of the Battle of Midway?," *The National Interest*, June 4, 2017, https://nationalinterest.org/feature/what-do-chinas-military-strategists-think-the-battle-midway-20990. 在艾默瑞奇的電影上映後，由於讀者因其而產生的興趣，這篇文章發佈了修定版，見 "Forget the Movie: China Is Studying the Battle of Midway," *The National Interest*, November 8, 2019, https://nationalinterest.org/blog/buzz/forget-movie-china-studying-battle-midway-95331.

137 Goldstein, "What Do China's Military Strategists Think."

138 Xu Fan, "China's Role in Midway's Success," *China Daily*, November 13, 2019, www.chinadaily.com.cn/a/201911/13/WS5dcb9b9da310cf3e35577187.html.

139 Gay, *Sole Survivor*, 308.

140 Kleiss, *Never Call Me a Hero*, 198.

141 John Thach, "A Beautiful Silver Waterfall," in *Carrier Warfare in the Pacific: An Oral History Collection*, ed. E. T. Wooldridge, Smithsonian History of Aviation and Spaceflight Series (Washington, DC, 1993), 58.

94 Heinemann to Sun Fang and Huang Peicheng, January 16, 1987, Heinemann Papers, Box 3/17.

95 Heinemann to Gao Zhong Tong (China Yanshan Science and Technology Corporation, Beijing), Rancho Santa Fe, California, August 23, 1984, Heinemann Papers, Box 3/12.

96 Heinemann to David Lewis, August 23, 1984（Dave 似乎是 David Lewis，通用動力公司的董事長）, Heinemann Papers, Box 3/12.

97 John Lehman, *Oceans Ventured: Winning the Cold War at Sea* (New York, 2018), 156.

98 相關細節由 Bob van der Linden 慷慨告知作者，Bob van der Linden to Steven McGregor, 電郵，2020 年 10 月 1 日。

99 Prange, *Miracle at Midway*, xiii.

100 John Lundstrom, *First Team* (Annapolis, MD, 1984), 351–364.

101 Thomas Wildenberg, "Midway: Sheer Luck or Better Doctrine," Naval History and Heritage Command, 2004, www.history.navy.mil/research/library/online-reading-room/title-list-alphabetically/m/midway-sheer-luck-or-better-doctrine.html.

102 Isom, *Midway Inquest*.

103 Russell, *No Right to Win*, 59–61.

104 Robert J. Cressman, "Dauntless in War: Douglas SBD-2 BuNo 2106," *Naval Aviation News* 76, no. 5 (July/August 1994): 24–26.

105 Smith, Midway: *Dauntless Victory*.

106 Symonds, *Battle of Midway*, 5.

107 Moore, *Pacific Payback*, 1–3.

108 Admiral Jay Johnson, Administrative Message, June 4, 1999, Naval History and Heritage Command, www.history.navy.mil/browse-by-topic/commemorations-toolkits/wwii-75/battle-of-midway/why-we-celebrate.html#99.

109 Kleiss, *Never Call Me a Hero*, xiv.

110 Kleiss, *Never Call Me a Hero*, 279.

111 Kernan, *Unknown Battle*, 107.

112 Werneth, *Beyond Pearl Harbor*.

113 Symonds, *Battle of Midway*, 5.

114 Kleiss, *Never Call Me a Hero*, 279.

115 Kleiss, *Never Call Me a Hero*, 270–271.

116 實際上，沒有任何證據顯示山本五十六說過這句名言，但這肯定反映了他當時所想。

117 Roland Emmerich, "Midway: The Pacific War On Screen," *BBC History Extra Podcast*, November 11, 2019.

118 45% 的預算來自經銷協議，55% 來自投資企業。Erich Schwartzel, "Hollywood Revisits Battle of Midway—with Backing from China," *Wall Street Journal*, November 8, 2019, www.wsj.com/articles/hollywood-revisits-battle-of-midwaywith-backing-from-china-11573214401.

119 Kevin Miller, *Silver Waterfall* (Pensacola, FL, 2020), Kindle loc. 5760.

120 Niccolò Machiavelli, *The Prince*, chap. 25.

121 Marco del Bene, "Past to Be Ashamed Of or Proud Of? Echoes of the Fifteen-Year War in Japanese Film," in King-fai Tam et al., Chinese and Japanese Films, 171–172.

*History* 48, no. 3 (July 2013): 540.

73 見 Harold Salomon, "Japan's Longest Days: Toho and the Politics of War Memory, 1967–1972," in *Chinese and Japanese Films on the Second World War*, ed. Kingfai Tam, Timothy Y. Tsu, and Sandra Wilson (London, 2015), 126.

74 Fuchida and Okumiya, *Midway*, 181, 239–241. 類似說法見 Masanori and Pineau, *The End of the Imperial Japanese Navy*, 54, 61, 63, 69.

75 Masataka Chihaya, "An Intimate Look at the Japanese Navy," in The Pearl Harbor Papers, ed Donald Goldstein and Katherine Dillon (Dulles, VA, 1993), 314, 317, 328, 360. 我們很感謝 Katsuya Tsukamoto 分享此資料。

76 *Sensi Sosho*, 102 vols. (Tokyo, 1966–1980).

77 Walter Lord, *Incredible Victory* (Short Hills, NJ, 1967), ix–x.

78 Gordon W. Prange, with Donald M. Goldstein and Katherine V. Dillon, *Miracle at Midway* (New York, 1982), viii, 383, xii. 第一本名為 *Miracle at Midway* 的著作，是由 Charles Mercer 所著，並由 Putnam 在 1977 年出版。

79 Ronald W. Russell, *No Right to Win: A Continuing Dialogue with Veterans of the Battle of Midway* (New York, 2006), 318.

80 J. K. Yamamoto, "A Tale of Two Midways: Comparing the 1976 and 2019 Iterations of the World War II Drama," *Rafu Shimpo Daily News*, November 22, 2019, www.rafu.com/2019/11/a-tale-of-two-midways.

81 Vincent Canby, "On Film, the Battle of 'Midway' Is Lost," *New York Times*, June 19, 1976.

82 見 Chris Klimek, "Midway vs Midway vs The Battle of Midway: How the New Movie Stacks Up to Past Film Versions," Air and Space Magazine, November 15, 2019, www.airspacemag.com/daily-planet/emmidwayem-versus-emmidwayem-versus-emmidwayem-how-latest-movie-about-battle-different-and-how-its-still-same-180973493.

83 Gay, *Sole Survivor*, 311.

84 Gay, *Sole Survivor*, 315.

85 見 Guy Vander Jagt to Heinemann, Washington, DC, January 20, 1976, Heinemann Papers, Box 2/19. Vander Jagt 是基金會主席。

86 Certificate of Appreciation, July 4, 1977, Heinemann Papers, Box 2/22.

87 Reagan to Heinemann, Washington, DC, January 13, 1984, and March 27, 1984, Heinemann Papers, Box 3/11.

88 Robert De Haven to Leon DeLisle, February 28, 1989, Heinemann Papers, Box 4.

89 Gay, *Sole Survivor*, 288.

90 Mitsuo Fuchida, *For That One Day*, trans. Douglas T. Shinsato and Tadanori Urabe (Kamuela, HA, 2011), 15.

91 Feng Shao-Zhu to Heinemann, Beijing, March 8, 1983, Heinemann Papers, Box 3/9（同時載有海尼曼到訪北京期間，一些沒有明確日記標示的筆記）. Feng Shao-Zhou 是中航技進出口有限責任公司的副總代表。

92 Heinemann to David Lewis, December 5, 1984, Heinemann Papers, Box 3/12.

93 Heinemann to "Joe" [Surname Omitted], April 3, 1988, Heinemann Papers, Box 4/1.

47 Lloyd Addison Smith to Fred Vandivier, June 18, 1942; Fred Vandivier to Lloyd Smith, June 29, 1942; Tony Schneider to Fred Vandivier, October 22, 1942, Vandivier Family Papers.

48 "Welcome Aboard . . . ," *Sun Line* 4, no. 1 (November 1, 1965).

49 Kleiss, *Never Call Me a Hero*, 252.

50 Kleiss, *Never Call Me a Hero*, 241, 242–243.

51 E. B. Potter, *Nimitz* (Annapolis, MD, 1976), 398.

52 Jonathan Parshall , "Fuchida's Whoppers," Naval War College Review 66, no. 2 (Spring 2013): 137. Parshall 這篇文章有力地否定了淵田的說法。

53 Kamei Hiroshi, *Middouē Senki*, 625.

54 Heinemann and Rausa, *Combat Aircraft Designer*, 110–124.

55 引述自 "The Dauntless Story," Heinemann Papers.

56 Barrett Tillman to Heinemann, Heinemann Papers, Box 2/22. 統計數字另見 Barrett Tillman, *The Dauntless Dive Bomber of World War II* (Annapolis, MD, 1976), ix. 書中指在 1942 年為 300,000 噸。

57 "Design and Operation of United States Combat Aircraft," Office of War Information, January 1942, 23.

58 "Douglas Dauntless SBD Dive Bomber," no date（但很明顯在戰爭期間）, Douglas SBD General, San Diego Air and Space Museum Aircraft Files.

59 Kleiss, *Never Call Me a Hero*, 281.

60 Barrett Tillman, *Enterprise: America's Fightingest Ship and the Men Who Helped Win World War II* (New York, 2012).

61 Potter, *Nimitz*, 400.

62 Kleiss, *Never Call Me a Hero*, 260–263.

63 David Rigby, *Wade McClusky and the Battle of Midway* (Oxford, 2019), 323.

64 引述自 Martin Fackler, "Retired Fighter Pilot Sees an Old Danger on the Horizon," New York Times, April 3, 2015.

65 見 Douglas "Interoffice Memorandum: Japanese Market Position," by W. A. Sipprell, February 5, 1962 (copied to Heinemann), Heinemann Papers, Box 2/7.

66 Lecture by Ed Heinemann, July 10, 1953, San Francisco, Heinemann Papers, Box 4/8.

67 Heinemann to Zip Rausa, November 21, 1977, Heinemann Papers, Box 2/22. For similar sentiments expressed in a milder manner, see Heinemann and Rausa, *Combat Aircraft Designer*, 256.

68 Heinemann to Enrique Candioti, Rancho Santa Fe, California, August 2, 1987, Heinemann Papers, Box 3/18.

69 Heinemann to Brigadier-General Tomas A. Rodriguez, Rancho Santa Fe, California, November 4, 1987, Heinemann Papers, Box 3/18.

70 Moore, *Pacific Payback*, 360.

71 Jeffrey Meyer, *Gary Cooper: American Hero* (New York, 1998), 236–238; James H. Farmer, "Hollywood Goes to North Island NAS," *Air Classics* 259 (September 1989).

72 Sandra Wilson, "Film and Soldier: Japanese War Movies in the 1950s," *Journal of Contemporary*

*Dive-Bomber Pilot Remembers the Battle of Midway* (New York, 2017), 222.

24 John Lundstrom, First Team (Annapolis, MD, 1984), 362. 書中指 1 架被防空砲火擊落，另外 1 至 2 架被零戰擊落。

25 出自註腳R. A. Spruance, Task Force 16 Action Report, June 16, 1942, Battle of Midway Roundtable, http://midway42.org/Midway_AAR/RAdmiral_Spruance.aspx, p. 2.

26 Anthony P. Tully, in Bresnahan, *Refighting the Pacific War*, 151; Peter C. Smith, *Midway: Dauntless Victory* (Barnsley, UK, 2007), 165; Peter C. Smith, *The Dauntless in Battle: The Douglas SBD Dive-Bomber in the Pacific, 1941–1945* (Lawrence, PA, 2019), 115, 117, 123–124; Tillman to Heinemann, November 2, 1977, Heinemann Papers, Box 2/22.

27 *Interrogations of Japanese Officials*, vols. 1 and 2, United States Strategic Bombing Survey [Pacific], October 6, 1945, p. 11, Naval History and Heritage Command, www.history.navy.mil/research/library/online-reading-room/title-list-alphabetically/i/interrogations-japanese-officials-voli.html.

28 *Interrogations of Japanese Officials,* October 10, 1945, p. 23.

29 *Interrogations of Japanese Officials,* October 9, 1945, p. 29.

30 *Interrogations of Japanese Officials*, October 25, 1945, p. 40.

31 Clark Lee, "Story of Midway," *Evening Star*, June 11, 1942, A1, A6.

32 Kleiss, *Never Call Me a Hero*, 238–239 (with quotations).

33 "Awakening of Air Power," *Aviation* 41, no. 9 (September 1942): 102–103.

34 見 Malcolm Gladwell, The Bomber Mafia: A Story Set in War (London, 2021).

35 Spruance, Task Force 16 Action Report, June 16, 1942, p. 2.

36 Edward H. Heinemann and Rosario Rausa, *Combat Aircraft Designer: The Ed Heinemann Story* (London, 1980), 256.

37 Gay, *Sole Survivor*, 158.

38 "State of Affairs in the Pacific Decisively Determined by this Operation," *Tokyo Asahi Shimbun*, June 11, 1942. 作者感謝 Jonathan Yeung 讓我們注意到這份資料。

39 見 Gerhard Krebs, *Japan im pazifischen Krieg* (Munich, 2010), 297.

40 Masanori Ito, with Roger Pineau, *The End of the Imperial Japanese Navy: A Japanese Account of the Rise and Fall of Japan's Seapower, with Emphasis on World War II*, trans. Roger Pineau (New York, 1962 [1956]), 68.

41 引述自 Ron Werneth, *Beyond Pearl Harbor: The Untold Stories of Japan's Naval Airmen* (Atglen, PA, 2008), 92, 121, 142, 163, 196, 220.

42 Kamei Hiroshi, *Middouē Senki* [Record of the Battle of Midway] (Kōdansha, 2014), 624.

43 Lea Jacobs, "December 7th, the Battle of Midway, and John Ford's Career in the OSS," *Film History* 32, no. 1 (2020): 1–39.

44 Mark Harris, Five Came Back: A Story of Hollywood and the Second World War (London, 2014), 158, 153. Harris 很懷疑詹姆斯・羅斯福是否真的在中途島（頁 155），儘管尼米茲曾提及在戰役之前，曾與詹姆斯在島上會面。見 Nimitz to Catherine, May 4, 1942, Nimitz Papers, Naval Heritage Command.

45 Harris, *Five Came Back*, 150, 158–159.

46 Dickinson, *Flying Guns*, 52.

5 相關相反事實探索見於 Dallas Isom, *Midway Inquest: Why the Japanese Lost the Battle of Midway* (Bloomington, IN, 2007), 278–293; George Friedman, "Midway: The Battle That Almost Lost the War," *Geopolitical Futures*, June 7, 2017, https://geopoliticalfutures.com/midway-battle-almost-lost-war; Ben David Baker, "What If Japan Had Won the Battle of Midway," *The Diplomat*, January 8, 2016, https://thediplomat.com/2016/01/what-if-japan-had-won-the-battle-of-midway. Jim Bresnahan, ed., *Refighting the Pacific War: An Alternative History of World War II* (Annapolis, MD, 2011), 104–168, 當中兩個章節是專注在中途島戰役。

6 有關日軍進攻夏威夷，見 J. J. Stephan, *Hawaii Under the Rising Sun: Japan's Plans for Conquest After Pearl Harbor* (Honolulu, 1984), 109–134.

7 見 Jeremy Black, "Midway and the Indian Ocean," *Naval College War Review* 62, no. 4 (2009): 131–140.

8 Craig Symonds, *The Battle of Midway* (Oxford, 2011), 3–4; Andrew Roberts, The Storm of War (New York, 2011), 256.

9 George Gay, *Sole Survivor: The Battle of Midway and Its Effect on His Life* (Naples, FL, 1979), 108; Cleo J. Dobson, *Cleo J. Dobson: U.S. Navy Carrier Pilot, World War II. A Personal Account* (2018), 46–47; Edward Rutledge Anderson, War Diary, 50. Griffith Bailey Coale, *Victory at Midway* (New York, 1944), 151. 儘管 Griffith Bailey Coale 是一名藝術家，但他本人在這段期間曾到訪太平洋，而他也同意。

10 Stephen L. Moore, *Pacific Payback: The Carrier Aviators Who Avenged Pearl Harbor at the Battle of Midway* (New York, 2014), 360.

11 Robert M. Morgenthau and Frank M. Tuerkheimer, "From Midway to Mideast: How a Victory in the Pacific 65 Years Ago Helped Defeat Hitler and Found Israel," *Newsweek* 149 (June 18, 2007).

12 作者與 Karl Zingheim 的訪問，於中途島號航空母艦博物館，2020 年 1 月 7 日。

13 Alvin Kernan, *The Unknown Battle of Midway: The Destruction of the American Torpedo Squadrons* (New Haven, CT, 2005), 8.

14 Christopher Parry, "Do Norman Dixon's Theories About Incompetence Apply to Senior Naval Commanders?" (PhD diss., University of Reading, 2017), 251.

15 Clarence Dickinson and Boyden Sparkes, "Pearl Harbor Remembered: I Fly for Vengeance," *Saturday Evening Post*, October 10–24, 1942.

16 F. C. Hadden, *Midway Islands* (Honolulu, 1943), reprinted from The Hawaiian Planters' Record 45, no. 3 (1941): 1.

17 Michael Medved, *God's Hand on America* (New York, 2019), 281.

18 Gay, *Sole Survivor*, 108.

19 Mitsuo Fuchida and Masatake Okumiya, *Midway: The Battle That Doomed Japan in Five Fateful Minutes* (London, 1961), 181.

20 Kernan, *Unknown Battle*, 105.

21 Gay, *Sole Survivor*, 120.

22 Clarence Dickinson, *The Flying Guns: Cockpit Record of a Naval Pilot from Pearl Harbor Through Midway* (New York, 1942), 161.

23 N. Jack "Dusty" Kleiss, with Timothy and Laura Orr, *Never Call Me a Hero: A Legendary American*

62.
84 Parshall and Tully, *Shattered Sword*, 265–269.
85 Parshall and Tully, *Shattered Sword*, 285.
86 Parshall and Tully, *Shattered Sword*, 288.
87 Fuchida and Okumiya, *Midway*, 190. 這是淵田及奧宮正武兩位作者的回想，相信是從倖存者的報告綜合而成的。森拾三的敘述與之不同，見 Mori, *Miraculous Torpedo Squadron*, 212–213.
88 Makishima, *Midway kaisen,* loc. 1625.
89 Andrieu d'Albas, *Death of a Navy: Japanese Naval Action in World War II* (New York, 1957), 128. 作者與一位日本海軍將官的女兒結婚，認識事件當中許多主角本人。
90 Linzey, *USS Yorktown at Midway*, 113–115.
91 Linzey, *USS Yorktown at Midway*, 118–119.
92 引述自 Werneth, *Beyond Pearl Harbor*, 186.
93 Mori, *Miraculous Torpedo Squadron*, 208–217; Parshall and Tully, *Shattered Sword*, 336.
94 引述自 Werneth, *Beyond Pearl Harbor*, 121.
95 Mitoya, "I Fought the Americans at Midway," 156.
96 Parshall and Tully, *Shattered Sword*, 338–339.
97 Fuchida and Okumiya, *Midway*, 186.
98 引述自 Werneth, *Beyond Pearl Harbor*, 92.
99 Fuchida and Okumiya, *Midway*, 186.
100 Fuchida and Okumiya, *Midway*, 187.
101 引述自 Werneth, *Beyond Pearl Harbor*, 92.
102 Stephen L. Moore, *Pacific Payback: The Carrier Aviators Who Avenged Pearl Harbor at the Battle of Midway* (New York, 2014).
103 Symonds, *Battle of Midway*, 320, 313.
104 Symonds, *Battle of Midway*, 349.
105 Mitoya, "I Fought the Americans at Midway," 157.
106 Cleo J. Dobson, *Cleo J. Dobson, U.S. Navy Carrier Pilot, World War II. A Personal Account* (2018), 47.

## 第七章

1 Geoffrey Till, "Midway: The Decisive Battle?," *Naval History* 19, no. 5 (October 2005): 32–36. 更全面的解釋另見，Phillips Payson O'Brien, *How the War Was Won: Air-Sea Power and Allied Victory in World War II* (Cambridge, 2015).
2 Eric Hotta, *Japan 1941: Countdown to Infamy* (New York, 2013).
3 Cathal J. Nolan, *The Allure of Battle: A History of How Wars Have Been Won and Lost* (Oxford, 2017), 3, 502 et passim.
4 David C. Evans and Mark R. Peattie, *Kaigun: Strategy, Tactics, and Technology in the Imperial Japanese Navy, 1887–1941* (Annapolis, MD, 1997); Toshiyuki Yokoi, "Thoughts on Japan's Naval Defeat," in The Japanese Navy in World War II, ed. David C. Evans (Annapolis, MD, 1969), 514.

57 我們在此借用了電影《中途島》（*Midway* [1976]）中，山口多聞的對白。數字來自 Parshall and Tully, *Shattered Sword*, 262–263.

58 Parshall and Tully, *Shattered Sword*, 264.

59 Makishima, *Midway kaisen*, loc. 1559.

60 Hiroshi Suzuki, interviewed in Werneth, *Beyond Pearl Harbor*, 92; Parshall and Tully, *Shattered Sword*, 278; Grimes, "Target Report—Japanese Damage Control," 12.

61 Fuchida and Okumiya, *Midway*, 185.

62 Makishima, *Midway kaisen*, loc. 1617.

63 Makishima, *Midway kaisen*, loc. 1633.

64 見 Lord, *Incredible Victory*, 209.

65 Parshall and Tully, *Shattered Sword*, 276.

66 Lord, *Incredible Victory*, 209.

67 引述自 Werneth, *Beyond Pearl Harbor*, 24.

68 Parshall and Tully, *Shattered Sword*, 278–279.

69 引述自 Werneth, *Beyond Pearl Harbor*, 121, 142.

70 作者與 Richard Nowatzki 的訪問內容，於 2020 年 1 月 11 日在加州羅斯蒙特。

71 見 Craig Symonds, *The Battle of Midway* (Oxford, 2011), 346.

72 Kleiss, *Never Call Me a Hero*, 207.

73 Robert J. Cressman, "Blaze of Glory: Charlie Ware and the Battle of Midway," *The Hook*, 24, no. 1 (1996): 24–29, esp. 28–29. 另見華雷的編隊當中，唯一一名成功返航飛行員的說法："Accounts: John McCarthy. ENS John McCarthy: Scouting Six and Midway," letter from John McCarthy to Mark Horan, 1992, USS Enterprise CV-6 Association, www.cv6.org/company/accounts/jmccarthy.

74 Kleiss, *Never Call Me a Hero*, 209.

75 C. Wade McClusky, "Accounts: C. Wade McClusky. LCDR C. Wade McClusky: Battle of Midway," USS Enterprise CV-6 Association, accessed June 29, 2021, www.cv6.org/company/accounts/wmcclusky.

76 Edward Rutledge Anderson, War Diary, 44.

77 Elliott Buckmaster, "Report of Action," June 4–6, 1942, report filed June 18, 1942, Battle of Midway Roundtable, http://midway42.org/Midway_AAR/USSYorktown.aspx. 另見 David L. Bergeron, "Fighting for Survival: USS Yorktown (CV5). Damage Control Experiences in 1942" (MA thesis, University of New Orleans 2016), https://scholarworks.uno.edu/td/2125/

78 Stanford E. Linzey, *USS Yorktown at Midway: The Sinking of the USS Yorktown (CV-5) and the Battles of the Coral Sea and Midway* (Fairfax, VA, 2004), 86–87, 112.

79 William Ward Smith, *Midway: Turning Point of the Pacific* (New York, 1966), 114–116.

80 Richard Nowatzki 在大黃蜂號於數月之後，在索羅門群島作戰時被命中的回憶。作者與 Richard Nowatzki 的訪問內容，於 2020 年 1 月 11 日在加州羅斯蒙特。

81 Linzey, *USS Yorktown at Midway*, 86, 112–113.

82 Elliott Buckmaster, "Report of Action"; Symonds, *Battle of Midway*, 349.

83 見 Alvin Kernan, *Crossing the Line: A Bluejacket's Odyssey in World War II* (New Haven, CT, 2007),

26 Kleiss, *Never Call Me a Hero*, 205–206.

27 Kleiss, *Never Call Me a Hero*, 205.

28 Lundstorm 把第 3 魚雷機中隊最後一輪攻擊的時間放在 1030 時左右。John Lundstrom, *First Team* (Annapolis, MD, 1984), 362–363. Parshall 及 Tully 就認為這應該在 5 分鐘後。Parshall and Tully, *Shattered Sword*, 255.

29 Parshall and Tully, *Shattered Sword*, 219.

30 Statement by Harry Corl," June 15, 1942, p. 2. 另見 Lloyd Childers,"Midway from the Backseat of a TBD," The Hook 18 (1990): 37.（可以預期，兩個撰寫時間相隔超過四十年的記錄，在詳細經過及事情先後順序上，一定會有一些差別。）

31 Lundstrom, *First Team*, 362.

32 Childers, "Midway from the Backseat of a TBD," 37.

33 Parshall and Tully, *Shattered Sword*, 155; Nagatomo Yasukuni, in Hashimoto, *Shōgen Midowei Kaisen*, 212.

34 Hashimoto, *Shōgen Midowei Kaisen*, 212.

35 "Statement by Harry Corl," 2.

36 John Thach, "A Beautiful Silver Waterfall," in *Carrier Warfare in the Pacific: An Oral History Collection, ed. E. T. Wooldridge, Smithsonian History of Aviation and Spaceflight Series* (Washington, DC, 1993), 57.

37 Childers, "Midway from the Backseat of a TBD," 37.

38 見 *A Glorious Page in Our History* (Madison, WI, 1990), 100.

39 Lundstrom, *First Team*, 362–363.

40 See Lord, *Incredible Victory*, 181.

41 Lord, *Incredible Victory*, 180.

42 Hashimoto, *Shōgen Midowei Kaisen*, 212.

43 Mori, *Miraculous Torpedo Squadron*, 206–207.

44 Parshall and Tully, *Shattered Sword*, 261.

45 Mori, *Miraculous Torpedo Squadron*, 208; Parshall and Tully, *Shattered Sword*, 279.

46 Mori, *Miraculous Torpedo Squadron*, 209.

47 Lord, *Incredible Victory*, 208.

48 Makishima, *Midway kaisen*, loc. 1517.

49 Parshall and Tully, *Shattered Sword*, 257, 259.

50 引述自 Werneth, *Beyond Pearl Harbor*, 92.

51 Fuchida and Okumiya, *Midway*, 184.

52 Fuchida and Okumiya, *Midway*, 184.

53 Fuchida and Okumiya, *Midway*, 184, 185.

54 Heijirō mi, *Rengōkantai shireichōkan: Yamamoto Isoroku to sono sanbōtachi* (Tokyo, 2000), 105–106. 作者感謝 Jonathan Yeung 在這份資料上提供的協助。

55 Lord, *Incredible Victory*.

56 *The Japanese Story of the Battle of Midway*, OPNAV P32-1002 (trans. of Nagumo Report), US Navy, Office of Naval Intelligence, 1947, p. 21.

5 Sesu Mitoya, "I Fought the Americans at Midway," in Heroic Battles of WWII, ed. Howard Oleck (New York, 1962), 154–155.

6 引述自 Werneth, *Beyond Pearl Harbor*, 121, 142.

7 Parshall and Tully, *Shattered Sword*, 252.

8 Toshio Hashimoto, *Shōgen Midowei Kaisen* (Witnesses to the Midway Sea Battle) (Tokyo, 1999), 212.

9 詳見 Walter Lord, *Incredible Victory* (Short Hills, NJ, 1967), 179.

10 Kamei Hiroshi, *Middouē Senki* [Record of the Battle of Midway] (Kōdansha, 2014), 621–622.

11 Juzo Mori, *The Miraculous Torpedo Squadron*, trans. Nick Voge (2015 [1952]), 206.

12 Parshall and Tully, *Shattered Sword*, 261.

13 Lord, *Incredible Victory*, 208–209.

14 Mitsuo Fuchida and Masatake Okumiya, *Midway: The Battle That Doomed Japan in Five Fateful Minutes* (London, 1961), 183.

15 引述自 Fuchida and Okumiya, *Midway*, 184.

16 Makishima Teiichi, *Midway kaisen—Hokyu tsuzukazu* [Battle of Midway—Supplies Dwindle] (Tokyo: 2020 [1967]), Kindle loc. 1501.

17 引述自 Werneth, *Beyond Pearl Harbor*, 194.

18 詳細解釋見Captain C. G. Grimes, chief, US Naval Technical Mission to Japan, "Target Report—Japanese Damage Control," February 4, 1946, Fischer-Tropsch Archive, www.fischer-tropsch.org/primary_documents/gvt_reports/USNAVY/USNTMJ%20Reports/USNTMJ-200I-0718-0742%20Report%20S-84%20N.pdf, p. 1.：「與美國及英國水準相比，日本海軍的損管組織、訓練及裝備均較差。」

19 Captain C. G. Grimes, chief, US Naval Technical Mission to Japan, "Aeronautics Targets," February 4, 1946, Fischer-Tropsch Archive, www.fischer-tropsch.org/primary_documents/gvt_reports/USNAVY/USNTMJ%20Reports/USNTMJ-200A-0560-0608%20Report%20A-11.pdf, p. 20.

20 Mark R. Peattie, *Sunburst: The Rise of Japanese Naval Air Power, 1909–1941*(Annapolis, MD, 2001).

21 Parshall and Tully, *Shattered Sword*, 277; USS Franklin CV-13 War Damage Report, p. 4.

22 Parshall and Tully, *Shattered Sword*, 254.

23 N. Jack "Dusty" Kleiss, with Timothy and Laura Orr, *Never Call Me a Hero: A Legendary American Dive-Bomber Pilot Remembers the Battle of Midway* (New York, 2017), 205; Norman Jack Kleiss, *VS-6 Log of the War: Personal Diary and USS Enterprise Orders of a Scouting Six SBD Dive Bomber Pilot* (San Antonio, TX), 89; Stanley Culp, "Lieutenant Kleiss Has Had Enough Close Calls for Lifetime," Jax Air News, September 30, 1943, https://ufdc.ufl.edu/UF00028307/01521/3j.

24 Clarence Dickinson, with Boyden Sparkes, *The Flying Guns: Cockpit Record of a Naval Pilot from Pearl Harbor Through Midway* (New York, 1942), 160.

25 Earl Gallaher, "Report of Action, June 4–6, 1942," Scouting Squadron Six Action Report, filed June 20, 1942, USS Enterprise CV-6 Association, Action Reports and Logs, www.cv6.org/ship/logs/action19420604-vs6.htm, p. 2.

95 *The Japanese Story of the Battle of Midway*, OPNAV P32-1002 (trans. of Nagumo Report), US Navy, Office of Naval Intelligence, 1947, p. 20.

96 Parshall and Tully, *Shattered Sword*, 237, 238.

97 Hopkins, *Dive Bomber Operations in World War II*, 13.

98 Dickinson, *Flying Guns*, 157–158.（迪金森當時並沒有辨識出那些飛機，但從內容描述看來，它們很大可能是第 3 魚雷機中隊。）

99 Best, "In His Own Words." 莫里稱那是 15,000 英尺，詳見 Murray, "Midway," 42.

100 Murray, "Midway," 42.

101 Fuchida and Okumiya, *Midway*, 182. Best, "In His Own Words," 指出為 2,000 英尺。Murray 在 "Midway," 頁 43 中宣稱是 1,500 英尺。

102 Murray, "Midway," 4; Best, "In His Own Words." See also Earl Gallaher, "Report of Action, June 4–6, 1942," Scouting Squadron Six Action Report, filed June 20, 1942, USS Enterprise CV-6 Association, Action Reports and Logs, www.cv6.org/ship/logs/action19420604-vs6.htm.

103 Fuchida and Okumiya, *Midway*, 182.

104 Tom Cheek, "Watching the Attack on the First Carrier Striking Force," Pacific War Historical Society, www.pacificwar.org.au/Midway/TomCheek/RingofCoral/WatchingAttack.html. 另見 Ronald W. Russell, *No Right to Win: A Continuing Dialogue with Veterans of the Battle of Midway* (New York, 2006), 102.

105 引述自 Werneth, *Beyond Pearl Harbor*, 23, 194.

106 Fuchida and Okumiya, *Midway*, 182.

107 Kamei Hiroshi, *Middouē Senki*, 598.

108 引述自 Werneth, *Beyond Pearl Harbor*, 179.

109 引述自 Walter Lord, *Incredible Victory* (Short Hills, NJ, 1967), 175.

110 Gallaher, "Report of Action, June 4–6, 1942," 資料顯示十九位飛官當中，有七人在非戰時期就加入了中隊。

111 引述自 Bresnahan, *Refighting the Pacific War*, 148.

112 Fuchida and Okumiya, *Midway*, 183.

113 Mitoya, "I Fought the Americans at Midway," 154.

114 Kleiss, *VS-6 Log of the War*, 88.

## 第六章

1 Captain C. G. Grimes, chief, US Naval Technical Mission to Japan, "Target Report—Japanese Explosives," December 20, 1945, Fischer-Tropsch Archive, www.fischer-tropsch.org/primary_documents/gvt_reports/USNAVY/USNTMJ%20Reports/USNTMJ-200E-0551-0578%20Report%200-25.pdf, p. 1.

2 引述自 Ron Werneth, *Beyond Pearl Harbor: The Untold Stories of Japan's Naval Airmen* (Atglen, PA, 2008), 142.

3 Jonathan B. Parshall and Anthony P. Tully, *Shattered Sword: The Untold Story of the Battle of Midway* (Washington, DC, 2005), 255–256.

4 引述自 Werneth, *Beyond Pearl Harbor*, 142.

詳見 Free Fall Calculater, Omni Calculator, www.omnicalculator.com/physics/free-fall; "Aircraft Bombs," OP 1280, US Department of the Navy, August 30, 1955, https://bulletpicker.com/pdf/OP%201280,%20Aircraft%20Bombs.pdf, pp. 3–4, 62; "Bombs and Bomb Components," TM 9-1325-200, US Departments of the Army, the Navy, and the Air Force, April 1966, https://bulletpicker.com/pdf/TM%209-1325-200,%20Bombs%20and%20Bomb%20Components.pdf, pp. 1–6, 7; "US Navy Projectiles and Fuzes," US Department of the Navy, 1945, p. 237. 作者感謝 Norman Friedman 及 Tony di Giulian 在有關美軍彈藥方面的建議。

69 Kleiss, *VS-6 Log of the War*, 88.

70 Parshall and Tully, *Shattered Sword*, 234.

71 Kleiss, *VS-6 Log of the War*, 88.

72 引述自 Mitoya, "I Fought the Americans at Midway," 155.

73 Seth Paridon, "First Strike at Midway: Attacking and Discovering IJN Kaga," National WWII Museum, October 22, 2019, www.nationalww2museum.org/war/articles/first-strike-midway-attacking-and-discovering-ijn-kaga. Paridon 稱德斯特排在克萊斯兩機之後，如果這個序列是對的話，他應該會在克萊斯之後立即出現。

74 Parshall and Tully, *Shattered Sword*, 235; Kamei Hiroshi（亀井宏）, *Middouē Senki* [Record of the Battle of Midway]（ミッドウェー戦記）(Kōdansha[ 講談社 ], 2014), 611. 作者感謝 Jonathan Yeung 在這份資料上提供的協助。

75 Kleiss, *Never Call Me a Hero*, 203, 204.

76 Paridon, "First Strike at Midway."

77 Dickinson, *Flying Guns*, 152, 153.

78 Dickinson, *Flying Guns*, 156–157.

79 Kamei Hiroshi, *Middouē Senki*, 610–611.

80 Edward Rutledge Anderson, War Diary, June 8, 1942. 作者感謝 Ian Toll, Janice Anderson-Gram, 及 Zach Anderson-Gram 的努力，讓這份資料得以引用。

81 Thach, "Beautiful Silver Waterfall," 58.

82 Mitoya, "I Fought the Americans at Midway," 154.

83 Symonds, *Battle of Midway*, 306; Parshall and Tully, *Shattered Sword*, 236.

84 Juzo Mori, *The Miraculous Torpedo Squadron*, trans. Nick Voge (2015 [1952]), 204–205.

85 King, *Last Zero Fighter*, 53.

86 引述自 Parshall and Tully, *Shattered Sword*, 236.

87 引述自 Werneth, *Beyond Pearl Harbor*, 23.

88 Parshall and Tully, *Shattered Sword*, 235.

89 引述自 Parshall and Tully, *Shattered Sword*, 236.

90 DeWitt Shumway, Report of Action, Bombing Squadron Three, June 10, 1942.

91 Pat Frank and Joseph Harrington, *Rendezvous at Midway: USS Yorktown and the Japanese Carrier Fleet* (New York, 1967), 176.

92 Parshall and Tully, *Shattered Sword*, 237.

93 King, *Last Zero Fighter*, 54.

94 引述自 Frank and Harrington, *Rendezvous at Midway*, 172.

(Irvine, CA, 2012), 164.
38 Maeda interview, John Bruning Collection, Hoover Institution.
39 C. Wade McClusky, "Accounts: C. Wade McClusky. LCDR C. Wade McClusky: Battle of Midway," USS Enterprise CV-6 Association, accessed June 29, 2021, www.cv6.org/company/accounts/wmcclusky.
40 Moore, *Pacific Payback*, 218.
41 見本資料的描述。Dickinson, *Flying Guns*, 159.
42 Best, "In His Own Words."
43 引述自 Werneth, *Beyond Pearl Harbor*, 156, 163.
44 Parshall and Tully, *Shattered Sword*, 234; John Campbell, *Naval Weapons of World War Two* (Annapolis, MD, 1985), 192–193.
45 Noted by Kleiss, *Never Call Me a Hero*, 201.
46 McClusky, "Accounts: C. Wade McClusky"; Lewis R. Hopkins, *Dive Bomber Operations in World War II: Battle of Midway* (Fredericksburg, TX, 2004), 12.
47 Craig Symonds, *The Battle of Midway* (Oxford, 2011), 302; Rigby, *Wade McClusky*, 177.
48 Thach, "Beautiful Silver Waterfall," 58.
49 Dickinson, *Flying Guns*, 159; Moore, *Pacific Payback*, 219.
50 Dickinson, *Flying Guns*, 154.
51 Sesu Mitoya, "I Fought the Americans at Midway," in *Heroic Battles of WWII*, ed. Howard Oleck (New York, 1962), 155.
52 Interview of Gallaher by Bresnahan.
53 Kleiss, *Never Call Me a Hero*, 201.
54 Interview of Gallaher by Bresnahan.
55 引述自 Moore, *Pacific Payback*, 220.
56 引述自 Werneth, *Beyond Pearl Harbor*, 163.
57 Parshall and Tully, *Shattered Sword*, 234.
58 引述自 Werneth, *Beyond Pearl Harbor*, 156.
59 Parshall and Tully, *Shattered Sword*, 234.
60 Murray, "Midway," 42.
61 Fuchida and Okumiya, *Midway*, 182.
62 Parshall and Tully, *Shattered Sword*, 241.
63 "Check-off List for Diving," Douglas SBD Dauntless, *Pilot's Flight Operating Instructions*, 57.
64 Kleiss, Never Call Me a Hero, 200; US Navy, Pacific Fleet, *Current Tactical Orders and Doctrine, US Fleet Aircraft*, vol. 1, Carrier Aircraft (USF-74) (Washington, DC, 1941), 3.
65 Norman Jack Kleiss, *VS-6 Log of the War: Personal Diary and USS Enterprise Orders of a Scouting Six SBD Dive Bomber Pilot* (San Antonio, TX), 88.
66 Kleiss, *Never Call Me a Hero*, 202–203.
67 Kleiss, *VS-6 Log of the War*, 88.
68 有關時間上的說明：假設在 1G 加速度及初速為每小時 276 英里，而炸彈在 1,500 英尺投下，它會在 3 秒內著地。假如在 2,000 英尺，那就是 4 秒。在 2,500 英尺，就是 5.13 秒。

11 Paul Holmberg to Walter Lord, June 9, 1958, Naval Heritage Command, p. 7.

12 Paul Holmberg to Walter Lord, June 9, 1958, p. 2.

13 Kleiss, *Never Call Me a Hero*, 199.

14 Dickinson, *Flying Guns*, 150.

15 Interview with Earl Gallaher, conducted by Jim Bresnahan, June 4, 1992, World War II Database, https://ww2db.com/doc.php?q=403.

16 Dickinson, *Flying Guns*, 149.

17 Moore, *Pacific Payback*, 216 et passim.

18 Kleiss, *Never Call Me a Hero*, 199.

19 Toshio Hashimoto(橋本敏男), *Shōgen Midowei Kaisen* (Witnesses to the Midway Sea Battle)(証言·ミッドウェー海戦 私は炎の海で戦い生還した！) (Tokyo, 1999), 212. 作者們很感謝 Jon Parshall 分享這份資料，以及 Jonathan Yeung 提供的協助。

20 Mitsuo Fuchida and Masatake Okumiya, *Midway: The Battle That Doomed Japan in Five Fateful Minutes* (London, 1961), 181.

21 引述自 Ron Werneth, *Beyond Pearl Harbor: The Untold Stories of Japan's Naval Airmen* (Atglen, PA, 2008), 140; Haruo Yoshino, John Bruning Collection, Hoover Institution, 2000C119.

22 Parshall 及 Tully 對在中途島戰役的日本艦隊作了一番特別的研究，他們指出整個戰鬥巡邏都傾向攻擊迫在眉睫的敵人，完全不會留下一人去防範其他威脅。Jonathan B. Parshall and Anthony P. Tully, *Shattered Sword: The Untold Story of the Battle of Midway* (Washington, DC, 2005), 215. 如另一位專家 John B. Lundstrom 所言，那些美國人吸引零戰的注意力，就像「磁鐵吸引鐵粉末」一樣。 John Lundstrom, *First Team* (Annapolis, MD, 1984), 363.

23 Haruo Yoshino, John Bruning Collection, Hoover Institution, 2000C119.

24 詳見 Parshall and Tully, *Shattered Sword*, 229–231 et passim. 相反觀點見 Fuchida and Okumiya, *Midway*, 181–182. 書衣展示一架九七式魚雷機準備即將起飛了。

25 Parshall and Tully, *Shattered Sword*, 221, 240.

26 Quoted in Werneth, *Beyond Pearl Harbor*, 140.

27 R. E. Laub, "Torpedo Squadron Six Action Report," June 4, 1942, USS Enterprise CV-6 Association, www.cv6.org/ship/logs/action19420604-vt6.htm.

28 此觀點見於 Lundstrom, *First Team*, 351 et passim.

29 Lundstrom, *First Team*, 352–356; Parshall and Tully, *Shattered Sword*, 221.

30 John Thach, "A Beautiful Silver Waterfall," in *Carrier Warfare in the Pacific: An Oral History Collection*, ed. E. T. Wooldridge, Smithsonian History of Aviation and Spaceflight Series (Washington, DC, 1993), 55–56.

31 Lloyd Childers, "Midway from the Backseat of a TBD," *The Hook* 18 (1990): 37.

32 Thach, "Beautiful Silver Waterfall," 57.

33 Childers, "Midway from the Backseat of a TBD," 37.

34 Parshall and Tully, Shattered Sword, 236, 232; 引述自 Werneth, *Beyond Pearl Harbor*, 194.

35 Maeda interview, John Bruning Collection, Hoover Institution.

36 Quoted in Werneth, *Beyond Pearl Harbor*, 140.

37 引述自 Dan King, *The Last Zero Fighter: Firsthand Accounts from WWII Japanese Naval Pilots*

137; Kernan, *Unknown Battle*, 92.

87 Gay, *Sole Survivor*, 119–128.

88 McClusky, "Accounts: C. Wade McClusky"; Kleiss, *Never Call Me a Hero*, 95.

89 詳見 Rigby, Wade McClusky, 162–163.

90 Kleiss, *Never Call Me a Hero*, 196.

91 Stuart J. Mason, "Accounts: John Doherty and Bombing Six. CDR Stuart J. Mason," USS Enterprise CV-6 Association, accessed June 29, 2021, www.cv6.org/company/accounts/jdoherty/jdoherty_2.htm.

92 Paridon, "First Strike at Midway."

93 Moore, *Pacific Payback*, 203–204.

94 Murray, "Midway," 42; Kleiss, *Never Call Me a Hero*, 196.

95 Fuchida and Okumiya, *Midway*, 180–181.

96 R. E. Laub, "Torpedo Squadron Six Action Report," June 4, 1942, USS Enterprise CV-6 Association, Action Reports and Logs, Battle of Midway Roundtable, http://midway42.org/Midway_AAR/VT-6.aspx.

97 Parshall and Tully, *Shattered Sword*, 213–214.

## 第五章

1 N. Jack "Dusty" Kleiss, with Timothy and Laura Orr, *Never Call Me a Hero: A Legendary American Dive-Bomber Pilot Remembers the Battle of Midway* (New York, 2017), 198.

2 James F. Murray, "Midway: The View from a Bombing Six Rear Seat," *The Hook* 17, no. 1 (Spring 1989): 42.

3 Kleiss, *Never Call Me a Hero*, 197; Stephen L. Moore, *Pacific Payback: The Carrier Aviators Who Avenged Pearl Harbor at the Battle of Midway* (New York, 2014), 214–215.

4 Dusty Kleiss, Flight Log Book, January to May 1942, provided by Timothy and Laura Orr.

5 Kleiss, *Never Call Me a Hero*, 198.

6 David Rigby, *Wade McClusky and the Battle of Midway* (Oxford, 2019), 170.

7 這是根據迪金森所聽見的。Clarence Dickinson, with Boyden Sparkes, *The Flying Guns: Cockpit Record of a Naval Pilot from Pearl Harbor Through Midway* (New York, 1942), 151. 就像貝斯特一樣，他下達命令的時機放在要開始俯衝前不久，而非在目視到敵方艦隊的時候。Richard Best, "In His Own Words: A Narrative from Battle of Midway Veteran, LCDR Richard H. Best, USN (Ret.)," International Midway Memorial Foundation, accessed June 29, 2021, www.immf-midway.com/midway_itow_best.html.

8 Lew Hopkins, in Jim Bresnahan, ed., *Refighting the Pacific War: An Alternative History of World War II* (Annapolis, MD, 2011), 148.

9 Rigby, Wade McClusky, 183–184.

10 就這一點，列斯利與華特．勞德（Walter Lord）的訪問中的表現，比起他在作戰後所提交的報告更為混亂。第一次訪問他表示記不起任何人，但在第二次訪問，他稱當時收到第三魚雷機中隊的回應。Max Leslie to Walter Lord, March 8, 1966, Naval Heritage Command, p. 3.

59 引述 Werneth, *Beyond Pearl Harbor*, 92.

60 引述 Werneth, *Beyond Pearl Harbor*, 92.

61 Parshall and Tully, *Shattered Sword*, 183.

62 Parshall and Tully, *Shattered Sword*, 165–166; Dallas Isom, *Midway Inquest: Why the Japanese Lost the Battle of Midway* (Bloomington, IN, 2007), 160–164.

63 "USS Nautilus, Narrative of June 4, 1942," Action Reports, reel 3 ("Nautilus Report" hereafter), ISSUU, https://issuu.com/hnsa/docs/ss-168_nautilus.

64 Parshall and Tully, *Shattered Sword*, 184–185.

65 Craig Symonds, *The Battle of Midway* (Oxford, 2011), 242; Ira L. Kimes,"Report of Battle of Midway Islands," June 12, 1942, p. 5.

66 Thaddeus V. Tuleja, *Climax at Midway*, 116; Symonds, *Battle of Midway*, 218；淵田美津雄就稱之為「南雲的兩難」。Fuchida and Okumiya, *Midway*, 174.

67 引述 Prange, *Miracle at Midway*, 232, 231.

68 普郎奇稱南雲是在「接到利根號偵察機的無線電報告」後才下此決定的，Prange, *Miracle at Midway*, chap. 26 (p. 233). 日本官方戰史似乎認為，南雲在發現美軍船艦時，便已經預期至少會有一艘航艦了。Parshall and Tully, *Shattered Sword*, 164.

69 Paul Holmberg to Walter Lord, June 9, 1958, Walter Lord Interviews, Naval Heritage Command, p. 2. 在 John Lundstrom, *Black Shoe Carrier Admiral* (Annapolis, MD, 2006) 當中，作者稱佛萊契「希望能有一支部隊在手，在需要時就能投入運用」。

70 John Thach, "A Beautiful Silver Waterfall," in *Carrier Warfare in the Pacific: An Oral History Collection*, ed. E. T. Wooldridge, Smithsonian History of Aviation and Spaceflight Series (Washington, DC, 1993), 52–53.

71 Moore, *Pacific Payback*, 198.

72 Alvin Kernan, *The Unknown Battle of Midway: The Destruction of the American Torpedo Squadrons* (New Haven, CT, 2005), 115.

73 Tillman, *Dauntless Dive Bomber*, 65–67.

74 Kleiss, *Never Call Me a Hero*, 194.

75 Gay, *Sole Survivor*, 118–119.

76 Bowen Weisheit, *The Last Flight of Ensign C. Markland Kelly* (Baltimore, 1996).

77 Max Leslie to Walter Lord, March 8, 1966, Naval Heritage Command, p. 3.

78 DeWitt Shumway, Report of Action, Bombing Squadron Three, June 10, 1942; Tillman, *Dauntless Dive Bomber*, 72.

79 Thach, "Beautiful Silver Waterfall," 54.

80 Lloyd Childers, "Midway from the Backseat of a TBD," 36–37.

81 Paul Holmberg to Walter Lord, June 9, 1958, Naval Heritage Command, pp. 5–6.

82 Moore, *Pacific Payback*, 199; Thach, "Beautiful Silver Waterfall," 54.

83 "USS Nautilus Report," 2.

84 Mori, *Miraculous Torpedo Squadron*, 201.

85 Parshall and Tully, *Shattered Sword*, 205–207.

86 Robert J.A. Mrazek, *A Dawn Like Thunder: The True Story of Torpedo Eight* (Boston, 2008), 134–

34 Barrett Tillman, *The Dauntless Dive Bomber of World War II* (Annapolis, MD, 1976), 65.

35 詳見 Hopkins, *Dive Bomber Operations*, 11.

36 Kleiss, *Never Call Me a Hero*, 191.

37 Murray, "Midway," 41.

38 Hopkins, *Dive Bomber Operations*, 11.

39 Earl Gallaher, "Report of Action, June 4–6, 1942," Scouting Squadron Six Action Report, filed June 20, 1942, USS Enterprise CV-6 Association, Action Reports and Logs, www.cv6.org/ship/logs/action19420604-vs6.htm.

40 Kleiss, *Never Call Me a Hero*, 191.

41 相關記載在不同資料中出入很大。*Pacific Payback: The Carrier Aviators Who Avenged Pearl Harbor at the Battle of Midway* (New York, 2014), 史蒂芬・L・摩爾說是 12,000 英尺 (p. 192)。理查・貝斯特說是 14,000 英尺，詳見 "In His Own Words: A Narrative from Battle of Midway Veteran, LCDR Richard H. Best, USN (Ret.)," International Midway Memorial Foundation, accessed June 29, 2021, www.immf-midway.com/midway_itow_best.html. 在 *Wade McClusky*, Rigby 報告說他們達到了 19,000 英尺 (p. 177)。

42 引述 Moore, *Pacific Payback*, 192; Best, "In His Own Words."

43 引述 Moore, *Pacific Payback*, 187.

44 C. Wade McClusky, "Accounts: C. Wade McClusky. LCDR C. Wade McClusky: Battle of Midway," USS Enterprise CV-6 Association, accessed June 29, 2021, www.cv6.org/company/accounts/wmcclusky.

45 詳見描述自 Murray, "Midway," 42, and Dickinson, *Flying Guns*, 147–148.

46 Barrett Tillman, *Enterprise: America's Fightingest Ship and the Men Who Helped Win World War II* (New York, 2012), 69.

47 Gay, *Sole Survivor*, 115; Rose, *The Ship That Held the Line*, 127.

48 Gay, *Sole Survivor*, 116–117.

49 引述 Werneth, *Beyond Pearl Harbor*, 91.

50 Albert K. Earnest and Harry Ferrier, "Avengers at Midway," *Foundation* 17, no. 2 (Spring 1996), 1–7.

51 Fuchida and Okumiya, *Midway*, 166–167; Parshall and Tully, *Shattered Sword*, 151.

52 Parshall and Tully, *Shattered Sword*, 151–152, 156, 157; quoted in Werneth, *Beyond Pearl Harbor*, 23, 119.

53 引述 Werneth, *Beyond Pearl Harbor*, 219–220.

54 Parshall and Tully, *Shattered Sword*, 159.

55 攻擊過程的敘述，見 Heinl, *Marines at Midway*, 32–35.

56 V. J. McCaul, "Executive Officer's Report of the Battle of Midway," Annex D, June 7, 1942, Battle of Midway Roundtable, accessed April 10, 2019, www.midway42.org/ShowPDF.aspx?Page=Midway_AAR/mag22xo.pdf.

57 Robert J. Cressman, "Dauntless in War: Douglas SBD-2 BuNo 2106," *Naval Aviation News* 76, no. 5 (July/August 1994).

58 Fuchida and Okumiya, *Midway*, 168–169.

TX, 2004), 9.

10 Clarence Dickinson, with Boyden Sparkes, *The Flying Guns: Cockpit Record of a Naval Pilot from Pearl Harbor Through Midway* (New York, 1942), 140.

11 訪問 Earl Gallaher, 由 Jim Bresnahan 執行, June 4, 1992, World War II Database, https://ww2db.com/doc.php?q=403.

12 James F. Murray, "Midway: The View from a Bombing Six Rear Seat," The Hook 17, no. 1 (Spring 1989): 41.

13 N. Jack "Dusty" Kleiss, with Timothy and Laura Orr, *Never Call Me a Hero: A Legendary American Dive-Bomber Pilot Remembers the Battle of Midway* (New York, 2017), 184.

14 飛機通常是在飛行甲板裝彈。因此，毀滅者式一定得在機庫掛載彈藥，以便在第一波艦載機升空後，加快其離艦作業的速度。

15 Kleiss, *Never Call Me a Hero*, 185–186.

16 Gordon W. Prange, with Donald M. Goldstein and Katherine V. Dillon, *Miracle at Midway* (New York, 1982), 238.

17 Fuchida and Okumiya, *Midway*, 165–166.

18 Ira L. Kimes, "Report of Battle of Midway Islands," June 7, 1942, accessed online June 29, 2021, Battle of Midway Roundtable, www.midway42.org/ShowPDF.aspx?Page=Midway_AAR/mag22co.pdf.

19 Prange, *Miracle at Midway*, 239.

20 Stuart D. Ludlum, *They Turned the War Around at Coral Sea and Midway Going to War with Yorktown's Air Group Five* (Bennington, VT, 2011), 203.

21 Parshall and Tully, *Shattered Sword*, 200.

22 詳見 R. D. Heinl Jr, *Marines at Midway*, Historical Section, Division of Public Information, US Marine Corps, 1948, pp. 30–32.

23 Mori, *Miraculous Torpedo Squadron*, 196.

24 John Ford, *The Battle of Midway* (1942), YouTube, posted by Zeno's Warbird Videos, www.youtube.com/watch?v=MW8tQ_6dqS8.

25 Pat Frank and Joseph Harrington, *Rendezvous at Midway: USS Yorktown and the Japanese Carrier Fleet* (New York, 1967), 158.

26 Parshall and Tully, *Shattered Sword*, 149.

27 Interview with Gallaher by Bresnahan, June 4, 1992.

28 David Rigby, *Wade McClusky and the Battle of Midway* (Oxford, 2019), 218, 156.

29 Hopkins, *Dive Bomber Operations*, 11.

30 詳見當中的描述 Seth Paridon, "First Strike at Midway: Attacking and Discovering IJN Kaga," National WWII Museum, October 22, 2019, www.nationalww2museum.org/war/articles/first-strike-midway-attacking-and-discovering-ijn-kaga.

31 Murray, "Midway," 42.

32 Alvin Kernan, *Crossing the Line: A Bluejacket's Odyssey in World War II* (New Haven, CT, 2007), 66–67.

33 Kernan, *Crossing the Line*, 40.

142 Chester Nimitz to Catherine Nimitz, Pearl Harbor, June 2, 1942, Nimitz Papers, Naval Heritage Command.
143 Dickinson, *Flying Guns*, 138.
144 E. B. Potter, *Nimitz* (Annapolis, MD, 1976), 92.
145 Rose, *Ship That Held the Line*, 116–117.
146 無論如何，至少這是喬治・蓋伊在中途島海戰後幾十年的回憶，詳見 Gay, *Sole Survivor*, 108.
147 Rigby, *Wade McClusky*, 153–154.
148 Operation Plan No. 29-42, May 27, 1942.
149 Dickinson, *Flying Guns*, 139.
150 Kernan, *Crossing the Line*, 57.
151 John Thach, "A Beautiful Silver Waterfall," in *Carrier Warfare in the Pacific: An Oral History Collection*, ed. E. T. Wooldridge, Smithsonian History of Aviation and Spaceflight Series (Washington, DC, 1993), 51–52.
152 Pat Frank and Joseph Harrington, *Rendezvous at Midway: USS Yorktown and the Japanese Carrier Fleet* (New York, 1967), 153–154.
153 Ludlum, *They Turned the War Around*, 199, 212.
154 Linzey, *USS Yorktown at Midway*, 106.
155 Gray, "Decision at Midway."
156 Gay, *Sole Survivor*, 109.
157 Juzo Mori, *The Miraculous Torpedo Squadron*, trans. Nick Voge (2015 [1952]), 190–191 (quotation, p. 191).

## 第四章

1 詳見 Juzo Mori, *The Miraculous Torpedo Squadron*, trans. Nick Voge (2015 [1952]), 196.
2 詳見目擊者的描述 Mitsuo Fuchida and Masatake Okumiya, *Midway: The Battle That Doomed Japan in Five Fateful Minutes* (London, 1961), 159–160.
3 Fuchida and Okumiya, *Midway*, 162, 155.
4 Jonathan B. Parshall and Anthony P. Tully, *Shattered Sword: The Untold Story of the Battle of Midway* (Washington, DC, 2005), 80.
5 Kaname Harada, 引述自 Dan King, "Survivors of Midway Share Memories," Orange County Register, September 4, 2010, www.ocregister.com/2010/09/04/dan-king-survivors-of-midway-share-memories.
6 引述自 Ron Werneth, *Beyond Pearl Harbor: The Untold Stories of Japan's Naval Airmen* (Atglen, PA, 2008), 219.
7 Fuchida and Okumiya, *Midway*, 162–163.
8 George Gay, *Sole Survivor: The Battle of Midway and Its Effect on His Life* (Naples, FL, 1979), 112–113; Lisle Rose, *The Ship That Held the Line: The U.S.S. Hornet and the First Year of the Pacific War* (Annapolis, MD, 1995), 120.
9 Lewis R. Hopkins, *Dive Bomber Operations in World War II: Battle of Midway* (Fredericksburg,

107 Norman Jack Kleiss, *VS-6 Log of the War: Personal Diary and USS Enterprise Orders of a Scouting Six SBD Dive Bomber Pilot* (San Antonio, TX); Kleiss, *Never Call Me a Hero*, 104.

108 Dickinson, *Flying Guns*, 95.

109 Kleiss, *Never Call Me a Hero*, 55–56 (Winn), 79 (Gallaher).

110 Kleiss, *Never Call Me a Hero*, 127.

111 Norman Vandivier to family, February 12, 1941, Vandivier Family Papers, William Henry Smith Memorial Library, Indiana Historical Society, Series 2, Box 1.

112 Norman Vandivier to family, June 2, 1941, Vandivier Family Papers, Series 2, Box 1.

113 引述 Moore, *Pacific Payback*, 52–53.

114 Kleiss, *Never Call Me a Hero*, 85, 119.

115 Kleiss, *Never Call Me a Hero*, 142–143.

116 Kernan, Unknown Battle, 40–48.

117 Lloyd Childers, "Midway from the Backseat of a TBD," *The Hook* 18 (1990): 36.

118 引述 Kernan, *Unknown Battle*, 62.

119 Kleiss, *Never Call Me a Hero*, 168.

120 引述 Kleiss, *Never Call Me a Hero*, 174–175.

121 Fuchida and Okumiya, *Midway*, 114.

122 Fuchida and Okumiya, *Midway*, 130.

123 引述 Fuchida and Okumiya, *Midway*, 115.

124 Fuchida and Okumiya, *Midway*, 145.

125 Symonds, *Battle of Midway*, 209–210.

126 Rose, *Ship That Held the Line*, 107.

127 Dickinson, *Flying Guns*, 136.

128 Kleiss, *Never Call Me a Hero*, 176.

129 Dobson, *Cleo J. Dobson*, 38–44.

130 Norman Vandivier to family, February 7 and May 27, 1942, Vandivier Family Papers, Series 2, Box 1; Moore, Pacific Payback.

131 Rose, *Ship That Held the Line*, 107–108.

132 Moore, *Pacific Payback*, 163.

133 Symonds, *Battle of Midway*, 190.

134 Gay, *Sole Survivor*, 17–18.

135 Moore, *Pacific Payback*, 168.

136 Robert Cressman, *That Gallant Ship: USS Yorktown (CV5)* (Missoula, MT, 2000), 124.

137 Moore, *Pacific Payback*, 169. 另見 Buell, *Dauntless Helldivers*, 95.

138 Linzey, *USS Yorktown at Midway*, 103.

139 Earl Gallaher, "Report of Action, June 4–6, 1942," Scouting Squadron Six Action Report, filed June 20, 1942, USS Enterprise CV-6 Association, Action Reports and Logs, www.cv6.org/ship/logs/action19420604-vs6.htm.

140 Dickinson, *Flying Guns*, 151.

141 Kleiss, *Never Call Me a Hero*, 178.

1971), 120.

78 Quoted in Werneth, *Beyond Pearl Harbor*, 137–138.

79 Quoted in Werneth, *Beyond Pearl Harbor*, 80, 18.

80 Kernan, *Unknown Battle*, 57.

81 Dickinson, *Flying Guns*, 13–14.

82 Tillman, *Enterprise*, 36.

83 Kleiss, *Never Call Me a Hero*, 114–116.

84 Dickinson, *Flying Guns*, 24–25.

85 H. L. Hopping, "Report of Action with Japanese at Oahu on December 7, 1941," Scouting Squadron Six Action Report, filed December 15, 1941, USS Enterprise CV-6 Association, Action Reports and Logs, www.cv6.org/ship/logs/ph/vs6-action19411207.htm.

86 Kleiss, *Never Call Me a Hero*, 121.

87 與比爾・諾爾伯格進行的電話訪問，2020 年 6 月 18 日。

88 John Hancock, "The Battle of Midway, 75th Anniversary Recollections,"hosted by the American Veterans Center Conference, October 27, 2017, C-SPAN, www.c-span.org/video/?436377-2/battle-midway-75th-anniversary-recollections.

89 Kleiss, *Never Call Me a Hero*, 131.

90 Kleiss to Jean Mochon, December 31, 1941, Kleiss Papers.

91 Kleiss to Jean Mochon, February 10, 1942, Kleiss Papers.

92 Presidential Proclamation, Aliens, No. 2526, December 8, 1941.

93 Kleiss, *Never Call Me a Hero*, 165–166. See, generally, Eric T. Gunderson, "American Volksdeutsche: An Analysis of the Nazi Penetration of the German-American Community in the United States," *American Intelligence Journal* 33 (2016): 68–77.

94 Cleo J. Dobson, *Cleo J. Dobson: U.S. Navy Carrier Pilot, World War II. A Personal Account* (2018), 8, 25.

95 Kleiss, *Never Call Me a Hero*, 85.

96 US Navy, Pacific Fleet, *Current Tactical Orders and Doctrine, US Fleet Aircraft, vol. 1, Carrier Aircraft* (USF-74) (Washington, DC, 1941), 100.

97 US Navy, Pacific Fleet, USF-74, 122, 74.

98 US Navy, Pacific Fleet, USF-74, 105, 143–144.

99 Interview with Dick Best, Carlton Productions (2001), 23716, Reel 1, Imperial War Museum; Dusty Kleiss, Flight Log Book, March 1942, 由 Timothy and Laura Orr 提供。

100 Quoted in Kernan, *Unknown Battle*, 68. 有著相似意思的說法，另見 Buell, *Dauntless Helldivers*, 99. 該引文為「戰爭⋯一項嚴肅的事業，」（"war was . . .a serious business,"）

101 Moore, *Pacific Payback*, 73.

102 Kleiss, *Never Call Me a Hero*, xvii.

103 Rigby, *Wade McClusky*, 10, 21, 85–86, 146–147, et passim.

104 Barrett Tillman, "Dick Best," *The Hook* (Spring 1996): 14–17 (quotation, p. 15).

105 Dickinson, *Flying Guns*, 40.

106 Dobson, *Cleo J. Dobson*, 21.

12–14, 69, 109–117; Chris Dixon, *African Americans and the Pacific War, 1941–1945: Race, Nationality, and the Fight for Freedom* (Cambridge, 2018).

52 Alvin Kernan, *Crossing the Line: A Bluejacket's Odyssey in World War II* (New Haven, CT, 2007), 98.

53 比爾・諾爾伯格致史蒂文・麥格雷戈的電郵，2020 年 6 月 13 日。

54 Joseph F. Underwood, *The Eight Said No: A Personal History of the Pacific War* (Paducah, KY, 1998), 54. 另 見 Kernan, *Unknown Battle*, 54; Authors' interview with Richard Nowatzki, Rosemont, California, January 11, 2020. 作 者 與 Richard Nowatzki 的 訪 問 , Rosemont, California, January 11, 2020（有關 airdales 的部分）。

55 本書作者十分感謝 Timothy Orr 分享一張來自克萊斯個人文件中的照片，照片中展示在 1941 年的時候，他正在與邁爾一同喝啤酒。Papers of Dusty Kleiss, August 16, 2021.

56 Kernan, *Unknown Battle*, 54.

57 Rose, *Ship That Held the Line*, 28, 91, 215. 另見 Kernan, *Crossing the Line*, 50.

58 Moore, *Pacific Payback*, 69.

59 Kleiss, *Never Call Me a Hero*, 157, 160, 171–172.

60 Moore, *Pacific Payback*, 115.

61 Moore, *Pacific Payback*, 120.

62 Kleiss, *Never Call Me a Hero*, 238.

63 Kleiss, *Never Call Me a Hero*, 90.

64 Joe Taylor of VT-5, as quoted in Stuart D. Ludlum, *They Turned the War Around at Coral Sea and Midway Going to War with Yorktown's Air Group Five* (Bennington, VT, 2011), 13–14.

65 Kernan, *Unknown Battle*, 18.

66 Stanford E. Linzey, *USS Yorktown at Midway: The Sinking of the USS Yorktown (CV-5) and the Battles of the Coral Sea and Midway* (Fairfax, VA, 2004), 40–41.

67 Kernan, *Crossing the Line*, 37.

68 Linzey, *USS Yorktown at Midway*, 78.

69 Rose, *Ship That Held the Line*, 217.

70 史蒂文・麥格雷戈與比爾・諾爾伯格進行的電話訪問，2020 年 6 月 18 日。

71 Linzey, *USS Yorktown at Midway*, 48–49.

72 Rose, *Ship That Held the Line*, 145; Clifford Merrill Drury, *The History of the Chaplain Corps, United States Navy*, vol. 2 (Philadelphia, 1994), 172.

73 Quoted in Ron Werneth, *Beyond Pearl Harbor: The Untold Stories of Japan's Naval Airmen* (Atglen, PA, 2008), 45, 79, 111.

74 Makishima Teiichi, *Midway kaisen—Hokyu tsuzukazu* [Battle of Midway—Supplies Dwindle] (2020 [1967]), Kindle loc. 251. 作者們很感謝 Jonathan Yeung 在這份資料上提供協助。

75 Makishima Teiichi, (牧島貞一)*Midway kaisen—Hokyu tsuzukazu* [Battle of Midway—Supplies Dwindle] ミッドウェー海戦：補給 かず (2020 [1967]), Kindle loc. 251. 作者們很感謝 Jonathan Yeung 在這份資料上提供協助。

76 Andrieu d'Albas, *Death of a Navy* (New York, 1957), 127–128.

77 Robert Barde, "The Battle of Midway: A Study in Command" (PhD diss.,University of Maryland,

29, 30, 33–39.

24 Tillman, *Enterprise*, 12.

25 Kleiss, *Never Call Me a Hero*, 293.

26 Tillman, *Enterprise*, 23–24.

27 Kleiss, *Never Call Me a Hero*, 76.

28 Dave Hirschman, "Flying a National Treasure," *Aircraft Owners and Pilots Association Magazine*, January 5, 2011.

29 Kleiss, *Never Call Me a Hero*, 122.

30 Peter C. Smith, *Midway: Dauntless Victory* (Barnsley, UK, 2007), 133.

31 Harold L. Buell, Dauntless Helldivers: *A Dive-Bomber Pilot's Epic Story of the Carrier Battle* (New York, 1991), 42.

32 "Interview with Earl Gallaher," conducted by Jim Bresnahan, June 4, 1992, World War II Database, https://ww2db.com/doc.php?q=403.

33 Kleiss, *Never Call Me a Hero*, 98.

34 Buell, *Dauntless Helldivers*, 40, 53, 70; "Mark Twain Whittier," United States Navy Memorial, accessed July 2, 2021, http://navylog.navymemorial.org/whittier-mark.

35 Kleiss to Jean Mochon, November 14, 1941, Kleiss Papers.

36 Clarence Dickinson, with Boyden Sparkes, *The Flying Guns: Cockpit Record of a Naval Pilot from Pearl Harbor Through Midway* (New York, 1942), 84.

37 Kleiss, *Never Call Me a Hero*, 79.

38 Buell, *Dauntless Helldivers*, 69.

39 Kleiss, *Never Call Me a Hero*, 83, 101.

40 Alvin Kernan, *The Unknown Battle of Midway: The Destruction of the American Torpedo Squadrons* (New Haven, CT, 2005), 43.

41 引述 Stephen L. Moore, *Pacific Payback: The Carrier Aviators Who Avenged Pearl Harbor at the Battle of Midway* (New York, 2014), 142.

42 Kleiss, *Never Call Me a Hero*, 101–103, 241.

43 Gay, *Sole Survivor*, 50, 93–95.

44 Gay, *Sole Survivor*, 50, 58.

45 Gay, *Sole Survivor*, 60.

46 Moore, *Pacific Payback*, 143.

47 James S. Gray Jr., "Decision at Midway," Battle of Midway Roundtable, 2009 [1963], www.midway42.org/Midway_AAR/VF-6-1.aspx, p. 3.

48 Moore, *Pacific Payback*, 179, 99. Kernan, *Unknown Battle*, 55, 科楠在該書中稱，後座槍手獲准坐在待命室的後方。

49 Kernan, *Unknown Battle*, 56–58.

50 一個顯著的例子就是在大黃蜂號上的一個砲組。詳見 Lisle Rose, *The Ship that Held the Line: The U.S.S. Hornet and the First Year of the Pacific War* (Annapolis, MD, 1995), 25.

51 詳見 Morris J. MacGregor and Bernard C. Nalty, eds., *Blacks in the United States Armed Forces: Basic Documents, vol. 6, Blacks in the World War II Naval Establishment* (Wilmington, DE, 1977),

Faulty Intelligence Drove Scouting at the Battle of Midway," *Naval War College Review* 68 (2015): 85–99.

128 Mori, *Miraculous Torpedo Squadron*, 185–188.

## 第三章

1 Dusty Kleiss to Jean Mochon, June 3, 1942, Personal Papers of Jack "Dusty" Kleiss, shared by Timothy and Laura Orr.

2 N. Jack "Dusty" Kleiss, with Timothy and Laura Orr, *Never Call Me a Hero: A Legendary American Dive-Bomber Pilot Remembers the Battle of Midway* (New York, 2017), 1–10 (quotations, pp. 5, 9).

3 Kleiss, *Never Call Me a Hero*, 11.

4 Kleiss, *Never Call Me a Hero*, 16.

5 Kleiss, *Never Call Me a Hero*, 13–17.

6 Carroll Storrs Alden, "The Changing Naval Academy: A Retrospect of Twenty-Five Years," *United States Naval Institute Proceedings* 55, no. 316 (June 1929), reprinted in *The U.S. Naval Institute on the U.S. Naval Academy: The History*, ed. Thomas J. Cutler, U.S. Naval Institute Chronicles (Annapolis, MD, 2015), Kindle loc. 919.

7 Thomas H. Moorer, in Jeremiah Denton, James L. Holloway III, Charles R. Larson, James A. Lovell, John J. McMullen, Thomas H. Moorer, Oliver L. North, et al., "Naval Academy Memories," *Naval History*, October 1995, reprinted in Cutler, *U.S. Naval Institute on the U.S. Naval Academy: The History*, Kindle loc. 2175.

8 Alden, "The Changing Naval Academy," Kindle loc. 1037.

9 Kleiss, *Never Call Me a Hero*, 29–31.

10 Kleiss, *Never Call Me a Hero*, 34–35. 譯註：羅斯福總統在 1933 年簽署法令，授予海軍、陸軍及海岸防衛隊的學院授予畢業生理學士學位。而學士的英文（Bachelor）又有「單身漢」的意思。

11 Kleiss, *Never Call Me a Hero*, 38–39.

12 David Rigby, *Wade McClusky and the Battle of Midway* (Oxford, 2019), 51.

13 Kleiss, *Never Call Me a Hero*, 72.

14 Kleiss, *Never Call Me a Hero*, 60.

15 Kleiss, *Never Call Me a Hero*, 39, 65, 33.

16 Kleiss, *Never Call Me a Hero*, 63.

17 Kleiss, *Never Call Me a Hero*, 69–70.

18 Kleiss, *Never Call Me a Hero*, 72.

19 詳見 Craig Symonds, *The Battle of Midway* (Oxford, 2011), 61.

20 Edward P. Stafford, *The Big E: The Story of the USS Enterprise* (Annapolis, MD, 2002 [1962]); Barrett Tillman, *Enterprise: America's Fightingest Ship and the Men Who Helped Win World War II* (New York, 2012).

21 Kleiss, *Never Call Me a Hero*, 73.

22 Kleiss, *Never Call Me a Hero*, 72.

23 George Gay, *Sole Survivor: The Battle of Midway and Its Effect on His Life* (Naples, FL, 1979), 24,

101 Quoted in Werneth, *Beyond Pearl Harbor,* 163, 192.

102 Fuchida and Okumiya, *Midway*, 239.

103 Masanori Ito（伊藤正德）, *The End of the Imperial Japanese Navy: A Japanese Account of the Rise and Fall of Japan's Seapower, with Emphasis on World War II*（連合艦隊の最後）, trans. Roger Pineau (New York, 1962 [1956]), 62.

104 作者對 Richard Nowatzki 的訪問 , Rosemont, California, January 11, 2020.

105 Agawa, *Reluctant Admiral*, 300.

106 Ito, *End of the Imperial Japanese Navy*, 55.

107 Juzo Mori（森拾三）, *The Miraculous Torpedo Squadron*（奇蹟の雷撃隊）, trans. Nick Voge (2015 [1952]), 184.（這個頁數是從 kindle 版本自動產生的。）

108 Symonds, *Battle of Midway*, 108–110, 131; Ito, *End of the Imperial Japanese Navy*, 57; Yokoi, "Thoughts on Japan's Naval Defeat," 507; Cathal Nolan, *The Allure of Battle* (Oxford, 2017), 491.

109 Fuchida and Okumiya, *Midway*, 114.

110 Matome Ugaki（宇垣纏）, *Fading Victory*（戦藻録）(Annapolis, MD, 2008), 141–142.

111 Peattie, *Sunburst*, 75, 147.

112 Edwin Layton, *And I Was There* (New York, 1985), 56–57, 356–357, 361. 有關尼米茲在中途島戰役前的情報運用，另見 Erik J. Dahl, "Why Won't They Listen? Comparing Receptivity Toward Intelligence at Pearl Harbor and Midway," *Intelligence and National Security* (2013): 83–90.

113 Layton, *And I Was There*, 369.

114 Layton, *And I Was There*, 390.

115 Ed Heinemann, untitled note, "To: Engineering Personnel," March 25, 1942, Heinemann Papers, Box 4/8.

116 Symonds, *Battle of Midway*, 156 ff.

117 John Lundstrom, *First Team* (Annapolis, MD, 1984), 302; Barrett Tillman, *The Dauntless Dive Bomber of World War II* (Annapolis, MD, 1976), 52–53.

118 Peter C. Smith, *The Dauntless in Battle: The Douglas SBD Dive-Bomber in the Pacific, 1941–1945* (Lawrence, PA, 2019), 33–38. 同時參閱 Belote and Belote, *Titans of the Seas*, 85–93.

119 Quoted in Werneth, *Beyond Pearl Harbor*, 80.

120 Rose McDermott and Uri Bar-Joseph, "Pearl Harbour and Midway: The Decisive Influence of Two Men on the Outcomes," *Intelligence and National Security* 31, no. 7 (2016): 949–962 (esp. p. 960); Dahl, "Why Won't They Listen?"

121 Griffith Bailey Coale, *Victory at Midway* (New York, 1944), 66.

122 McDermott and Bar-Joseph, "Pearl Harbor and Midway," 959.

123 Potter, *Nimitz*, 78.

124 Symonds, *Battle of Midway*, 191–192.

125 Mark Harris, *Five Came Back: A Story of Hollywood and the Second World War* (London, 2014), 144–145 (with quotations).

126 Quoted in Werneth, *Beyond Pearl Harbor*, 117, 192.

127 有關日本人情報上的失敗對於戰局走向的重要性，詳見 Anthony Tully and Lu Yu, "How

72 Jeremy A. Yellen, "Into the Tiger's Den: Japan and the Tripartite Pact," *Journal of Contemporary History* 5 (2016): 555–576.

73 詳見Theo Sommer, *Deutschland und Japan zwischen den Maechten, 1935–1940. Vom Antikominternpakt zum Dreimaechtepakt* (Tübingen, Germany, 1962).

74 Quoted in Cameron Forbes, *Hellfire: The Story of Australia, Japan and the Prisoners of War* (Sydney, 2005), 118.

75 *Papers Relating to the Foreign Relations of the United States: Japan, 1931–1941*, vol. 2 (Washington, DC, 1943), 373–375.

76 戈登・普郎奇（Gordon Prange）稱「赫爾的建議並不是最後通牒」（the Hull note was not an ultimatum）詳見 *At Dawn We Slept* (New York, 1981), 但本恩・斯蒂爾（Benn Steil）稱之為「嚴厲的最後通牒」（austere ultimatum），詳見 *The Battle of Bretton Woods*, (Princeton, NJ, 2013), 55.

77 Quoted in Eri Hotta, *Japan 1941: Countdown to Infamy* (New York, 2013), 20, 192.

78 Naoko Shimazu, *Japan, Race and Equality: The Racial Equality Proposal of 1919* (London, 1998).

79 Genda, "Tactical Planning," 5.

80 Nobutaka Ike, *Japan's Decision for War* (Stanford, CA, 1967), 248.

81 Ike, *Japan's Decision for War*, 247–249.

82 Potter, *Nimitz*, 169.

83 Potter, *Nimitz*, 6; Halina Rodzinski, *Our Two Lives* (New York, 1976), 211–212.

84 Fuchida, *For That One Day*, 89.

85 詳見Robert K. Chester, "'Negroes' Number One Hero': Doris Miller, Pearl Harbor, and Retroactive Multiculturalism in World War II Remembrance," *American Quarterly* 65, no. 1 (2013): 31–61.

86 Belote and Belote, *Titans of the Seas*, 3.

87 Roger Chesneau, *King George V Class Battleships* (London, 2004), 13; William Garzke and Robert Dulin, *Battleships of World War II* (London, 1980), 195–207.

88 Fuchida, *For That One Day*, 117–119.

89 William Leahy, *And I Was There* (London, 1950), 82.

90 *Sunday Star* (Washington, DC), December 14, 1941.

91 Potter, *Nimitz*, 10, 172.

92 Casad and Driscoll, *Chester Nimitz*, 133.

93 Orders from King, December 30, 1941, CINCPAC Files, US Navy Gray Book, vol. 1, p. 121.

94 Chester W. Nimitz to Catherine Nimitz, December 21, 1942, Nimitz Papers, Naval Heritage Command.

95 John Lundstrom, *Black Shoe Carrier Admiral* (Annapolis, MD, 2006), 11.

96 Potter, *Nimitz*, 33–38.

97 Symonds, *Battle of Midway*, 99.

98 Quoted in Hiroyuki Agawa, *The Reluctant Admiral*, trans. John Bester (Tokyo, 1979 [1969]), 299.

99 Agawa, *Reluctant Admiral*, 300–301.

100 Fuchida, *For That One Day*, 127.

Aviation Meets the Leviathan, Part One," *The Hook* 48, no. 3 (2020): 27–32.
47 詳見 Fleet Problem IX, Albert Nofi, *To Train a Fleet for War* (Annapolis, MD, 2010), 119.
48 Nofi, *To Train a Fleet*, 113, 124, 36.
49 Nofi, *To Train a Fleet*, 123, 124.
50 Symonds, *Battle of Midway*, 314; Edward P. Stafford, *The Big E: The Story of the USS Enterprise* (Annapolis, MD, 2002 [1962]), 307; Rose, *Ship That Held the Line*, 176, 198, 208.
51 Nofi, *To Train a Fleet*, 35, 36.
52 Joseph F. Underwood, *The Eight Said No: A Personal History of the Pacific War* (Paducah, KY, 1998), 63–64.
53 Minoru Genda（源田實）, "Tactical Planning in the Imperial Japanese Navy," lecture delivered at the Naval War College, March 7, 1969, *Naval War College Review* 22, no. 8 (1969): 3–4.
54 Fuchida, *For That One Day*, 47.
55 Cathal Nolan, *The Allure of Battle* (Oxford, 2017), 491–502.
56 Mark R. Peattie, *Sunburst: The Rise of Japanese Naval Air Power, 1909–1941* (Annapolis, MD, 2001), 75, 147.
57 Hansgeorg Jentschura, Dieter Jung, and Peter Mickel, *Warships of the Imperial Japanese Navy, 1869–1945* (Annapolis, MD, 1977), 42–44. 譯註：加賀號原來是戰艦，赤城號是戰鬥巡洋艦。
58 Quoted in Ron Werneth, *Beyond Pearl Harbor: The Untold Stories of Japan's Naval Airmen* (Atglen, PA, 2008), 192.
59 Evans and Peattie, *Kaigun*, 315.
60 Dallas Isom, *Midway Inquest: Why the Japanese Lost the Battle of Midway* (Bloomington, IN, 2007), 356.
61 Mark Stille, *Midway 1942: Turning Point in the Pacific* (Oxford, 2010), 20; Mark Stille, *Imperial Japanese Navy Aircraft Carriers, 1921–1945* (Oxford, 2006), 9. 雷達讓美軍船艦能在「超過 50 海里」外偵察到飛機，而日軍依靠目視觀測，很可能只能偵察到「大概 20 英里外」。
62 Evans and Peattie, *Kaigun*, 329, 346–347.
63 Mitsuo Fuchida and Masatake Okumiya（奧宮正武）, *Midway: The Battle That Doomed Japan in Five Fateful Minutes*（ミッドウェー） (London, 1961), 41.
64 John Campbell, *Naval Weapons of World War Two* (Annapolis, MD, 1985), 110, 200; Stille, *Imperial Japanese Navy Aircraft Carriers*, 7–8.
65 Stille, *Midway 1942*, 20.
66 Peattie, *Sunburst*, 155–156.
67 Peter C. Smith, *Midway: Dauntless Victory* (Barnsley, UK, 2007), 149–151.
68 Fuchida and Okumiya, *Midway*, 240.
69 Quoted in Werneth, *Beyond Pearl Harbor*, 208.
70 Toshiyuki Yokoi, "Thoughts on Japan's Naval Defeat," in *The Japanese Navy in World War II*, ed. David C. Evans (Annapolis, MD, 1969), 508–510.
71 Barrett Tillman, *Enterprise: America's Fightingest Ship and the Men Who Helped Win World War II* (New York, 2012), 23.

Movement," *Annals of the American Academy of Political and Social Science* 34, no. 2 (September 1909): 16.

26 約翰・衛理斯・貝爾（John Willis Baer）校長在西方學院（Occidental College）就職禮上的評論。他引述自馬爾特比・巴布科克（Maltbie Babcock），"Baer Inaugurated as the President of Occidental College," *Los Angeles Herald*, October 27, 1906.

27 "Clash with Dai Nippon Must Come in Time: Supremacy of Pacific at Stake," *San Francisco Call*, February 1, 1907.

28 Chester W. Nimitz to Chester B. Nimitz, December 11, 1907, National Museum of the Pacific War, https://digitalarchive.pacificwarmuseum.org/digital/collection/p16769coll4.

29 Potter, *Nimitz*, 61.

30 Potter, *Nimitz*, 116, 122–124.

31 有關聖地牙哥計劃的內文，詳見 "Investigation of Mexican Affairs," vol. 1, Committee on Foreign Relations, United States Senate, Document No. 285 (Washington, DC, 1920), 1205–1207.

32 James Sandos, *Rebellion in the Borderlands: Anarchism and the Plan of San Diego, 1904–1923* (Norman, OK, 1992).

33 "Maumee II (Fuel Ship No. 14), 1916–1948," *Dictionary of American Naval Fighting Ships*, www.history.navy.mil/research/histories/ship-histories/danfs/m/maumee-ii.html.

34 Caro, *Years of Lyndon Johnson*, 1:80–81.

35 James H. Belote and William M. Belote, *Titans of the Seas: The Development and Operations of Japanese and American Carrier Task Forces During World War II* (New York, 1975), 23.

36 Walter Borneman, *The Admirals* (New York, 2012), 131–133.

37 Quoted in Potter, *Nimitz*, 139, 141. 譯註：實際上尼米茲在戰鬥艦隊任內引入圓形陣作測試，是為水面艦隊提供一個能顧及反潛及防空的巡航隊形。

38 James Cook, *Carl Vinson: Patriarch of the Armed Forces* (Macon, GA, 2004), 102–103, 146, 151–153.

39 Lisle Rose, *The Ship That Held the Line: The U.S.S. Hornet and the First Year of the Pacific War* (Annapolis, MD, 1995), 4.

40 David Rigby, *Wade McClusky and the Battle of Midway* (Oxford, 2019), 71.

41 淵田美津雄在江田島當軍校生時的第一次飛行，是一件偶然事件。詳見 Mitsuo Fuchida, *For That One Day*（真珠湾攻撃総隊長の回想）, trans. Douglas T. Shinsato and Tadanori Urabe (Kamuela, HA, 2011), 29.

42 Thomas Wildenberg, *All the Factors of Victory: Admiral Joseph Mason Reeves and the Origins of Carrier Airpower* (Dallas, Virginia, 2003).

43 更詳細的研究，詳見 Katsuya Tsukamoto（塚本勝也）, "Japan's 'Carrier Revolution' in the Interwar Period," (PhD diss., Fletcher School of Law and Diplomacy, 2016).

44 Fuchida, *For That One Day*, 46.

45 David Evans and Mark Peattie, *Kaigun: Strategy, Tactics, and Technology in the Imperial Japanese Navy, 1887–1941* (Annapolis, MD, 1997), 338–339.

46 Evans and Peattie, *Kaigun*, 379; Jim Sawruk, Anthony Tully, and Sander Kingsepp, "Carrier

venimeux," *Le Fana de l'Aviation* 427 (June 2005), 25.

## 第二章

1 E. B. Potter, *Nimitz* (Annapolis, MD, 1976), 9; Chester W. Nimitz to Chester B. Nimitz, 1905, National Museum of the Pacific War, https://digitalarchive.pacificwarmuseum.org/digital/collection/p16769coll4.

2 Dede W. Casad and Frank A. Driscoll, *Chester W. Nimitz: Admiral of the Hills* (Fort Worth, Texas, 1983), 3–34 (quotation, p. 4).

3 Robert A. Caro, *The Years of Lyndon Johnson*, vol. 1, *The Path to Power* (London, 2019 [1981]), 56, 58, 60–61 (with quotation).

4 Potter, *Nimitz*, 116.

5 T. R. Fehrenbach, *Lone Star* (New York, 2000 [1968]); Casad and Driscoll, *Chester Nimitz*, 33.

6 Potter, *Nimitz*, 49. On the influence of Mahan, 詳見 Ian Toll, *Pacific Crucible* (New York, 2011), 14–18.

7 Potter, *Nimitz*, 29.

8 Chester Nimitz to Charles Henry Nimitz, April 18, 1900, National Museum of the Pacific War, https://digitalarchive.pacificwarmuseum.org/digital/collection/p16769coll4.

9 Chester Nimitz to Charles Henry Nimitz, April 18, 1900.

10 Chester Nimitz to Charles Henry Nimitz, January 23, 1900, and June 4, 1900,National Museum of the Pacific War, https://digitalarchive.pacificwarmuseum.org/digital/collection/p16769coll4.

11 Chester Nimitz to Charles Henry Nimitz, April 18, 1900.

12 Potter, *Nimitz*, 30.

13 Chester W. Nimitz to Chester B. Nimitz, September 14, 1901, National Museum of the Pacific War, https://digitalarchive.pacificwarmuseum.org/digital/collection/p16769coll4.

14 Chester Nimitz to Charles Henry Nimitz, October 3, 1901, National Museum of the Pacific War, https://digitalarchive.pacificwarmuseum.org/digital/collection/p16769coll4.

15 Chester W. Nimitz to Chester B. Nimitz, September 14, 1901.

16 Chester W. Nimitz to Chester B. Nimitz, November 1901, November 5, 1902, and Chester Nimitz to Charles Henry Nimitz, December 1902, National Museum of the Pacific War, https://digitalarchive.pacificwarmuseum.org/digital/collection/p16769coll4.

17 Potter, *Nimitz*, 472.

18 Chester W. Nimitz to Charles Henry Nimitz, January 31, 1902, National Museum of the Pacific War, https://digitalarchive.pacificwarmuseum.org/digital/collection/p16769coll4.

19 Potter, *Nimitz*, 51.

20 Quoted in Craig Symonds, *The Battle of Midway* (Oxford, 2011), 7.

21 Quoted in Casad and Driscoll, *Chester W. Nimitz*, 74.

22 Chester Nimitz to Charles Henry Nimitz, June 4, 1905.

23 *Los Angeles Herald*, March 2, 1905.

24 *San Francisco Call*, March 2, 1905.

25 Resolved by the board on May 5, 1905. John Young, "The Support of the Anti-Oriental

68 Heinemann and Rausa, *Combat Aircraft Designer*, 43; Heinemann and Smith,"Sugar Baker Dog," 26.

69 Heinemann, untitled draft article for *Foundation* magazine, Heinemann Papers, Box 4/8, p. 2.

70 Heinemann and Smith, "Sugar Baker Dog," 27.

71 Heinemann and Rausa, *Combat Aircraft Designer*, 46–48.

72 George Kernahan, "Douglas SBD-2 Dauntless," 42.

73 Tillman, *Dauntless Dive Bomber*, 12.

74 引述自 Heinemann and Rausa, *Combat Aircraft Designer*, 42.

75 John Ward, *Hitler's Stuka Squadrons* (Staplehurst, UK, 2004), 48.

76 Brazelton, *Douglas SBD Dauntless*, 9; Peter Smith, *Douglas SBD Dauntless* (Ramsbury, UK, 1997), 148–155.

77 Smith, *Douglas SBD Dauntless*, 149–150.

78 Heinemann and Smith, "Sugar Baker Dog," 30–31. 有關當時對日本「技術轉移」的問題，詳見該書 183–186 頁。

79 詳見 Katherine Scott, "A Safety Valve: The Truman Committee's Oversight During World War II," in *Congress and Civil-Military Relations*, ed. Colton C. Campbell and David P. Auerswald (Washington, DC, 2015); Alonzo L. Hamby, *Man of the People: A Life of Harry S. Truman* (New York, 1995), 248–260.

80 Brazelton, *Douglas SBD Dauntless*, 5–6.

81 Heinemann and Rausa, *Combat Aircraft Designer*, 54; Karl Peter Grube to Joseph Holty, Aurora, Illinois, June 27, 1986, Heinemann Papers, Box 3/15.

82 Frank N. Fleming memorandum, "Commendation of El Segundo Personnel," Washington, DC, August 25, 1941, Heinemann Papers, Box 2/2.

83 Colonel Carl F. Greene to Ed Heinemann, Langley Field, October 3, 1941, Heinemann Papers, Box 2/2.

84 "Tripolitis" to Ed Heinemann, San Diego, November 10, 1941, Heinemann Papers, Box 2/2.（「當中的唯一缺憾，是有部分生產線所要求的標準圖，並沒有跟隨交付的製圖包一同送達。我希望你能採取一些行動，目標是下次能做到完美。」）

85 Ed Heinemann to New Employees, Douglas Aircraft Company, no date, Heinemann Papers, Box 4/8.

86 Tillman, *Dauntless Dive Bomber*, 10. 有關瑟袞多廠房的生產細節，另見 Bill Yenne, *The American Aircraft Factory in World War II* (Minneapolis, 2006), 76–80.

87 Ed Heinemann speech, "Our War Effort," [El Segundo], March 20, 1942, Heinemann Papers, Box 4/8.

88 「海軍航空署原本考慮於 1942 年初，產出 174 架（57 架 SBD-1、87 架 SBD-2，以及 30 架 SBD-3）之後就終止 SBD 的生產線，但是二戰的爆發，讓生產線持續運作至 1944 年中期為止，結果就是再產出 470 架 SBD-3、780 架 SBD-4、3,025 架 SBD-5，以及最後 450 架 SBD-6。另外還有 953 架該款飛機是為美國陸軍航空隊生產的，其型號分別為 A-24（SBD-3）、A-24A（SBD-4）及 A-24B（SBD-5）。」Johnson, *United States Naval Aviation*, 51; René Francillon, "Le SBD, Scout Bomber Douglas, 'Dauntless': Lambin mais

42 Eric Bergerud, *Fire in the Sky* (Boulder, 2000), 191; David C. Evans and Mark R. Peattie, *Kaigun: Strategy, Tactics, and Technology in the Imperial Japanese Navy, 1887–1941* (Annapolis, MD, 1997), 308.

43 Mark R. Peattie, *Sunburst: The Rise of Japanese Naval Air Power, 1909–1941*(Annapolis, MD, 2001), 80–83; Agawa, *Reluctant Admiral*, 79, 92.

44 Peattie, *Sunburst*, 26.

45 J. Francillon, *Japanese Aircraft of the Pacific War* (London, 1970), 2–3.

46 Bergerud, *Fire in the Sky*, 193.

47 在這個時間點，日本海軍航空隊有大概 3,000 架飛機，美國海軍有 5,479 架。詳見 Francillon, *Japanese Aircraft of the Pacific War*, 41; Johnson, *United States Naval Aviation*, 322.

48 Evans and Peattie, *Kaigun*, 307.

49 Heinemann and Rausa, *Combat Aircraft Designer*, 34; Edward Heinemann and Glenn E. Smith Jr., "Sugar Baker Dog: The Victor at Midway" (unpublished manuscript, 1987, copy in H. Paul Whittier Historical Aviation Library, San Diego Aerospace Museum), pp. 5a–6. "Sugar Baker Dog" 當中載有很多海尼曼及 Rausa 書中沒有的內容。

50 Ed Heinemann to "Bill" [last name unknown], July 4, 1973, Heinemann Papers, Box 2/15.

51 機翼面積是透過量度機翼的表面面積來計算的。機翼越大，就能產生更大的升力。格魯曼 F2F 戰鬥機的機翼面積是 203 平方英尺，SBC「地獄俯衝者式」俯衝轟炸機是 317 平方英尺，而 SBD 是 325 平方英尺。

52 John Anderson, *The Grand Designers* (Cambridge, 2018), 68–115.

53 Heinemann and Smith, "Sugar Baker Dog," 11–12.

54 David McCampbell 的回憶，當時他是一名鉚工。詳見 David McCampbell to Ed Heinemann, Lake Worth, Florida, February 4, 1981, Heinemann Papers, Box 3/4.

55 Heinemann and Rausa, *Combat Aircraft Designer*, 35.

56 Heinemann and Smith, "Sugar Baker Dog," 13; Israel Taback, *The NACA Oil-Damped V-G Recorder* (Washington, DC, 1950), 1–2.

57 Heinemann and Rausa, *Combat Aircraft Designer*, 35. 另見 "I think I have made more 9G pullups than anybody on earth—from the rear seat," Mortensen於1984年4月5日訪問海尼曼的內容。

58 Heinemann and Smith, "Sugar Baker Dog," 13.

59 Heinemann and Smith, "Sugar Baker Dog," 18–19.

60 Heinemann and Rausa, *Combat Aircraft Designer*, 37.

61 Heinemann and Smith, "Sugar Baker Dog," 14.

62 詳見 Heinemann and Smith, "Sugar Baker Dog," 17a, 17b.

63 Heinemann and Rausa, *Combat Aircraft Designer*, 39.

64 Heinemann and Smith, "Sugar Baker Dog," 18.

65 Heinemann and Smith, "Sugar Baker Dog," 14.

66 David Brazelton, *The Douglas SBD Dauntless* (no place, 1967), 無頁碼。

67 Heinemann and Rausa, *Combat Aircraft Designer*, 44. In a letter Barrett Tillman, Athena, Oregon, November 6, 1976, Heinemann Papers, Box 2/20, 海尼曼回憶時說克萊斯頓「幫助他修好 SBD」。

24 Heinemann and Rausa, *Combat Aircraft Designer*, 17.

25 "Moreland Monoplane," *Aero Digest*, September 1929, 146–147.

26 Edward H. Heinemann, "Aircraft Design Then and Now," lecture text, February 1981, Heinemann Papers, Box 2/1, p. 1.

27 Andrew Hamilton, "Ed Heinemann: Naval Aviation's Secret Weapon" (Los Angeles, no date), Heinemann Papers, Box 6/16.

28 John K. Northrop, testimonial for E. H. Heineman [sic], Burbank, California, October 13, 1931, Heinemann Papers, Box 2/2.

29 詳見 biographical sketch, no author, no place, no date, Heinemann Papers, Box 4/16.

30 Peter C. Smith, *The History of Dive-Bombing* (Barnsley, UK, 2007), 首次出版時書名為 *Impact!* (1981), 12–13.

31 E. R. Johnson, *United States Naval Aviation, 1919–1941* (Jefferson, NC, 2011), 8–10; Peter C. Smith, *Midway: Dauntless Victory* (Barnsley, UK, 2007), 168; Barrett Tillman, *The Dauntless Dive Bomber of World War II* (Annapolis, MD, 1976); Thomas Wildenberg, Destined for Glory (Annapolis, MD, 1998), 10. 一段在 1942 年的美國海軍俯衝轟炸影片當中，聲稱該戰技為「由美國海軍在許多年之前首創」( "first devised by the United States Navy several years ago.") 詳見 "Dive Bombing in a World War 2 Aircraft U.S. Navy Training Film—1943," YouTube, posted October 2, 2012, by Zeno's Warbird Videos, www.youtube.com/watch?v=lOz_i_2USkY

32 作者與 Richard Nowatzki 的訪問內容，於 2020 年 1 月 11 日在加州的羅斯蒙特（Rosemont）進行。並非全部飛行員都把俯衝轟炸的改平階段形容得如此痛苦。詳見 Robert Winston, *Dive Bomber* (London, 1940), 80–81.

33 David Rigby, *Wade McClusky and the Battle of Midway* (Oxford, 2019), 51, 55, 83, 21, 85.

34 Wildenberg, *Destined for Glory*, 73–74.

35 Mortensen 於一九八四年四月五日訪問海尼曼的內容。

36 Wildenberg, *Destined for Glory*, 95.

37 1920 年代的飛機可以掛載超過 1,000 磅炸彈，但它們沒有辦法進行垂直俯衝。這些飛機包括如海軍飛機工廠（Naval Aircraft Factory）的 XTN-1（1927），以及馬丁 T4M 魚雷機（Martin T4M, 1927）。譯註：XTN-1 是美國海軍航空局設計的雙發動機魚雷機，並在 1925 年由海軍飛機工廠建造出一架原型機，其後由道格拉斯公司建造，編號 T2D-1，於 1927 年服役。

38 Malcolm Gladwell, *The Bomber Mafia: A Story Set in War* (London, 2021), 25–29 (quotation p. 29). 又見 Tami Davis Biddle, *Rhetoric and Reality in Air Warfare: The Evolution of British and American Ideas About Strategic Bombing, 1914–1945* (Princeton, NJ, 2002).

39 詳見 Naoko Shimazu（島津直子）, *Japan, Race and Equality: The Racial Equality Proposal of 1919* (London, 1998).

40 Limitation of Naval Armament (Five-Power Treaty or Washington Treaty), signed February 6, 1922, www.loc.gov/law/help/us-treaties/bevans/m-ust000002-0351.pdf.

41 Hiroyuki Agawa（阿川弘之）, *The Reluctant Admiral*（山本五十六）, trans. John Bester (Tokyo, 1979 [1969]), 27–33.

# 註釋

## 第一章

1 Brendan Simms, *Hitler: Only the World Was Enough* (London, 2019), 514–515.

2 Edward H. Heinemann and Rosario Rausa, *Combat Aircraft Designer: The Ed Heinemann Story* (London, 1980), 2.

3 Russell A. Kazal, *Becoming Old Stock: The Paradox of German-American Identity* (Princeton, NJ, 2004), 1.

4 Heinemann and Rausa, *Combat Aircraft Designer*, 4.

5 詳見 Jay Spenser, *The Airplane: How Ideas Gave Us Wings* (New York, 2008), 16–36.

6 Heinemann and Rausa, *Combat Aircraft Designer*, 3.

7 Heinemann and Rausa, *Combat Aircraft Designer*, 5.

8 Patti Marshall, "Neta Snook," *Aviation History 17* (2007); Neta Snook Southern, *I Taught Amelia to Fly* (New York, 1974).

9 Heinemann and Rausa, Combat Aircraft Designer, 2.

10 Heinemann and Rausa, *Combat Aircraft Designer*, 6–7.

11 "Introduction," Edward Henry Heinemann Personal Papers, San Diego Air and Space Museum Library and Archives (Heinemann Papers hereafter), Box 4/8.

12 Barrett Tillman, "Heinemann: Before the Beginning," Heinemann Papers, Box 4/16, pp. 5–6.

13 Heinemann and Rausa, *Combat Aircraft Designer*, 14; Kenneth C. Carter to Ed Heinemann, Long Beach, California, May 17, 1987, Heinemann Papers, Box 3/17.

14 Tillman, "Heinemann," 7, 10; Heinemann and Rausa, *Combat Aircraft Designer*, 6–7, 13, 14, 17.

15 Heinemann and Rausa, *Combat Aircraft Designer*, 8, 35.

16 Jay P. Spenser to Ed Heinemann, National Air and Space Museum, Washington, DC, May 9, 1983, Heinemann Papers, Box 3/9; 作者與 Jay Spenser 之間的私人書信。

17 經過詳細審視海尼曼與其姐妹之間的通信顯示，即使海尼曼與其姐妹之間因為金錢問題而導致關係緊張，但她丈夫的種族並未是討論的重點。

18 W. A. Mankey, testimonial for E. Heineman [sic], Santa Monica, California, February 25, 1927, Heinemann Papers, Box 2/2.

19 E. M. Fisk, testimonial for E. H. Heineman [sic], Long Beach, California, December 12, 1927, Heinemann Papers, Box 2/2.

20 G. E. Moreland, testimonial for E. H. Heineman [sic], Los Angeles, October 23, 1929, Heinemann Papers, Box 2/2.

21 Interview with Edward H. Heinemann, conducted by Daniel R. Mortensen, Office of Air Force History, Rancho Santa Fe, California, April 5, 1984, Heinemann Papers, Box 4/9, p. 2.

22 Heinemann and Rausa, *Combat Aircraft Designer*, 10–12.

23 Karl Peter Grube to Joseph Holty, Aurora, Illinois, June 27, 1986, Heinemann Papers, Box 3/15.

# 銀翼狂潮：美國如何在中途島贏得太平洋戰爭

## The Silver Waterfall: How America Won the War in the Pacific at Midway

作者　布蘭登・西姆斯（Brendan Simms）、史蒂文・麥格雷戈（Steven McGregor）
譯者　葉家銘
主編　區肇威
封面設計　倪旻鋒
內頁排版　宸遠彩藝

出版：燎原出版／遠足文化事業股份有限公司
發行：遠足文化事業股份有限公司（讀書共和國出版集團）
地址：新北市新店區民權路 108-2 號 9 樓
電話：02-22181417
信箱：sparkspub@gmail.com

法律顧問：華洋法律事務所／蘇文生律師
印刷：博客斯彩藝有限公司

出版日期　二〇二四年八月／初版一刷
電子書二〇二四年八月／初版

定價／五六〇元
ISBN　978-626-98651-2-3（平裝）
978-626-98651-4-7（EPUB）
978-626-98651-3-0（PDF）

讀者服務

銀翼狂潮：美國如何在中途島贏得太平洋戰爭 / 布蘭登．西姆斯 (Brendan Simms), 史蒂文．麥格雷戈 (Steven McGregor) 作 ; 葉家銘譯 . -- 初版 . -- 新北市：遠足文化事業股份有限公司燎原出版：遠足文化事業股份有限公司發行 , 2024.07
368 面 ;14.8 X 21 公分
譯自 : The silver waterfall : how America won the war in the Pacific at Midway.
ISBN 978-626-98651-2-3( 平裝 )

1. 第二次世界大戰　2. 海戰史

712.844　　113009940